JN242139

知の図書館情報学

ドキュメント、アーカイブ、レファレンスの本質

根本 彰 著

丸善出版

はじめに

　欧米で情報学（information science）が図書館情報学（library and information science）の発展的な領域とされていることは，日本では図書館情報学関係者以外にあまり知られていない。日本で情報学とか情報科学と呼ばれる領域は，欧米ではコンピュータサイエンス（computer science）ないしはインフォマティックス（informatics）であって，情報学とは区別されている。それは本書で扱う，データ，情報，知識の区別と関わる。欧米では，データはコンピュータで扱うことから始まったが，情報，知識はそれ以前から人間が関わってきた領域であるという理解があるのだ。

　図書館情報学の前身である図書館学（librarianship ないし library science）は，西洋思想の人文主義（humanitas フマニタスないしウマニタス，ユマニタスと呼ぶこともある）の系譜に位置付けられてきた。そこでは，書物が知を媒介するツールとして最重要のものとされた。他方 19 世紀末からいち早く人文主義の影響から脱して，ドキュメントが著者による作品という以上の多様な拡がりをもつ知識資源となることを宣言し，実証主義的な方法を取り入れた領域は，ドキュメンテーション（documentation）と呼ばれた。

　知のツールを扱う領域である図書館学は，20 世紀後半にはドキュメントやアーカイブ，レファレンスの概念を明確にし，情報や知識を操作可能なものとして扱う領域として自らを再定義していった。さらに 20 世紀後半にドキュメントはデジタル・データとして扱われるようになり，情報技術の領域と重なった。このとき，図書館学は図書館情報学と名前を変え，英語圏ではさらに情報学へと展開する動きが始まった。他方，ヨーロッパでは依然としてドキュメンテーションの用語も用いられている。

　このように，図書館情報学，情報学，ドキュメンテーションは，いずれも大元をたどると書物やドキュメントを扱う領域になる。これらの領域は互い

に重点の置き方は少しずつ違えども，隣接領域とみなされている。いずれもデータ，情報，知識のような知のコンテンツを扱うという共通性をもつからである。

　本書は，以上の背景を踏まえてこれら 3 領域を合わせて図書館情報学とし，書物に代表されるようなドキュメントがアーカイブ化され，それがどのように知として扱われるのかについて論じたものである。知の領域を扱おうとすれば，哲学や言語学，心理学，社会学などとも交わることは当然であるから，これらの領域と図書館情報学の関係について触れることも厭わない。西洋思想史から現在のネット社会に通底する図書館情報学の在り方について，一貫した視点で述べようとするものである。

　全体は 3 部構成になっている。第 I 部では，これから扱うテーマを知識資源システムとしてその構成要素について述べる。

　第 1 章は筆者の前著『アーカイブの思想』（みすず書房，2021）で述べたことの要約で，日本の図書館も含めて大きく図書館は知を蓄積し管理するためのアーカイブとして始まったことを確認した上で，図書館情報学がそれをより効果的に進めるための領域であることを宣言した。第 2 章では，本書全体の哲学的な位置付けとしてカール・ポパーの客観的知識論を踏まえて，個人の認知過程とは別の操作可能な知の領域があることについて述べ，図書館情報学ではデータ，情報，知識の相互関係をどのように捉えてきたか，また，より操作的なドキュメント概念について述べる。第 3 章では，人が知を求める過程に対してレファレンスという概念を当てはめ，言語哲学における指示理論を拡張して適用することにより，レファレンスツールやレファレンスサービスをより統一的な視点で捉えることができることを示した。コラム 1 では図書館をメタファーとして捉える試みについて紹介した。

　第 II 部は知識資源システムとしてドキュメントやアーカイブがどのような様態を示すのかについて述べる。

　第 4 章はドキュメントの一種である書物（books）についてそのメディアとしての特性について述べる。書物がメディアの完成形として，その形態（コンテナ）と内容（コンテンツ）を切り離すことができず，それゆえ電子書籍と紙の書籍は内容が同一であっても別物と考えるべきことを主張している。第 5 章は，人文主義に裏打ちされた西洋史において，書物とそれを納める図書館との関係が歴史的に形成されてきたことを述べ，デジタルデータと

してのテキストが新たな文献学（philology）としての価値をもつことを述べた。

　第6章では，アイザック・ニュートンに関するアーカイブズのつくられ方やその推移から，ドキュメントとアーカイブの関係を具体的に考察した。コラム2は，アーカイブとドキュメントの相違を踏まえながら，それぞれの過程を図示してそこから創造性が生み出されることについて述べた。第7章では，国立国会図書館が国の図書館として納本制度をもち，全国書誌を形成する立場にあることに加えて，デジタル化を進めることで何がどのように変わろうとしているのかを明らかにした。コラム3は，日本の三つの私設図書館の成立にアーカイブを形成する際の思想的営為を読み取ろうとした，

　第III部は知識資源システムに対して図書館情報学がどのようなアプローチが可能なのかについて述べる。

　第8章は，操作概念である書誌コントロールの延長上に社会認識論（social epistemology）という分野とのつながりの議論があったことを確認し，レファレンス論を援用してドキュメントから知へのつながりの過程を示した。コラム4ではヨーロッパの国際知識組織論学会（ISKO）によって運営されている専門事典（IEKO）の手法が知識組織論に忠実なものであることを指摘し，そこで実現されている知識組織論のコンテンツと体系を紹介した。

　第9章は，現象学的社会学や図書館情報学で用いられてきたレリヴァンス概念を，戦後新教育における学校図書館というドメインに当てはめドメイン分析を行ったケーススタディである。新教育の開始時期に，図書館教育という仕掛けが行われ，子どもたちの学習を通じて世界知につなげようとしたが，政策者と教育者のレリヴァンスのずれがあり中断したことの意味を分析した。コラム5では，うまく定着しなかった学校図書館政策だが，図書館関係者が件名目録の準備に力を入れていたことが，学習と教育課程をつなぐ知識組織論的工夫であったことについて述べる。

　本書の基本的モチーフは，ネット環境ではすでに情報や知識を操作的概念として扱っているのに，従来の紙ベースのものではそれが十分に行われていなかった事情をいくつかの理論装置を使って解明することにある。本書で取り上げた理論装置のうち，アーカイブとレファレンスは筆者が独自の解釈で定義しているが，それ以外は欧米の図書館情報学で用いられているものを援

用した。この領域では，デジタル化以前からドキュメントやアーカイブを知へと結び付けるためのさまざまな理論的展開があった。それは日本の状況にも適用可能であり，本書ではそれをケーススタディ的に実施している。こうした検討が日本の今後の図書館や図書館員の在り方を考察する上で新しい可能性を与えるものであることを，読み取っていただければ幸いである。

　2024 年 8 月

根 本　彰

目　次

第Ⅰ部
知識資源システムの構成要素と関係

第1章
知識資源システムとは何か

1.1 図書館情報学における知識資源

　大学の知は大きく，アカデミズムの知とプロフェッションの知とに分けられる。アカデミズムとは純粋な知の深化と拡張を目的にした営為であるのに対して，プロフェッションとは社会的に有用な知や技術に関わる営為である。もちろん知を純粋性と有用性に二分することはできず，たとえば物理学の進歩は核エネルギーの利用に結び付き原子力工学のような「有用な」技術につながった。また，医学はそのなかに基礎医学（解剖学，病理学，薬理学など）のようなアカデミズムの領域と臨床医学（循環器学や消化器学のような臓器別の医学など）のようなプロフェッションの領域を含んでおり，医者になるためには両方を学ぶが，とくに臨床医になるためには後者が中心になる。

　図書館情報学は基本的に司書養成のためのプロフェッション領域として始まった。そのために司書としてもつべき知識とスキルが中心にあり，図書館経営のための実践知というべきものとなっていた。たとえば，資料を収集してコレクションにするためには，資料の評価をした上で選別し，また，用意してある分類表に照らしてどこに位置付けられるかを判断し，その資料を分析してメタデータ（書誌データ・目録データ）を付与してデータベースを作成するとか，利用者のニーズとコレクションとをつなぐためのさまざまな仲介業務をレファレンスサービスとして行うといったものである。ときには，そうした知的コンテンツを扱うシステムの構築やデジタルアーカイブのようなコンテンツ構築を行う。

　ただし，こうした実践知を構成するために，それがどのような仕組みでそうなっているのかを明らかにするためにアカデミズムの知も動員する。たとえば，資料とは何かを明らかにするために書物の系譜を分析的に扱う書誌学があり，その応用としての図書館史とか読書（読者）の歴史などの人文学的な知がある。また，資料が関わる知の世界の仕組を解明するためのメディア論や学術コミュニケーション論，さらに資料の利用者に関わる情報行動論などの社会学や心理学に近い領域がある。また，デジタル化の進展にともなって情報検索論や自然言語処理などの工学的な知が発展する。図書館という場に固有の制度や組織を社会全般に位置付けるための法制度論や経営論的な知も必要である。

　医学なら基礎医学および臨床医学を通じて追求するのが「健康な人間」という概念であるとすれば，図書館情報学が追求するのは「知の伝達」という概念である。この場合の知とは，人間の認識作用がフルに稼働されて得られたものを相互にやり取りして洗練させ，最終的に合意を得る過程を指す。個人的な知が学会や出版編集，流通，蓄積ほかの知の共有システムによって公共的な知識になる過程全般が図書館情報学の研究対象となる。

　図書館情報学はプロフェッションの学として自己規定してきたために，医学なら基礎医学に相当するアカデミズムの知の部分の研究が手薄であった。とくに先に挙げた人文系，社会科学系，工学系の知を貫く「知の構築」の基礎理論について十分な展開が行われていなかった[1]。ここでは，「知識資源システム」という概念を用いることで，この基礎理論構築のための前提的な作業をしておきたい。以下，「知」という言葉は人間の認知作用から生み出されるもの全般を指し，「知識」はそのなかで知を対象化して表現し，さらにそれを伝達・共有したり蓄積したりする行為ないし，そうして対象化され，表現，伝達，共有，蓄積されたものを指す。「資源」を付すことで基礎理論と実践をつなぐことを意図し，「システム」という用語を用いることで分野を超えて一貫した議論が可能になることを主張する。これらの諸関係については本書全体にわたって論じることになる。

1.2　西洋思想における図書館の位置付け

　哲学はフィロソフィア（知を愛するの意）の日本語訳であって，学問が未

分化だった時代には知的営為全般を指す用語であった。アカデミズムという言葉は古代アテネでプラトンが開いた学校アカデメイアに由来する。プラトンがアカデメイアで説いた知は対話法（ディアレクティーク）による哲学である。そこで重要なのは知を獲得する方法である。プラトンの師ソクラテスは裸足の哲学者としてさまざまな人と対話を繰り返すことにより，知の拡張と深化を行おうとし，プラトンはそれを記録し書物に残した。そしてこの伝統はその後の西洋思想や学問のもっとも基本的な方法になっていく。つまり，フィロソフィアとは知に関する対話や問答を繰り返し，そこから得られた新しい知見を講義や書物として他の人に伝える一連のことがらであり，その後のアカデミズムはこの方法をさらにさまざまな領域に当てはめて展開したものである。

　プラトンの弟子だったアリストテレスはギリシア哲学の集大成者として膨大な著作群を書き，また自らリュケイオンという学校をつくり若者を教育した。アリストテレスを師として学んだアレキサンダー大王は，東方遠征を行い支配したユーラシア大陸西部および北アフリカ一帯の広い領土にアリストテレスの学問を普及させる役割を果たした。その後のヘレニズム時代に，エジプトのアレキサンドリアにはムセイオンと呼ばれる学問所が開設されたが，そこに地中海世界の書物の写本を集めたアレキサンドリア図書館が併設された。西洋史において学問所（大学）と図書館がセットになることはここがモデルとなった。

　ヨーロッパ中世には，プラトンのイデア論を核にしてキリスト教神学が融合して形成された学問が中心となり，教会や修道院，大学で伝えられた。しかしながら 12 世紀になるとイスラム世界に伝えられていたギリシアやヘレニズムの知がイベリア半島やシチリアを経由してヨーロッパに入ってくる。その際に写本工房でアラビア語からラテン語への組織的な翻訳と筆写が行われた。古代の知が中世末期のヨーロッパに移転したのである。その頃，中国発祥の製紙技術がアラブ世界を経由してヨーロッパにもち込まれ，15 世紀には活版印刷術が普及することで知を大量に複製して流通させることが可能になった。これらの一連のメディアに関わる技術的インフラが整えられることにより，ルネサンス，宗教改革，科学革命などの近代の知的運動が促されたということができる[2]。

　14 世紀から 18 世紀にかけてのヨーロッパの知的運動の核心に人文主義が

あった。これまでみてきたように，ヨーロッパ近代は古代ギリシアに始まった哲学が古代ローマから中世キリスト教世界を通じてもたらされたものと，ヘレニズムとイスラム世界を経由して中世末期に流入したものがベースにある。人文主義とは，写本として残された古代の書物を研究して古代の叡智と徳とを再現しようとしたことから出発している。人文主義の知は伝統的規範的なテキストを読みながら，そこから対話的な方法で批判的に新しい知を生み出すという古代ギリシア以来の方法に忠実だった。これを行うための学術の場には，必ず図書館のコレクションを置く必要があった。図書館コレクションはそうした対話や批判を行うベースになり，その結果，得られた新しい知はコレクションに加えられる。図書館やアーカイブズコレクションがそうした学術知の層を形成していることについては，20世紀の人文学に大きな影響を与えたミシェル・フーコーが『知の考古学』（原著1969）で論じている[3]。

　こうした知的方法が教会，修道院，大学に取り入れられ，さらに権力者，富裕者，国家，都市が競って図書館をつくり学術的な運動を促進しようとする[4]。さらには運動を基盤として，活版印刷術の普及の後は読者層が拡がり，新聞や雑誌のジャーナリズム，学術雑誌，学術書出版などの情報流通も重要になっていく。18世紀から19世紀にかけては啓蒙主義的な理性が横溢（おういつ）するが，たとえばフランス革命で国王から権力を奪い取った市民階級は王立図書館を市民のための国立図書館とし，また，権力の執行の記録を蓄積する公文書館をつくることで，知の基盤の存在とその所有者を明らかにしようとした。

　図書館をめぐる知は人文主義のなかでも記憶術に位置付けられる。関連の資料を収集してコレクションにすること（蔵書），資料を配置するための主題分類表をつくること（分類），書物を著者名，タイトル，主題から検索できるように規則をつくること（目録），書物を主題毎にリスト化して一覧できるようにすること（書誌），書物のなかの重要な人名，地名，書名，用語などにアクセスできるようにすること（索引），書物にある知を再編成してすぐに取り出せるようにすること（梗概，事典編集）といったものが挙げられる[5]。

　これらの技法ともいえるものは，扱うコレクションが権力者の個人蔵書から公的な図書館に移行するに従い，専門知識化していった。当初は蔵書を管

理していた修道僧や蔵書の持ち主，雇われた知識人が余技で実施していた書物の記憶術であるが，19 世紀中頃以降に徐々に専門職化していった。これが図書館学の始まりである。ヨーロッパでは，パリのマザラン図書館の管理をしていたガブリエル・ノーデの『図書館創設のための提言』(1627) が最初の図書館学書といわれ[6]，19 世紀初頭のドイツでバイエルン宮廷図書館の司書マルティン・シュレッティンガーが著した『図書館学教科書試論』(1808–1829) が近代図書館学の嚆矢といわれる[7]。19 世紀後半にはアメリカ図書館協会 (1876) をはじめとして各国に図書館協会が設置され，図書館専門職の養成制度がつくられ，また目録規則や分類規則が国ごとに標準化された[8]。これは，現在あるようなかたちで義務教育が公費で運営される公立学校教育制度や知の在り方を極限まで追求する研究やそれを教授する高等教育の場としての近代的大学制度が整備されるのと軌を一にしている。つまり19 世紀は知の制度化の完成期であり，図書館の知もこの時期に制度化される。

1.3　日本の近代化と知識の獲得

　明治政府は当時の帝国主義的な国際情勢をいち早く察知し，列強と対峙するために国力を高める方策として富国強兵，殖産興業を掲げた。その際に，急速に近代化を進める方法として，西洋諸国（米英仏）から選択的に知識を移転することを行った。政府の重要なポジションに専門家（お雇い外国人）を招聘して知的技術的アドバイスを得たし，積極的に留学生を派遣して，直接見聞したり学んだりして帰国した彼らの活躍する場をつくった。帝国大学はそうした西洋的な知を国内に導入する場として設置されたから，医学，工学，農学，法学などの近代日本の国づくりにとって最も必要な実用分野に力が入っており，初期には英米仏，後にはドイツの学問を輸入し翻訳紹介する場となった[9]。さらに国力の元になる国民の育成のために学校教育に力を入れたが，その際には天皇の言葉（「教育勅語」）として倫理的な規準を与え，その下で国民が皆学するものと定めた。読み書き算盤の基礎的なリテラシーについては義務教育で獲得することにして，中等教育ではもう一段と踏み込んだ知識を学ぶものとした。高等教育につながる道もつくられたが，中学，高校，大学となるに従い限定された人数しか進めなかったために，試験によ

る選抜を手段として勉学奨励が行われた。これが高い学歴を求める競争的環境を醸成して立身出世主義に結び付いた。

　日本の近代化において，倫理的なものや言語については伝統的なものをベースにしたが，それ以外の知識は制度化されつつあった西洋の知を導入するものとしたわけである。しかしながら，制度化された知を取り入れるときに，知のベースにあった人文主義的な伝統を欠いていたために，対話術や記憶術のような蓄積された知に対する反省的批判的な態度ではなくて，それをそのまま読み解き受け入れるものとなる[10]。そのために，必ずしも西洋的な図書館を伴うような知の制度の形成を必要とせず，図書館制度は後回しになった。

　他方，日本の中世から近世にかけても書物による知の伝承は活発に行われていた。古代から寺院や貴族，中世の武家，近世の大名，商人らのなかに，自ら書物を集めそれを蓄積する「文庫」と呼ばれる図書館を所有したものがいた。伝統的に先行する詩歌や物語，歴史を集めて編集し直す「集成」，写本の伝来を確認する書誌学や文献学的な方法，そして書物を集めて一定の体系に沿って再編成して再出版する「類書」などの手法は，西洋中世から近世初期のものに匹敵する豊かさがある。そして江戸の末期には木版本が大量に出回り，それらを含めた大衆的な読書文化も発展した。また，士農工商の身分を超えて学ぶ私塾が多数存在して，そこでの学び方として「会読」と呼ばれる集団的な読書法が用いられ，そこでは参加者は互いに批判的な読みを重ね，それが明治維新をもたらす近代的な思惟の源泉になったという考え方もある。福澤諭吉の思想はそうした知的土壌のなかから生まれた。

　しかしながら，明治政府は民間の知的活動に対しては警戒的であり，学校教育の学びの範囲や方法については文部省を中心として上から統制した。義務教育は師範教育，小学校教則（カリキュラム），国定教科書によって細かく内容を規定し，ドイツのヘルバルト派教育学に基づいて統率がとれた一斉授業を展開するものであった。そして先に述べたように，中等教育においては立身出世を名目に学歴競争的な環境がつくられたために，自ら学ぶためのスキルを養うよりも受験競争に勝つことが目的となった。そして，社会におけるこのような学校の位置付けは今日まで続いている。そこでは知が与えられるものであり，それをどれだけ効果的に再現できるかが問われる。こうした知の在り方は西洋起源のものとは明らかに異なる。

1.4　カノンの変遷とアーカイブ

　以上のことにより，西洋と日本の知識に対する考え方に大きな違いがあることが分かる。西洋においては，学校や大学は知を伝える場所であるがそこでの態度は一方的に教授者から学習者に伝えるものではない。人文主義が前提としていたように，書物の内容を吟味しそこから知識を引き出すという態度で一貫しており，そこには教授者と学習者は知に対して先達と後輩という違いはあるにせよ対等な立場で議論する関係になる。古代ギリシア以来の対話術が哲学（知の獲得法）の基本であるという考え方が保持されている。

　そこでは，二つの大きな特徴をみておく必要がある。一つは知を獲得するための方法を重視することである。古典的な書物を読み解くことから始め書誌学や文献学という方法の学問がベースにあり，知を取り出すための記憶術が発展した。そこでは正典（カノン）の伝承という要素が重要となる[11]。人文主義はキリスト教から離れた世俗主義の立場をとり，共通教養を明らかにしていく。古代ギリシアやローマの哲学者，自然学者，作家の古典的作品に加えて，近代のペトラルカ，エラスムス，デカルト，スピノザ，ライプニッツなどが人文主義において方法的基準を提示する。彼らは正典を読み解き継承する際の態度や方法自体を示した。その方法を身につけ書物を読むことが教養を構成するというものである。

　もう一つは書物の伝承と受容をもたらす批判的あるいは弁証法的な態度である。そこには過去の書物はそれ自体が出発点となるが，それは常に批判にさらされる存在であり，その批判によって新しい知が獲得できるという考え方である。弁証法はそうした知の獲得法を定式化したときに現れる認識の方法である。ある命題があるとき（正），それに対して必ず相容れないあるいは正反対の要素が現れるが（反），次の段階として両方を総合した新しい段階（合）に進むというものである。書物を読みそれらを基にして何かを書くという過程でこうした認識的過程を経由する。ヘーゲルがこの認識論の完成者であるが，これを社会の進歩概念に適用した歴史弁証法あるいはさらにマルクス・エンゲルスが共産主義社会の必然性を説くために論じた唯物弁証法とは区別しなければならない。弁証法で論を立てて書かれたものがディセルタシオンで，現在，博士論文のことを dissertation というがそれはここから

来ている[12]。西洋における言語教育においてはディセルタシオンによる書く行為が極めて重要であり，これによって自己を確立し他者とコミュニケーションすることが可能になる。

こうした人文主義の知に対するアプローチは，要するに個々の知の断片である書物（あるいは資料）を知の総体を構築するための材料あるいは資源と見なしていることになる。個々の研究者あるいは学習者はこの材料や資源をもとにして自らの知を構築していくことになる。こうした知の構築作用のことを筆者はアーカイブと呼んでその重要性を主張した[13]。アーカイブは個々の材料や資源を将来の利用のために収集，保存，組織化，提供する仕組みのことであり，図書館や文書館，博物館はそのための専門機関であるが，社会や組織にはそのための工夫が多数存在している。たとえば，政府情報の公開や公文書管理，会社や団体の文書管理，個人の日記や写真の管理，ブログやSNS，Web と検索エンジンなどはそのための仕組みである。

1.5 知識資源システム，情報リテラシー，独学

本章のタイトルとして掲げた「知識資源システム」とは，こうしたアーカイブの思想に裏打ちされた知の過程の総体のことである。このシステムにおいて知は大学ほかの研究機関で開発されるが，その流通は基本的には国が定める国家カリキュラムで大枠が定められる。西洋では人文主義がディセルタシオンのような方法的知を保証するから，原則的に学習者が学校を終えても自らアーカイブを使って自らの知をアップデートしたり拡張したりすることが可能である。人文主義をベースにした知識資源システムはアーカイブを知識資源と見なして資源を使いこなすことを想定している。

これに対して，日本の近代教育の前提は知の範囲をカリキュラムとして定め，教科書として提示し，試験でその修得度を競争的に評価するものであった。そこでは用意されているアーカイブの仕組を使用することで自らの知を拡げる過程が存在しなかった。大学教育ではもちろん専門課程において卒業論文のような研究的なアプローチも入るから，アーカイブを利用することは教育課程に入ってはいるが，それ以前には知識資源を使いこなす学びは経験しにくかった。こうした知識資源システムの日本的状況のなかで，知識資源ないしアーカイブを活用していくためには，学習者自身が自己学習として拡

張していくほかない。

　実のところをいえば，西洋においても人文主義を基盤にした知識資源システムが出来上がるのは近代以降であり，その過程でキリスト教神学に対する近代科学の勃興，宗教改革，啓蒙主義と市民革命による自由の獲得などがあって現在に至っている。つまり，近代は権威主義的なカノンの克服の過程であるが，それは必ずしも完成していないことはつとに語られている[14]。

　未完のプロジェクトに関わる私たちにとって，自らカノンの枠組みを打ち破るためのアーカイブの資源は豊富に用意されている。また，インターネットには無限に情報があるように見える。問題は，これを使いこなすことができないことである。それは，インターネットの検索エンジンが，検索アルゴリズムを非公表とする商業的主義な情報選別装置であることを考えてみればよい。入力したキーワードに対して上位にヒットする項目が何らかの操作の対象になっている。基本的に情報源へのアクセスはフィルタリングされており，さまざまな制約があると考えてよい。

　これはポストトゥルースとかメディアの偏向性と呼ばれる事象であるが，メディアやネット情報を全面的に否定するわけではない。知に対して人文主義の思想を参考に弁証法を駆使したアプローチをするべきであり，賢い利用方法によってそうした情報を使いこなすことが必要である。2021年度から導入が始まった文部科学省の新学習指導要領では，学習者が自ら「探究」する学びが大幅に取り入れられている。それはネット社会を生きるのに知が生成される過程を常に確認することが必要であるからだ。図書館情報学では以前から市民一人ひとりが情報リテラシーと呼ばれるスキルを身につけることを推奨している[15]。また，学校教育や大学教育の限界を指摘し，学習者自ら知を身につける「独学」の考え方も近年つとに注目されている[16]。これらは，知を獲得するための方法を学ぶことで，それぞれの人にとっての総合的な知に至る道を模索しようというものである。

第2章
知識資源の多元的な捉え方

2.1 知識と知識資源

　最初に，知識を資源として扱うことの哲学的意味について考察しておく。通常，哲学において知識を扱う領域は認識論（epistemology）であり，古代ギリシア以来の無数の議論の蓄積がある。その場合に問題になるのは，人が何かを知っているというときの要件として，その知っているとしていること（これを命題という）を信じているかどうかと，その命題が真（あるいは真理）であるのかどうかの2点があり，どちらも揃って初めて知識であるといえるというのが哲学的前提である。ところがさらにその前提としては，命題は言語ないし記号で表現できることが必要である。これを逆にいえば，たとえばバタフライで泳ぐためのノウハウ（能力知識）と呼ばれるような非言語的な知は，もちろんスポーツ科学，心理学や認知科学，身体論のような分野では重要であるが，認識論の対象ではない[1]。命題は通常は「AならばBである」というように平叙文で表現される。それをさらに厳密な記号で表現しようとする記号論理学のような領域もある。通常の認識論は命題の真偽が成り立つための条件やそれとは別に命題が真であると信じる条件の議論が中心となる。

　ところが，現代認識論の標準的な教科書であるダンカン・プリチャード『知識とは何だろうか：認識論入門』（原著第4版2018年刊）の第8章「証言と記憶」では，他者が発する知識や自らの過去の知識が扱われており，それは従来の認識論問題とは異なっている。さらに，同書では科学的知識，宗教的知識，道徳的知識のような現れる局面によって異なる種類の知識が扱わ

れ，知識が社会的領域に応用できる例として科学技術，教育，法，政治が挙げられ解説されている[2]。ここでは，知識が単に人がどのように真の知識をもつと信じるのかという認識論が単に個人の問題ではなくて，どのように知識を伝えていくのか，伝える過程で他者による知識が自らの知識となる条件は何なのかというように拡張されている。本書第 8 章で取り上げる社会認識論の問題となっているのである。

　また，ここに取り上げられた科学技術，教育，法，政治の領域での知識はすでに個別の命題というより命題の束である言説といった方がよい。科学技術における学説や論文，教育におけるカリキュラムや教科書・教材，法における法律条文，判例，法解釈，政治における演説，議事，政策といったものがそれである。言説はそれぞれの領域毎に固有の価値をもち，その扱い方，処理の仕方が異なる。だが，これらが基本的には言葉の集合体であって，それは通常は書かれたものとして扱われている。この書かれたものをこのあとドキュメントという言葉で表現する。本書で知識資源と呼ぶものはこのように哲学やその応用領域で扱われているのである。

2.2　客観的知識論

　科学哲学者カール・ポパーは，『客観的な知識』（原著 1972 年刊）において，存在論としてわれわれの世界を次の三つに区別することができると述べた[3]。「その第一は，物理的世界つまりわれわれが活動しているフィジカルな世界。第二は心的世界または心的状態の世界。第三は知性によって把握しうるものの世界，または客観的意味における観念の世界である。それは思考の可能的対象の世界である。つまり，諸理論そのものとそれらの論理的諸関係の，論証そのものの，そして問題状況そのものの，世界である。」[4] 彼の科学哲学の骨子は，暫定的な理論や仮説の検証を行い，それを常に批判に晒すことによって少しずつ真理に向かって進むというものである。この考え方は，批判的合理主義と呼ばれる。そして科学的推論であるためには反証可能でなければならないということ（反証可能性）と，反証可能である限りの推測が科学と非科学の境界を設定するということ（境界設定問題）が重要である。こうした議論をするためには，科学が対象とする物質的世界（世界 1）と科学者が認識した心的世界（世界 2）と別に，ポパーは，そして認識され

た世界が科学者の心的と分離して独自の運動をする世界（世界3）を想定することを選んだ。彼は科学的発見を生み出す科学者の営為とそれが理論として認識される過程は，それ以前の論理学にいう演繹法と帰納法，とりわけ帰納法に基づくとする考え方に批判的だった。帰納法は世界1と科学者の主観的世界2の間の関係で説明できるが，彼のいう推論は世界3の存在を想定し，世界1から世界3まで複雑な相互関係によって導かれると捉えた方が説明しやすかった。

　ポパーは晩年の著作『果てしなき探求：知的自伝』（原著 1976 年刊）で「さまざま書物や雑誌は典型的な世界3の対象と見なせる。特にそれらのものが理論を展開したり議論したりしている場合はそうである。もちろん，書物の物的な形状は関係がない。また，物理的に存在しないものでも世界3の存在から除かれない……重要なのは，論理的意味または世界3的意味での内容である。（強調原著者）」（p. 261）と述べている[5]。また，世界3の立論に対する批判として，「物的世界は，理論それ自体によってではなく，それらの理論についてのわれわれの理解によって，つまり心的過程によって，世界2的対象によって，変えられた」という議論が予想されるが，これに対して，「世界1と世界3とが相互作用できるのは，世界1と世界3の媒介者としての世界2を通じてだけであるということを私は認めてさえいるのだ（強調原著者）」（p. 263）と述べている。

　この客観的知識論はドキュメントに含まれる知識を扱う図書館情報学関係者にとって魅力的であり，たとえば，情報学における理論的貢献で知られるB. C. ブルックスは自らの情報学論でこれを取り上げて，その重要性を語っている[6]。それは，哲学や心理学などの知識を得るための基盤となる学問では説明しきれない科学者間や専門家間でのコミュニケーション行動の領域が存在することを哲学的に示しているというものである。日本でもポパーの知識論をテーマにした論文が発表されている[7]。

　その後，ヨーロッパの情報学関係者のなかで国際知識組織論学会(International Society for Knowledge Organization：ISKO) のアクティブなメンバーから，この客観的知識論に参与する人たちが現れた。それはイタリアの図書館員クラウディオ・ニョーリを中心とする分類研究グループ（CRG）の議論である。分類論は世界を分類する原理と具体的な分類法の提案によって展開される。図書館で用いられる分類表はその一つの表れである。この研

究をするための存在論的基礎として，対象である世界と分類されたドキュメントがどのような関係にあるのかをめぐっての論争も行われた。

　ニョーリは知識組織論（KO）における認知的アプローチに，個々の利用者の個人的知識が重視される認知的アプローチと，知識の社会的生産と利用を重視する社会学的アプローチがあると述べる[8]。そして，特にポパーの3世界論や人類学で提案されたアーティファクト（artefact）とメンティファクト（mentefact）の概念を区別する論が有効であるという。このうちアーティファクトとメンティファクトというのは，20世紀前半に社会学や人類学において使われ始めた用語で，人類文化の世代的な伝承について用い，さらにソシオファクト（sociofact）を含めた三つの組み概念とする場合もある。アーティファクトは物質文化，ソシオファクトは対人関係や社会構造であり，メンティファクト（またはサイコファクト）はその文化で共有されているアイディア，価値観，信念で，宗教，言語，思想のような存在であるとされる。生物学者ジュリアン・ハクスレーが引用して使ったことで知られている。メンティファクトとポパーの世界3は文化論と科学論という背景の違いはあるが，どちらも物質世界と区別した客観的知識の世界があることを前提にしていることで，知識組織論の基盤的理論として使われることになった。ドキュメントに含まれる物語や知識が物質的世界とは異なるものを構成するという考え方である。

　これに対して，同じISKOで活動するデンマークの情報学者ビアウア・ヤアランが実証主義的で社会学的な文脈での知識論を展開することによって，世界を物質世界，認知者の心理世界，そして集合的な知識世界の三つのレベルに分けて捉える考え方を批判的に捉えた[9]。彼は，アーティファクトやメンティファクトの概念を用いるとしても，すでに図書館情報学にはドキュメント，著作，オブジェクトなどの用語が定着しつつあって，これらの世界を独自に構造的に把握しているのだから，存在論のレベルにまで遡って再定義することは不要であると述べる。

　これは，国際図書館協会連盟（IFLA）が1997年に，ドキュメントからメタデータを抽出するための基本的な考え方を示した「書誌レコードの機能要件（FRBR）」にある捉え方である[10]。FRBRは，書誌レコード（図書館目録）に求められる機能を，実体，実体の属性，実体間の関連，利用者タスク（利用者の行動）により概念モデル化したもので，この場合の記録対象であ

る実体（entity）はポパーの用語でいえば認識対象である物質的世界にあたる。そして FRBR は目録利用者の関心対象を 10 ある実体に絞り，その中核を著作，表現形，体現形，個別資料の四つの実体群とする。ヤアランは，世界にあるドキュメントを管理する概念として，記述のための枠組みである FRBR に，物質世界と知識世界をつなぐための仕掛けがあることを強調し，客観的知識論のような概念を導入してそれらを再措定する必要はないと述べている。

ヤアランが存在論的に一元論的立場を選択できるのは，ドキュメントや FRBR に見られる知に対するアプローチが物質的世界と精神的世界，社会的世界を結び付けて一定のプラグマティックな行動につながることを前提としているからだと思われる。そしてそれがさらに明確に現れるのが，ヤアランがドメイン（domain）という概念を用いて，図書館情報学が対象とする情報活動の特性を明確化し活動を評価するためのメタ分析的な方法的視点を提唱しているところである。これについては第 9 章で述べる。

2.3　データ，情報，知識，知恵

知識資源という言葉を文字通りに解釈すれば，人間の認知作用の結果が資源として有用な働きをする状態を指す。しかしながら，もう少し腑分けしておいた方が議論しやすいので，こうしたことを図書館情報学でどのように扱うのかについて，まず，データ（data），情報（information），知識（knowledge），知恵（wisdom）とは何かと，それを階層構造で捉える考え方の問題点について述べる。

ブルックスは，ポパーの客観的知識論を踏まえて，情報と知識の関係を彼が「基本方程式」と呼ぶもので表現した[11]。それは，次のように表わされる。

$$K[S] + \Delta I = K[S + \Delta S]$$

ただし，$K[S]$ はある状態 S における知識を示し，ΔI は情報の増分，ΔS は状態の変化を示す。

ブルックスは，知識構造 $K[S]$ が，情報が ΔI の分増えたことによって知

識構造 K[S＋ΔS] に変更されたことを示すとしている。彼自身がこの式で
K も I も S も明示的に定義していないので，形式論理的な意義しかないこと
を認めている。だが，少なくともこれが示しているのは，ある状態において
は情報と知識が連関して変化しうる関係にあるものであり，それが同じ空間
にあって測定可能としていることである。このように情報学が現れてから間
もないときに，情報と知識の密接な関係を論じたものがあった。また，この
基本方程式は日本の図書館情報学でも紹介されてきたためによく知られてい
る[12]。

　近年，情報哲学について精力的に論考を発表しているルチアーノ・フロリ
ディは，「情報は多くの形態をとるため，また多くの意味を持つため扱いに
くい。いいかえれば情報は，ある観点，ある要件や必要な事柄に応じて異な
る説明付けができてしまう」と述べた上で，多様なレベルと観点をまとめて
整理している[13]。図 2-1 は彼が『情報の哲学のために』で示したデータ，情
報，知識の関係を説明した複数の図のうち，図書館情報学に関係する部分
（①〜⑤）を統合して示したものである。

　フロリディは情報が「データ＋意味」から構成されるとして，複数の論理
的形式に則り，かつ，そのデータが有意味である時に意味的内容のある情報
となるとした[14]。図でいえば③の「意味論的情報」の部分である。ではデー
タとは何かだが，現実世界を反映する信号であり，均一性が欠如したものの

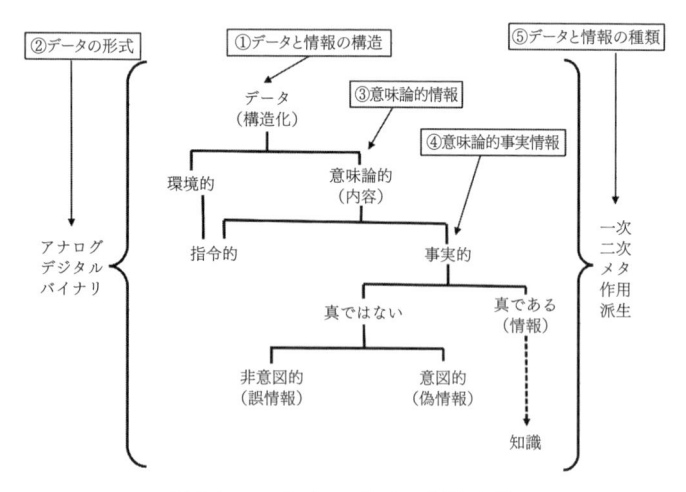

図 2-1　フロリディのデータ，情報，知識

　ことだという。この均一性の欠如も現実世界そのものがもつ特性である場合，データを示す信号の物理的状態の特性である場合，そして，その物理状態と対応させた信号や記号の場合がある。つまり，均一性が欠如しているというのは信号に差異が生じているということであるが，その差異が世界，物理的信号，反映した記号の三つにおいて生じている状態を図 2-1 の①で「構造化」としている。そこから何らかの統語論的な意味内容が付与されている場合が③の意味論的情報ということになる。②のデータ形式がアナログ，デジタル，バイナリというのはデータ構造を表現する形式のことである。⑤はデータ・情報が 5 種類あることを示している。図書館情報学で使われるメタデータはここに位置付けられる。

　意味論的な情報はそれが事実的な情報と指令的な情報に分けられる。指令的情報を先に見ておくと，先ほどの意味をもったデータの差異が何らかの状態の変化をもたらすものである。温度の変化によってサーモスタットが電気回路を切るような場合を考えればよい。また，環境的情報とは生体において遺伝子や神経細胞が指令的な働きをするなどを指す。こうして，データと情報の関係を整理することができた。次に④の意味論的事実情報であるが，有意味で，事実と一致するデータにより構成されているものを指す[15]。ここで事実と一致するというのは，現実世界と表現されたデータが対応することを意味する。データの表現は自然言語の論理形式に則った文字列や数式の場合があれば，地図，図表，映像など何でもよいし，先ほどのデータ形式においてもどれでもよい。図 2-1 で「真ではない」に分岐した情報がさらに「非意図的（誤情報）」と「意図的（偽情報）」に分かれているが，これらは事実と一致していない情報である。そして，「真である」ものが情報である。

　最後に，情報から知識に点線の矢印で結び付けられている。これについてフロリディは知識と情報は同じ概念体系に属しているが，知識とは，情報が関係性のネットワークを構築・再構築していくことで個々の情報を認識可能な世界像をもたらすものとしている[16]。以上の説明において，データと情報は厳密に分けられてはいないし，情報と知識も分離できないものとして扱われている。データ，情報，知識はどういう領域でどのような目的のために用いるのかで同じものについて異なる呼び方がされているものであって，常識的な理解とも重なる。

　そのことは，DIKW ピラミッドというよく使われるモデル（図 2-2）をど

のように理解するのかに関わる。これ
は，もともと経営情報論の領域で用い
られていた概念である。経営組織にお
いて，収集された単純なデータが分析
されて情報になり，情報が評価されて
洗練されたものが知識とされ，知識が
広く適用可能なものが知恵であるとい
うように，上に行くほど一般化されて
多くの場合に適用可能になる。図書館

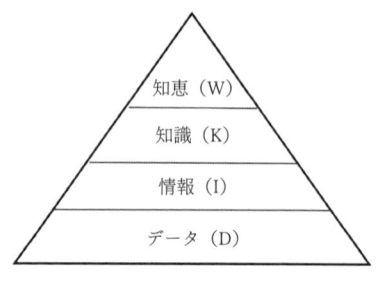

図2-2　DIKWピラミッド

情報学でもDIKWという明示的な概念を用いなくとも，図書館や情報シス
テムが情報やデータ，知識を多数提示することによって，利用者がこのピラ
ミッドを上るための条件づくりに貢献しているという暗黙の前提がある。先
ほどのブルックスの基本方程式もこうした考え方の一つである。確かにこれ
は特定の組織や領域においては使いやすい概念かもしれないが，組織や領域
を超えて普遍的に適用可能な知識や知恵が成立しうるかとか，それぞれの階
梯を上るための条件が曖昧であるといった問題を抱えていることはすでに指
摘されていた。

　経営情報論やオペレーションズリサーチ分野の権威だったラッセル・L・
エイコフは1989年の論文でこの考え方を先導した。彼は，「データはオブ
ジェクト，イベント，およびそれらの環境のプロパティを表すシンボルであ
る。それらは観察の産物である。観察とは感覚で捉えることである。もちろ
ん，センシングや計測の技術は高度に発達している」と述べて，コンピュー
タ処理可能なデータから情報が生み出される過程について述べた。たとえば
「情報はレリヴァント（適合的）なデータであり，場合によってはそのレリ
ヴァント・データからの推論の結果も含まれる。したがって，情報はデータ
のサブセット，またはそのサブセットから推論または計算または洗練された
追加項目によって拡張されたデータのサブセットである」とする[17]。エイコ
フはさらに知識，知恵までを述べている。

　この議論を念頭において，アリゾナ大学のマーティン・フリッケは，図書
館情報学においてDIKWピラミッドは放棄されるべきものだと批判した[18]。
エイコフの議論でレリヴァンス（適合性）の概念が使われていた。何をもっ
てレリヴァントと判断するのかには困難な問題がつきまとう。この概念につ

いても改めて第9章で詳しく述べることにする。フリッケの批判点は多岐にわたるが，最も基本的なものとして，データが情報となるための過程の捉え方に論理的な問題があることを指摘する。これを煎じ詰めていえば，データのみからはそれを関連付けたり選別したりするための基準は得られず，基準は情報や知識（場合によっては知恵）に照らし合わせなければ設定し得ないということである。個々の測定値や入力値は正確であっても（真であっても）そしてその数値を多数集積しても，そこから得られる判断は誤っている可能性がある。機器が未発達で測定し得ないデータがあって，これが後に別の結論を導くことがありうる。これを論理学の用語を使えば，帰納的な推論には限界があるということである。

フリッケは次のように指摘する。エイコフの情報システムにおいて「誰が」，「何を」「どこで」「いつ」，または「いくつ」はあっても，「なぜ」という質問がない。これについて，「DIKW スキーマの特性上十分な理由がある。「なぜ」という質問に答えるには，「データ」の界面を超えて他に入り込む必要がある。そしてそれはまさにヒエラルキーアプローチが禁じていることなのである」と述べる[19]。

> （コペルニクス，ガリレオなどから学んだように）地球は太陽の周りを回る。地球が太陽の周りを回っているというのは情報である。しかし，地球が太陽の周りを回っているというデータは存在しないし，データから推測することもできない。それは DIKW 情報ではないし，DIKW 情報であるはずがない。さらに，なぜ地球が太陽の周りを回るのかと疑問をもつことは，まったく合理的な情報探索行動である。そして，初期条件，重力などの観点から得られた回答はそれ自体が情報である。だがその回答も DIKW ピラミッドの情報と見なされない。

地球が公転していることはデータだけから分かったのではなく，データを分析したコペルニクスやガリレオのような先人による情報が積み重なって共有された知識になったからである。最後の得られた回答が DIKW の情報と見なされないというのは，それらの回答はデータだけから与えられたのではないという意味である。このようにデータから情報への移行は困難であり，下部が危ういピラミッドの上部はさらに危ういと述べている。

　フリッケは DIKW ピラミッドを厳密に情報システム構築の枠組みに当てはめて考えるべきでないと述べたが，図書館情報学においてデータ，情報，知識，知恵という概念に分けて考察することそのものを否定したのではない。論の後半はデータ，情報，知識，知恵のそれぞれの概念の関係がピラミッドを離れて相互に関係し合いながらこの分野で展開されてきたことについて述べている。彼によれば，意味論的に理解可能なステートメントで，かつ，語用論的には単純で弱い（特定の局面にのみ適用できる）ステートメントで記録されたデータが望ましい。また，情報や知識についてもそれぞれが特定の場面でのステートメントや弱い個人的知識や特定のコミュニティで選択された真とされる知識が望ましい。知恵に関してはエイコフが目指したノウハウの知識は実践的な知識をどのように選択されるべきかという問題に関わり，本来知恵とされるべきものであると述べる。

　以上のように，ピラミッドがデータを基層として上に積み上げることを前提にしているのに対して，これらの概念間の関係は相互的であることが主張されている。生成されるコンテキストが明らかで，できるだけ特定化されることでデータ，情報，知識はそれぞれが情報システムや図書館で扱いやすいものとなる。言い換えれば，情報は既有の情報とデータを組み合わせることから生み出される。そのなかで一部はさらに共有された知識になるということである。このことは本書で述べる諸概念の関係を考える上で重要な前提である。

　なお，本章のテーマからはやや外れるが，この議論を展開したフリッケの図書館情報学における他の業績について触れておきたい。彼はもともと論理学で博士号を授与された人であったが，ネットワーキングやプログラミングを教えたキャリアから図書館情報学の基礎論へのアプローチを考えてきた。彼の議論は，データの集積が情報，知識，知恵に至り人工知能が人間の知能を上回るシンギュラリティ（技術的特異点）の議論に対する理論的批判にもつながる。これが経営情報論や組織論としていわれている場合には個別組織の問題であるが，それが一般化して扱えるかどうかは結局のところ AI 問題になるからである。

　彼の主著は『論理学と情報の組織化』（未訳）で情報組織論（知識組織論と同等のものを指す）を論理学的視点から捉えることをテーマにしたものである[20]。なぜ論理学かといえば，もちろんコンピュータプログラミングが記

号論理演算の集合体であり，情報検索にブール演算が重要な役割を果たしていることは一つの表れであることからとひとまず理解できる。しかしながら，事物（現実世界のオブジェクトまたは概念）をクラスター化し，事物のグループを順序付けし，事物のアイデンティティを明確にし，事物間の関係を分類するといった論理的な操作は，図書館情報学の1分野である知識組織論の基本的な方法である。彼はコンピュータ科学的なアプローチだけでなく，人間の知識処理においても，分類，ファセット，シソーラス，あるいはFRBRやセマンティックウェブに至るまで記号論理を多用していることを強調している[21]。さらに，記号間の関係は論理学や言語哲学の基本的な問題と結び付き，それらを踏まえながら，図書館情報学で蓄積されてきた組織手法を解説している。彼のそうした主張がDIKWピラミッド批判の基盤を形成していることは先に見たとおりである。彼は近年の人工知能（生成AI）の急速な展開についても批判的な見解をオープンなオンライン教科書という形で公開していることも見逃せない[22]。この著作を見ると，彼が人工知能に対置して人間の知識処理行動の多様さを考えており，その意味で図書館情報学の役割を肯定的に捉えていることが分かる。

　彼の議論はこの分野の拡がりを考える上で示唆に富むものであり，このあとの第3章，第8章，第9章の議論につながるものである。

2.4　ドキュメント

　次にドキュメントと書物との関係について考えてみる。情報ないし知識のメディアである書物（book），ドキュメント（document）との関係についての理論的研究を見てみたい。この辺りについて，ボーデン＆ロビンソンの『図書館情報学概論』[23]が基本的な議論を行っており，より哲学的な検討としてはバッド[24]やデイ[25]の論文がある。

　図書館情報学でドキュメントは表2-1のように理解されている[26]。ドキュメントは世界に在るもののなかから取り出した管理の対象であって，その対象物の特

表2-1　ドキュメントとは何か

対象物	ドキュメント
空にある星	ではない
星の写真	である
川にある石	ではない
博物館にある石	である
野生動物	ではない
動物園の動物	である

性を示すものという理解である。この表では物質的なものと管理対象のもの
とを対象させる見方を強調しているが，もちろんドキュメントは文書資料や
書物，視聴覚資料なども含む広義の概念である。ポパーの世界論でいえば，
物質的な世界は世界 1 に属し，管理対象のものは世界 3 に属する。

　document の語源をたどると，ラテン語の docere（教える）の派生語 doc-
umentum から来ている。英語の doctor（博士・医者）や docent（講師），
doctrine（教義・学説）も同一語源の言葉である。日本語では「文書」とか
「文献」という訳語を用いることが多いので，文字で表現されたものという
ニュアンスがあるが，これは原義に遡ると必ずしもそうではない。カリフォ
ルニア大学バークレー校（当時）のマイケル・バックランドはドキュメント
は，図書館情報学においても，博物館資料なども含めた広義の「資料」ある
いは教育学の文脈では教材の意味にまで拡張されて用いられるようになった
のは，19 世紀末のベルギーの社会活動家ポール・オトレが自ら書誌編纂，
図書館コレクションや博物館コレクションを含めたドキュメンテーション
（documentation）活動として定位したからだと述べている[27]。

　バックランドはこの論文で，ドキュメントはもともと書かれた記録物を意
味したが，ヨーロッパで彼らの活動がドキュメンテーションとして図書館の
活動と密接な結び付きをつくり出し，それが米国で図書館学（librarianship）
から図書館情報学（library and information science）への変容を促したと述
べた。そしてヨーロッパ・ドキュメンテーションの議論で重要なのは，たと
えばアンテロープ（ガゼルやインパラのようなウシ科偶蹄類の動物）がド
キュメントとなるのは，それが博物館で剥製になって展示されていたり，動
物園で飼育されたりしている場合である。つまり，それらは知を媒介するた
めのサンプルとなった状態にある。コンピュータ技術が文字情報も画像や映
像，音声情報もすべて処理しうる見通しがついたときに，図書館情報学は情
報学（information science）に移行しつつあった。紙，パッケージ，フィル
ム，フィッシュ，模型，剥製ほかのモノであったドキュメントはここでデジ
タル・ドキュメントとなった。ドキュメンテーションという立場からは管理
する上で扱いやすいデジタル・ドキュメントへの移行が自然である[28]。

　バックランドがこうした考え方をもった背景について補足すると，オトレ
らによって始められたドキュメンテーション運動は 20 世紀半ばにヨーロッ
パにおいて一定の定着をみる[29]。それは，彼らの拠点であった国際ドキュメ

ンテーション連盟（FID）がオトレ亡きあとも国際十進分類法（UDC）の整備を継続して，科学技術系の論文やテクニカルレポート，特許などのドキュメントを組織化することを定着させたからである。この動きは米国にも波及して，1937年にアメリカドキュメンテーション協会（ADI）が結成されたが，こちらは機械検索など技術的方向への関心を強めた。ADIはその後3回名称を変えて，2013年に現在の情報科学技術学会（ASIS&T）となっている。この過程で1990年代にバックランドはヨーロッパのドキュメンテーションと米国の情報学との間に距離があることに危機感をもち，オトレの情報哲学を引き継いだフランスのスザンヌ・ブリエのドキュメンテーション論の解説書の英訳版を米国で出版する企画の中心となった[30]。それ以降，米国でもドキュメンテーションと情報学との距離が縮まり，相互の交流も活発になっている[31]。

　バックランドは，20世紀中葉のライブラリアンシップの理論家ジェシー・シェラやルイス・ショアーズらがこうしたドキュメントやドキュメンテーション概念の拡張に批判的な態度を示したと述べている。彼らは20世紀半ばにおいて新しいメディアに関心をもって，これらを図書館学の対象に拡げて考えようとしたことは確かだが，伝統的な人文主義の影響の下で，手法としては書物を中心としたコレクションとその資料組織化を最大限に重視していた[32]。書物は書き言葉を連ねてひとまとまりのコンテンツを形成するメディアであるが，これが重要なのは，近代において西洋の知識人が書簡と書物によってコミュニケーションをとっていたことと関わり，今でも人文系の学術領域では書物を知の最終生産物と考えることが多い。それに対して学術雑誌は18世紀の科学革命の時代になって学会とともに現れたメディアであり，領域毎の学術雑誌にピアレビューによる査読論文を掲載するものである。近年は学術評価の指標として引用分析が用いられることも多くなり，人文社会系でも査読論文を重視する動きも顕著になっている。

　書物のメディアとしての特性については第4章で述べることにするが，編集者の仲介によって原稿をチェックし校閲校正を経た上で製本された印刷物として出版し，書店を通じて流通するという仕組みはすでに数百年の歴史があり，これが今デジタル化という形式上の大きな変化の最中にある。だが，メディアがメッセージであるとするマーシャル・マクルーハンの立場からすれば，デジタル書物とその基になった紙の書物が内容的に同じように見えて

も同じもののはずはない。このあたりは第 4 章で論じる。

　なお，以上のドキュメントの理解は，アーカイブズ学でドキュメントを生成された記録情報と理解し，レコード・コンティニュアムモデル論における最初の位置付けにあるものとする議論と異なっているように見えるかもしれない。レコード・コンティニュアム論の用語を用いれば，生成された痕跡であるドキュメントは捕捉されてある活動の証拠となり得るレコードとなり，それが組織において管理されてフォンド（これをアーカイブと呼ぶこともあるので議論は面倒になる）となり，さらに社会全体の記憶として利用可能になってアーカイブズになるとされる[33]。アーカイブズ学のドキュメントはあくまでもアーカイブズ学が扱うアーカイバル・ドキュメントのことである。アーカイブズ学と図書館情報学との間に大きな矛盾はないと考えられる。このことについては，第 6 章および コラム 2 で論じることにしたい。

第3章
知の関係論としてのレファレンス理論

3.1 他者の言葉を利用する

　参照や引用の行為は私たちが日常的に行っていることだ。「テレビの科学番組で，免疫とは生物体が自己と非自己を見分け，非自己だけを排除する作用だと言っていた」「漱石の『草枕』に出てくる「情に棹させば流される」の「棹さす」って，辞書を見ると逆らうという意味ではなくうまく操ることなのね」といった具合である。私たちの考えることや発言することの多くは誰かの請け売りだったり，メディアからの伝聞だったりする。一つの目の例だとテレビ番組を，二つ目の例だと辞書を，ある種の権威として参照している。

　学校での学びの多くは，教師の講義内容や教科書や参考書に書いてある知識を吸収して，ときに応じて自分で再現することが問われてきた。近年は，「主体的・対話的で深い学び」を実現するための探究学習の実践をメディアも含めたさまざまな場に求め，学校図書館を整備する考え方も説かれている。その場合，学習者の外部に学びの素材があって，学習素材を自ら参照しそれを基に自らの知を構築することが課題となる。

　このように外部の情報源を参照する行為をレファレンス（reference）と呼ぶ[1]。レファレンスブックあるいはレファレンスツールとは参照行為を補助するためのものであり，データベースになっていることも多い。図書館は情報源を組織的に収集し蓄積して利用するための機関であり，その業務の一つであるレファレンスサービスは利用者が情報源を参照するのを支援するサービスである。図書館員はレファレンスツールを利用するし，場合によっ

てはツールを作成することもある。

　また，図書館資料の組織化の仕組みに，コレクションを参照するための仕掛けが組み込まれている。コレクションを著者や書名，主題で検索可能にする目録は，ある著者が書いた著作の別の版，別の著作，類似の書名をもつ資料，あるいは主題面で類似の資料を同時に検索可能にする参照ツールである。資料が開架になっている場合には資料形態ごと，あるいは主題ごとに分類されて配置されている。分類体系は類似資料が近くにあることを原則とするから，オープンアクセスの資料配置は，ある資料を手に取ると近くに類似資料がある可能性が高い。開架は自由な資料参照を可能にする，ブラウジングの手段である。

　レファレンスをこのように関連資料を指示したり参照したりする行為であるとすれば，何らかのテーマに基づき書誌をつくったり資料の展示解説したりすることも，ブックトークやビブリオバトルで本を紹介することも，専門家に資料についての講演をしてもらうことも，関連資料を紹介するという意味でレファレンスサービスの一環ということになる。図書館機能は最終的には利用者に図書館の資料やサービスを媒介にして関連資料へのアクセス性を高め，知の世界を拡張してもらうところにあるといえる。

　以上のことは，これまでのレファレンスサービスの教科書にも書かれていたことである。本章では，これがデータベースとネットワーク技術が普及した 21 世紀になって図書館の世界を超えて一般化したと捉え，これを説明するための哲学的考察を行い，レファレンス理論を構築することをめざしたい。まず「語」「言説」「著作」という言語レベルの素材があり，それらが何かの指示対象をもつことを述べ，素材と指示対象との関係をめぐって記号論や分析哲学における議論が存在していることを指摘する。さらに，言説や著作が他の言説や著作を「参照」「引用」することがあり，そのためのツールとして「書誌」「索引」「メタデータ」「全文検索」「リンク」「データベース」といったものがあることを検討する。そして，これらの相互関係によって図書館情報学におけるレファレンス理論が形成されることについて述べてから，それを基にして，デジタルネットワーク技術によって構築されたさまざまなツールにこの理論を適用できることを確認する。

3.2　レファレンスの理論構築に向けて

レファレンスとは何か

　英語の動詞 refer には "A refer to B" という自動詞の用法と，"A refer C to B" という他動詞の用法とがある。"A refer to B" という場合（自動詞）に，A は B を「参照する」「指示する」という意味になる。たとえば The author frequently refers to the Bible.（その作家はしばしば聖書を参照する）という用法があり，B が A の情報源あるいは知識源となることを意味する。他方，他動詞の場合，A は B を C に「差し向ける」とか「紹介する」という意味になる。The professor referred me to a specialist.（教授は私に専門家を紹介してくれた）というような用法である。B が C の情報源あるいは知識源となることを意味するのだが，その関係は A によって媒介されている。情報行動や知識の作用は人が直接に情報や知識の源を参照する場合と，情報や知識を参照するのに，他の情報源，知識源が媒介する場合とがある。

　Oxford English Dictionary, 3rd ed. によると，reference の動詞形 refer の語源は中世英語の referrer であり，これはさらにラテン語の referre に遡る。referre の ferre は「運ぶ」を意味し（ferry が類義語），これに語頭の re- が付くことから，referre は "to carry back"，すなわち元のところに戻すという意味になる。referee, referent, referendum, referral が類義語になる。

　学術用語としての reference は，図書館情報学以外に言語学，分析哲学，文学理論，社会心理学，コンピュータサイエンスで使用されている。このうち，言語学，分析哲学での訳語は「指示」であり，図書館情報学では「参照」ないし「参考」，文学理論における reference 理論の紹介はまだ見られず，それゆえ訳語もないが，言語学および分析哲学を経由して導入されているので，「指示」と訳す場合と「参照」と訳す方がよい場合とがある。

　社会心理学では reference group の用語がある。個人がある特定の社会において自らが占めている位置付けを理解したり，そこに所属するのが望ましいと考えるときに参照（refer）する集団のことで，「準拠集団」が通常の訳語になる。ここには心理的な帰属を意味するだけでなく，集団への帰属を促す力が社会的に働くという意味合いがある。

　あるウェブサイトでは「リファレンス」がデザイン，ビジネス，医療，音楽，就職・転職などの領域で少しずつ異なった意味で用いられているとしている[2]。コンピュータサイエンスでは，ソフトウェアやハードウェアを実装しようとする開発者が仕様書を参照すること，ないし参照する仕様書やマニュアルのことを指す。現在，ICT 領域ではリファレンスを拡張してリファレンスモデル（参照モデル）やリファレンスデザインという言葉も用いられる。それらは仕様書作成の段階で，基本的目標やアイディアをまとめて設計の際の一つの体系として実装可能かどうかを確認するためのものを指す。さらにリファレンスという言葉は産業開発やビジネス全般で用いられる。製造物の製造番号に「Ref 番号」などとして用いられ，転職の際の身元紹介や履歴調査の意味で使われ，化学実験の際の対照実験における対照側を指す場合にも使用される。これらはいずれも，確実なものや規範的なものを求める過程やその行為，あるいはそこにたどり着くための手がかりを指すものである。

　以上で分かるように reference には価値中立的な指示や帰属の意味で使われる場合と，共通して参照すべきものという価値を負荷した意味合いで使われる場合とがある。これから述べるレファレンス理論は，両者の関係を解明するために，ある指示関係がなぜ生じ，またなぜそれが必然性をもつのかを説明しようとするものである。なお，図書館情報学での慣行に従い，「レファレンス」と表記する。

言語・記号のレファレンス

　言語学用語として，reference はある語が何らかの意味を指し示す場合の語の作用としての「指示」を意味するものとして使われた。この考え方は記号学に展開する。20 世紀初頭に，チャールズ・オグデンとアイヴァー・リチャーズは『意味の意味』（原著1923）において「意味の三角形」と呼ぶ概念図を示した。これは，現在，ある「表象（symbol）」は「思想（thought）ないし指示（reference）」

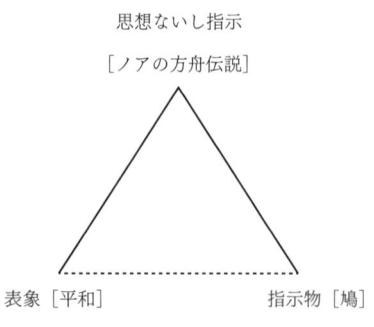

図3-1　意味の三角形（「鳩は平和の象徴」）

を通して「指示物（referent）」を示すものと理解されている（図 3-1)[3]。た
とえば「鳩は平和の象徴」とされるが，この概念図によれば「平和」という
表象（記号，象徴）と「鳩」という指示物（現象，現実世界のもの）との間
に直接的な関係はない。両者を結び付けるのは，ノアがその家族および動物
のつがいを乗せた方舟で大洪水を乗り切り地表を探そうとしたときに，鳩が
オリーブの葉を咥えて帰ったことで地表が近付いたことを知ったという旧約
聖書の逸話である。欧米キリスト教社会においては，聖書に含まれる思想，
概念，解釈が両者を結び付けるものである[4]。

　別のものによって媒介される関係は，記号とその指示物の関係の恣意性と
呼ばれる[5]。言語学や記号学の意味論の議論で，表象と指示対象を結び付け
るものを「意味」として，言葉や記号が対象や状況に対してもつ関係である
外延的意味（denotative meaning）と記号や言葉が他の記号との関係によっ
て生成する内包的意味（connotative meaning）とを分けるのが普通である。

　この場合の外延的意味は指示的意味（referential meaning）とも呼ばれ，
話者の視点から指し示しているものとの対応が明確なもののことを指してい
る。鳩の動物学的な意味は確定している。また，天気予報で「明日は晴れ」
というときの「明日」は，今日を基点にしたときの次の日という明示的な指
示対象をもつし，「晴れる」は天気という記号系のなかで「曇り」「雨」「雪」
などのどれでもないものを指している。これが外延的意味である。これに対
して内包的意味とは，先ほどの鳩が平和と結び付いているような場合を指
す。また，「明日は来ない」という場合に，「明日」も「来ない」も外延的意
味は明確だが，これらが一緒になって話者の言葉（言説）として表現される
と，明示的な対象をもたず，将来に対する不安な心理状態を指しているよう
な表現についていわれる。内包的意味は先の記号の恣意性に由来するもので
ある。

　一般に内包的意味を共有している人が少なければ記号と対象を結び付ける
力は弱く，特定の集団でしか指示し得ないが，共有する人が多ければ力が強
いことになる。鳩が平和の象徴という表現はすでに外延的意味をもっている
と考えられるが，キリスト教の伝統が弱い日本でも一般的に使われているこ
とから見ても分かるように，内包的意味は外延的（指示的）意味に転化しう
ることを示している。

分析哲学の指示理論

　現代の言語哲学ないし分析哲学に指示理論（reference theory）がある[6]。これはある言葉の表現が何かを指示するときにどんなメカニズムが働くのか，指示と意味はどのような関係にあるか，指示と真理との関係あるいは指示と知識との関係はどうかというような問いに答えようとするものである。たとえば，

　「あの明るい星は金星だ」

　という文の外延を導くものは何なのかを考える。これに対して，英国の哲学者バートランド・ラッセルらが唱えた内包的意味の記述説（descriptive theory）と呼ばれるものでは次のように捉える。

　「（夕方見ている空に）あるものが存在し，そのものは一つであり，それは明るく，かつ「宵の明星」と呼ばれる」。

　明るいのは木星かもしれないし，カノープスかもしれない。しかし，今，あの場所に特定化したものがあり，それは明るいもので，宵の明星と呼ぶという言明である。

　「「宵の明星」と「明けの明星」は同一の星だ」

　宵の明星は夕方の明るい星であり，明けの明星は朝方の明るい星である。両者は内包的意味としては同一ではない。これがどうして外延的な意味として同一になるのか。宵と明け方は時間的にずれているのだから，これは論理的に矛盾しない。だが，これだけで真理であるかは分からない。たとえば，

- 「宵の明星」が出ている翌朝に「明けの明星」が見られることはない
- 両者は太陽が地平線から上がったり下がったりする位置の近くにある
- 「宵の明星」と「明けの明星」の明るさや色が類似している

といった記述が束になって，二つの明星の性質が似ていて，両者は同じ星を違う時点で見ているに過ぎないということになる。まもなく観測技術が向上しこれが共有されるようになって，いつしか内包は徐々に外延化されていく。すでに古代ギリシアの天文学において二つの明星が同じ星だという知識は共有されていたが，「金星は太陽の周りを廻る惑星の一つであり，それも軌道が地球よりも太陽に近い内惑星である」となるのは，15世紀のコペルニクスによる地動説以降である。記述説はこのような論理的に正しい言説を束として組み合わせることによって，真理に達することができるという含意

をもつ。トマス・クーンのパラダイム論が現れるまで，科学的知識がつくられる過程はこうした経験的知の言説が積み重ねられることによるものと捉えられていた[7]。

これに対して，米国の哲学者ソール・クリプキらは，内包的意味に還元できない領域として固有名や類種名を挙げ，これを基に指示の因果説（causal theory of reference）と呼ばれる考え方を説く。たとえば，金星の名は民族によってさまざまに呼ばれてきた。メソポタミアでは美の女神イシュタル，古代ギリシアではアフロディーテ，古代ローマでヴェヌス（ヴィーナス）などと女性名が付けられている。人間への愛情を注ぐ豊穣の女神という点で共通している。日本では『枕草子』に「星はすばる。ひこぼし。ゆふづつ。よばひ星，すこしをかし。」と詠まれ，ゆふづつが金星のことである。日本古代の詩歌には一日は宵から始まるという考え方があり，作者清少納言が宮中における夜の生活の期待を詠み込んでいるという説もある。

「金星」という呼び名は中国から来ている。古代には太白（たいはく）と呼ばれ，また，宵の明星を長庚（ちょうこう），明けの明星を啓明（けいめい）と呼び分けたこともあった。これが金星と呼ばれるようになったのは古代の五行説に基づくものである。五行説とは万物が木火土金水の5種類の元素からなるという考え方であり，金は土中に光り輝く鉱物・金属を指していて，金星の呼び名は，金属のように冷徹・堅固・確実な性質から来るとされる。

金星の呼び名は「女性の豊穣さ」「夜の艶（なま）めかしさ」「金属の性質」のように民族によって異なった内包から説明され，記述説では説明しにくい。因果説は命名儀式から始まり，あの星は「金星（あるいはゆふづつ，ヴィーナス）」だという外延的な指示が社会的にルールとして伝わっていくという考え方をとる。このように固有名詞の呼び方には，それぞれの思想や神話，伝説などを基に名付けられたものが，外延的な指示として広まっていくものといえる。

言説と著作のレファレンス

言語学・記号学，哲学では通常，単一の語，記号，そしてその組合せの作用が間の対象になる。語，文あるいは一連の語や文の組合せである言説（discourse）を対象として，それらの集合体ないしその全体的な作用を問題にする。言説は言語使用の中間的単位とされることが多いが，図書館情報学

で対象にするような図書や雑誌，新聞記事などは通常言語学や記号学では扱われない。しかしながら，言語学における語用論の発展形態として，学術や文芸の作品を考えることが可能である。

　ここでは，作品のなかで他の作品を指示・参照する作用があることに注目したい。つまり，内包的意味が作品を参照することによって生じる場合である。語や言説レベルではレファレンスに対して「指示」という訳語が当てはまりやすいが，それに対して，作品やコンテンツレベルだと「参照」になる。これには明らかな理由があるだろう。参照や参考の「参」とは「合わせる」という意味で，何かと何かの間の媒介項が入って関係が間接的になることを指す。語や言説レベルでは指示関係が明確な場合であっても，それが組み合わされた作品やテキスト全体では間接的なものになる。さらにいえば，レファレンスが言語学や記号学ではあくまでも個々の語や記号そして言説使用をベースとした議論のなかで使用されるのに対して，それ以外では作品を参照することで議論が進むということである。

　学術や文芸において，参照とは大きくいえば2種類ある。一つは先行研究への参照であり，もう一つは研究資料への参照である。まず先行研究への参照であるが，創造的な著作活動や研究活動において，先人の業績や作品の参照が次の研究や作品創造のヒントになることは一般的なことである。むしろ参照なしに研究や著述活動を行うことはできない。第6章で科学的発見が「巨人たちの肩」の上に立つことで可能になるという言説を検討するが，先人同僚の業績や作品がヒントになったことを明示的に示さない場合に，剽窃ないしは盗用，倫理違反とされる可能性がある。これは科学革命以降には大きな問題となった。他方，著作権法では「引用」は著作権者の許諾なしに行うことができるとされるのは，そうした蓄積はオープンに利用すべきものとの了解があったからだ。

　もう一つの研究資料であるが，文学作品は文学研究の，歴史資料（史料）は歴史学の研究資料であり，哲学書や思想書は哲学・思想研究の，そして言語資料は言語学や心理学，社会学の研究資料となる。これは，言語や言説の調査分析を研究方法としている多くの人文・社会科学系の領域で当てはまる。また統計資料，社会調査資料，政府資料，法令資料，判例資料などが社会科学で用いられるし，工学や医学などの応用科学分野でも法令，図面，マニュアル，データ集，規格資料，特許資料などが使われる。自然科学であっ

ても文献資料は，数学はもちろんのこと，生物学，地質学，気象学や天文学など人間の記録を研究の手がかりにする領域では一般的に使用されている。資料を手がかりにするかどうかはそれぞれの領域における方法の問題である。つまり研究とその研究資料との関係は方法によって結び付けられる。

　参照の二つのケースは常に組み合わされている。研究者は自らの研究が新しくなおかつ重要な知見であることを示すために，論文や著作を書くわけだが，その際に先行研究で誰のものを参照し，本文で使う資料としてどういう種類のものを使うのかは研究者に委ねられている。この点について，文化人類学者の松木啓子は，学術論文や学術書を「アカデミックディスコース」の表出と捉えて，そこに学術制度としての学会，著者，知識，そしてディスコース（言説）の四つの領域間の相互作用があると述べている。それらは学術的な権威獲得のために，相互に関わり合う。学会や著者が権威に関わるのは理解しやすいが，たとえば知識は，すでに権威付けられた先行研究と間テキスト的関係を確立することによって学問分野の知識として位置付けられ，学会誌のデータベースに入り，第三者によって位置付けられる。またディスコース自体の権威付けについては，何が語られているかだけでなく，どのように語るのかが問われ，そうした知識構築の方法や手段が評価されて再帰的な秩序をもつという。

　松木は，「用語の選択，統語上のパターン，論証のためのレトリックから，参考文献リストの様式，図や表をめぐる視覚的なテキスト上のフォーマット，句読点の打ち方まで，秩序はすみずみまで制約を与える」[8]と述べる。このように，学術的言説を構成するものは内部的には個々の用語，統語，レトリック，参考文献，図表等々があり，外部との関係では他の言説との関係や学会や第三者などの要素がある。個々の言説が何かを指示したり参照したりするものだとしたら，学術的な言説にも他の学術との関係や秩序がもつ指示や参照関係が存在している。

　以下，レファレンスの理論を考察するにあたって，こうした学術的な言説だけでなく，さまざまな分野で用いられる何らかのひとまとまりの言説について考察したい。先にコンテンツとか作品と呼んだものだが，図書館情報学では著作（work）と呼ばれる。通常の人文社会系の分野でwork は作品と訳されるが，そこに「評価を受けて優れているとされたもの」というニュアンスが含まれるので，ここでは図書館情報学用語をそのまま使う。著作は世界

の書誌コントロールの枠組みを提案してきた IFLA（国際図書館連盟）の FRBR（書誌レコードの機能要件）で「個別の知的・芸術的創造」とされ，表現形や体現形，個別資料などの実態関連のなかで抽象的に定義されている[9]。しかしここでは，これらの要素すべてを含む総合的な概念として著作を捉える。

　アカデミックディスコースの議論においては，著作が作品に変換される過程で著作間の参照関係が重要な役割を果たすわけである。レファレンス理論とはこのような参照関係を，さらに一般的な知識生産，知識媒介のメディア，知識の受容と利用といった領域全般に当てはめて考察することである。

3.3　レファレンスツールとレファレンス理論

レファレンスツールの類型

　レファレンスブック（参考図書）を「情報を縮約ないし編成して項目にまとめ，それらを一定の方式に従って配列し，収録されている情報が容易に検索できるように編集している冊子体の資料」と定義し，これを案内指示的なツールと事実解説的なツールに分けて議論したのはレファレンスサービスの大家長澤雅男であった[10]。定義では冊子体のものが扱われているが，この考え方はレファレンスのためのツール全般に適用できるだろう。先の書誌・索引は案内指示的なツールであり，辞書・事典は事実解説的なツールである。

　案内指示的ツールは，著作ないし著作を構成する部分，さらには著作の集合体に関する情報を提供するもので，この情報は通常，書誌データあるいはメタデータと呼ばれる。書誌は著作についての書誌データを提供するもので厳密に統制されたルールで記述する。著者，タイトル，出版社など基本は固有名で構成されているが，主題についてはシソーラスあるいは件名標目表による統制が行われている。目録は書誌と同義に用いられることもあるが，図書館情報学では所在（location）のメタデータが付与された書誌のことをいう。所在の問題は重要であるがここでは扱わない。

　これに対して，索引は著作の一部を構成する単位を対象として書誌データ（メタデータ）を提供するもので，単一の著作に含まれる語や言説が対象である場合と集合的著作における個々の著作が対象である場合とがある。資料

組織論では全体部分関係と呼ばれる。索引はテキスト中に含まれる語を中心とする言説が対象となる。図書索引や雑誌記事索引，新聞記事索引などはいずれも，人名，地名，書名，事項名などの語を検索語にする。多くは，固有名詞であったり，統制された用語だったりする。そして記述要素は当該言説や著作の書誌的な位置である。図書索引は巻やページ，雑誌や新聞は当該誌紙の巻号，刊行年月日，ページ数や面数などである。

　事実解説的なツールのなかで，辞書は，通常，語を単位として言葉の使用例を集めて言語学的な分析をして記述・編集したものであり，事典もまた語を単位として，言葉の使用例とそれと対応する概念や知識，解釈を記述して編集したものである。辞書が言語学的な分析と記述を行うのに対して，事典の場合は概念・知識・解釈は基本的にそれを扱う学術的ないし専門的分野の知見に従い記述を行う。いずれもテキスト中心のものであり，項目のアルファベット順に並べるのが一般的である。実用性を重視する領域の事実解説的ツールはハンドブックやガイドブックと呼ばれることがあり，体系的な記述となるのが一般的である[11]。

　案内指示と事実解説の中間的なものとして，データレファレンスのツールがある。年表，年鑑，統計書，図鑑，地図帳，名鑑は通常，事実解説的なツールとされるが，これらは語，数値等の記号，図，写真等の画像，比較的短めの言説をデータとして直接指示しているツールであり，データレファレンスツールといえる。引けば直接にデータとデータとの関係が指示されている。年表は暦年を検索語として事項を指示している。年鑑は暦年単位で収集したデータを集めたデータ集である。図鑑は何らかの事象についての図版を検索しやすいように編集したもので，検索のためには分類体系で排列され巻末に索引が付与される。地図帳は地図という図版を集めた図鑑である。名鑑は機関名や人名を集めたリストでやはり検索の工夫がある。他にも統計書もまた，データ表の集合体という点で，検索事項に対応した数値を表形式で提示するものである。さらには法令・条例・判例，特許や規格集，医薬品など領域毎に，それぞれのデータを検索可能にしているツールがあるが，これらもまた事実をデータとして編集しそのまま掲載しているという意味で二つのカテゴリーとは異なっている。

　レファレンスを理論的に考察してきた立場からすると，レファレンスツールの二つの形はデータレファレンスの特殊なケースと考えることができる。

つまり，案内指示的ツールは，データレファレンスで指示するデータが書誌データないしメタデータであるものであり，それに対して，事実解説的ツールは，データが単なる語，記号ではなくて，テキスト等によって構成されている言説であるものである。それによって言説としてのメッセージが伝えられることになる。

指示理論の適用

　もう一度，分析哲学に立ち戻ってみよう。指示参照行為において，ある語ないし言説とそれが指示する対象との関係は何かによって媒介されている。媒介作用について，語や言説と対象とが第三者によって結び付けられる場合が内包的意味であり，他方，外延的意味とは媒介作用がルール化され対象への指示が直接的になる場合である。媒介作用の説明として，語・言説の内包的な記述の束が累積して外延を導くとする記述説と，外延はどこかで外部的に決められるとする因果説がある。

　これらの議論を図書館情報学のレファレンスに当てはめると次のようになる。まず基本的には著作を単位とした言説を扱っている。そして，レファレンスとは，質問（クエリ）という言説と，著作を中心とした何らかの知の言説をつなげることによって成り立つ。つなげるために用意されるものがレファレンスツール（レファレンスブックやデータベース等のツール全般を指す）である。質問の前提として質問者の内的知，理解，関心といった領域がある。だからここでの議論は，関心をもつ人の内的知と参照された著作に含まれる外的知との関係ということになる。第2章で述べたポパーの3世界論において，世界2と世界3との関係にあたるものである。

　レファレンスツールのうち，事実解説的ツールは質問と対応する項目の言説自体にその指示言説たる知識（referent）を含んでいる。この場合に参照される知識は指示理論の記述説で説明できるだろう。そこでは記述の束が蓄積され，専門家によって標準的なものとして認定された知識が記述される。ここには，学会や学術雑誌，学術出版，図書館コレクションなどによって記述が蓄積され，それが参照可能になり，さらにそれらを基にして専門家がその分野における学識（scholarship）ないし典拠（authority）によって標準的に記述するという学術的あるいは専門的な知識形成過程がある。authorityは通常は権威と訳されるが，権威がもつ政治的作用よりは，多くの人が知識

として認めるようになる，何らかの必
然性をもった社会的作用を典拠と呼
ぶ。

　記号論的にこの関係を図示すると図
3-2 のようになる。実線は直接的関
係，点線は間接的関係を示している。

　他方，案内指示的ツールは，質問を
書誌データやメタデータを指示すると
いう意味で外延的な作用をもた
らすものである。案内指示的
ツールで指示された書誌データ
ないしメタデータはそれ自体が
別の著作ないし言説を直接導く
という間接的なレファレンスで
ある。これを図で表現すると，
図 3-3 のようになる。

　案内指示的ツールの場合，著

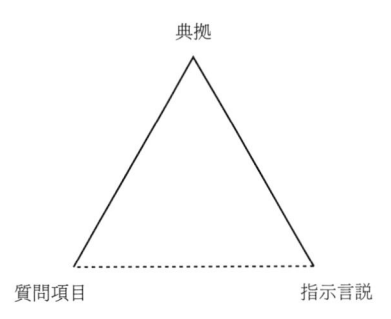

図 3-2　事実解説的ツールの指示関係

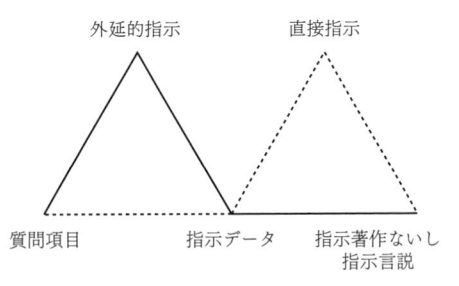

図 3-3　案内指示的ツールの指示関係

者名や団体名のような固有名への指示は直接的であり，因果説で説明するこ
とができるだろう。著作が研究者や作家や何らかの業績を挙げた個人という
人やそうした人が所属した機関，著作を発表した学会や出版社といった固有
名がその著作を理解する手がかりになるからである。固有名は変遷や変化は
ありうるとしても安定している。多くのデータレファレンスで用いられるも
のも固有の事象を中心としたデータを参照するものであるから，同様に因果
説で説明できる。それに対して，分類や主題検索の場合には，分類記号ない
しディスクリプタ（件名）の選択は統制されている。この場合，統制語の作
成や適用は専門家の知が反映されたものと考えられるが必ずしも安定はして
いない。指示関係については介在する人の解釈が加わるから，統制の過程に
ついては一定程度の合意が必要であり，記述説で説明できるだろう。

書誌的な参照関係の拡張

　以上をまとめると，レファレンスサービスの理論を分析哲学の指示理論を
ベースにして組み立てることが可能である。固有名での検索が可能なもの以

外は，知のレファレンス過程の多くは参照の過程に記述の束を一つの言説に集約する主題専門家の視点や分類の関係構造や主題の用語統制構造のような合意の過程があるということである。これはレファレンスサービスが，そうした専門家の視点や学術用語の統制のような知識構造に従って行われていることを示している。

　レファレンスサービスにおけるレファレンスには三つのタイプがある。第一に，事実解説的ツールに典型的なように，専門家が直接に知の言説を記述する場合である。これを「解説レファレンス」と呼ぶ。第二に，案内指示レファレンスで質問が直接に指示データを導き，それが著作や言説につながるものである。著者名やタイトル，出版者など外延関係が明確なものである。これを「直接指示レファレンス」と呼ぶ。第三に，案内指示レファレンスのなかでも主題構造や分類のように別の知を媒介する仕組みを用いる間接的なものである。これを「間接指示レファレンス」と呼ぶ。

　多くのレファレンスツールは編集者，編集に関わる学協会，そしてそれを発行する出版社の権威によって成り立つ。Wikipedia や Q&A サイト，SNS 上のやり取りは，専門家の権威に代わって多数の著者が書くことによって集合知が働く場と捉えることもできるが，これらがレファレンスツールを代替するかどうかについてはさらなる議論が必要である。

　直接指示レファレンスにも間接指示レファレンスにも新しい動きがある。書誌データベースでは出版者等が付与する出版物についての書影や目次，解説などの付加的情報を掲載することが行われている。とくに目次データが掲載されることにより，集合著作の場合に部分書誌との関係を示すことができるようになる。従来集合的に単一の著作とされることがあった講座もの（多巻もの，シリーズもの）の個別巻や下位レベル著作，論文集の個々の論文が検索できるようになる。また，特集形式のものが多い書籍扱いの雑誌は雑誌記事索引の対象にならないことが多いが，そういうものも内容レベルの表示も可能になりつつある。だが，出版関係データベースでは著者典拠や件名標目などの図書館関係のノウハウが十分に浸透しておらず，書誌的検索が有効にできない場合が多い。

　また，オープンデータ化の動きによって，図書や論文記事の全文検索が可能になる場合がある。電子書籍サービスも全文検索を可能にしているものがある。全文検索は，テキスト全文から語を切り出して，一定のストップワー

ド以外のものを索引ファイルとして，その前後の文字列を表示可能にしたデータベースである。これも日本語の場合は形態素解析の問題がつきまとうが，それでもこれまで述べた書誌的事項やメタデータ，目次，概要などに含まれない，著者の自由な言葉使いが検索対象になることのメリットもある。これにより，指示・参照の記述リストが豊富に得られることになる。

　さらには書誌記述を拡張して，ネットワーク空間において，情報資源を自由に利用できるようにするための仕組みとして『IFLA 図書館参照モデル：書誌情報のための概念モデル』(2017) が公表されている[12]。従来の FRBR（書誌レコードの機能要件）に比べて，利用者タスクに探索（explore）が加わりブラウジングへの対応が想定されていることや，情報資源の実体の取扱いに属性に加えて関連（relationship）が定義されていることが，レファレンスを考える上で重要である[13]。関連は従来から用いられている著作の実体間の関係を詳細に定義したものである。そこには，全体-部分，実体化，創作，配布，所有，改変等々の組合せで 36 の関連が掲載されている。このモデルは今後の書誌的な情報資源のネットワーク上の取扱いにおいて基本的なものと位置付けられる。

3.4　ネット情報源への展開

データベースの可能性と限界

　案内指示レファレンスでは，書誌記述に基づく手作業によるメタデータ付与が一般的だった。現在では抄録とか著者紹介，目次，内容紹介のようなテキストデータがさらに加えられたデータベースも提供されるようになりつつある。そこには著作に関わるさまざまな内容が含まれている。かつて，間接指示レファレンスにおいては用語統制が人手で行われていたのであるが，検索技術によるフリーワード検索によって指示の可能性を拡げるものである。さらには第 7 章で説明するような参照先のドキュメントのフルテキストデータが検索可能になることにより，その可能性は一挙に拡がる。

　これは事実解説レファレンスでも同様で，項目名やそれに付随するメタデータに対する検索に限らず，解説事項のテキストデータが加わって全文検索を可能にするものがある。

　これまで述べてきたようにレファレンスサービスのレファレンスは，事前に指示や参照を埋め込んであるものや，ツールとして作成されているものを利用して行われてきた。また使う際にも，埋め込まれたものをたどって，それがある別の物理的位置でアクセスしようとしなければ指示や参照されたものが得られなかった。けれども，インターネットが標準的な情報ネットワークとなり，誰もが容易にネットの発信者になることで，リンクのネットワークが拡がることになった。つまり，誰もがレファレンスツールを作成可能になっただけでなく，意識せざる間に指示・参照を行うことができるようになったのである。

　しかしながら，事はそんなに簡単ではない。データベース検索の原理を確認しておこう。データベースにおいて用いるデータは，文字列の集合体である。全文テキストの場合はそれ自体が文字列であり，それ以外のコンテンツについてはそこに付与された文字列による書誌データないしメタデータを用いる。

　検索は検索語と文字列の一部が一致するかどうかで行う。通常は文字列全体から索引ファイルをつくることによって効率化を図る。索引ファイルは，文字列とファイルの位置ほかの要素からなるテーブル構造をもつ。文字列を抽出するのに欧米語であれば分かち書きされるので容易だが，日本語のような膠着語ではどこかで語を切る操作が必要で，これを形態素解析と呼ぶ。形態素解析のためには単語をリスト化した辞書が必要である。こうしてできた索引ファイルとの一致度を評価して得られた文字列を表示するときに，どのような順序を用いるかが問題になる。

　複雑な過程を経て行われるデータベース検索には不安定な要素がいくつも紛れ込んでいる。まず，データベースにおいては文脈による意味の区別は統計的にしかできず，常に誤りが含まれるという基本的問題がある。たとえば「鳩」の動物学的な説明と平和の象徴としての説明ではまったく別の文脈であることは明らかであるが，文字列の上では区別できないので，検索すると混在して表示される可能性がある。

　さらに日本語特有の処理の問題がある。まず分かち書きの問題である。たとえば「形態素解析」という用語が，有意味の語である「形態」「素」「解析」と三つに分割される可能性があることを示す。だが「形態素」が辞書に登録されていないと情報検索用語についての検索精度は上がらない。それ以

外にも，活用形の処理，助詞の処理，漢字とかな文字のどちらを使うか，旧字体・新字体の別，送り仮名，ルビなどの自然言語処理上の問題がある。また文字列の表示順であるが，図書館目録などの書誌データベースは一次的に著者，書名，件名のアルファベット順に表示することを一般的ルールとしているが，そのためには「読み」を付与することが必要である。だから，それがない通常のテキストデータベースでは，表示は「適合度順」になる。適合度のアルゴリズムは公表されないことが多いし，公表されても詳細なところは利用者からは不明である[14]。さらには商業的あるいは政治的な理由で操作されている可能性がある[15]。

ハイパーリンクと *Linked Open Data*

　ハイパーリンクはネットワーク上のリソースを互いに結び付ける技術である。ハイパーリンクの原型はハイパーテキストであり，複数のテキストを相互に関連付ける仕組みであるが，これが HTML や XHTML といった記述言語によってインターネット上で表現されたものが WWW（World Wide Web）である。この場合の関連付けはテキストに埋め込まれたリンクによって行われる。リンクは URI（Uniform Resource Identifier）と呼ばれる，位置特定化のための約束事に従い，ネットワーク上の別のリソース（データ，テキスト，画像，音声など）を指示することができる[16]。

　Google などの検索エンジンはハイパーリンクを利用して，ネットワーク上のリソース全体に全文検索をかけることを可能にするデータベースである。テキストを自然言語処理によって分析して索引を付与しデータベース化するものであるので，不安定さがつきまとうのは一般のデータベースと同様である。構造的メタデータ付与という概念がないので，別のところで著者についての典拠データを与えない限り，同姓同名の著者が書いた著作を自動的に識別することはできず，検索すれば混在して出てくることになる。

　これを改善して，ハイパーリンク構造を著作テキストや知的リソースを参照するだけでなく，オープンライセンスとなったリソースを対象にして，個々のデータ単位のものをリンクするのに拡張して標準化する考え方がLOD（Linked Open Data）である。これは，セマンティック・ウェブ分野で開発されてきた知識の構造化手法を適用し，コンピュータで処理可能なデータを普及させるための一連の方法ないし技術である。

　HTML ではリンク構造は表現できるが，それだけではリンクされた個々の文字列やリソースの特性を表現することはできない。たとえば，あるリソースへのリンクがその作成者を示すのか，その著作そのものを示すのか，それを解説したテキストを示すのかといった違いを区別できない。そこで，データをリンクするのに RDF（Resource Description Framework）で記述し，Web 上にある文書，データ，ファイル等々のリソース（URI で記述）に関する情報を記述するための枠組みを提供する。ネットワーク上のデータをリンクするにあたって，特性の意味の枠組みを結び付ける多元的なリンク構造を表現することによって有効な検索に結び付くという考え方が採用されている。たとえば，国立国会図書館が提供する全国書誌データや典拠データは LOD で提供されているから，これを他の書誌データベースとつなげることによって，NDL 水準の書誌データ，著者名典拠データを自由に利用可能になっている[17]。

識別コード

　データをリンクするときの項目として同じカテゴリーや属性が用いられることが多い。国と大陸名，行政単位や政府機構，会社や組織の区分などは言うまでもなく，性別，年齢，言語，民族，職業等々の人の区分など多様に存在する。これらは固有名を中心とした固定的なものであり，標準的な識別コードを付与することがしやすい。さらに，自然種，工業製品，医薬品などもコードで管理することが可能である。これがネットを超えたレファレンスを行う際に重要な役割を果たすことになる。

　図書館の典拠コントロールは，人的な処理によって著者や機関名・地名・主題件名を識別するものであった。主題件名以外は固有名を扱うことになる。固有名のようにネット空間において重要な参照すべきものがあれば，それをリンク構造のなかで別扱いにして対応することが可能である。そうした固有名の一覧をどこかで国際規格として登録し何らかの記号を付与すれば，ネット上で容易にそれを識別参照できる。これを識別コードと呼ぶ。識別コードは固有名をもつものや統一的基準で割り当てられるものならどんなものにでも付与することができる。また，汎用的に用いられるカテゴリーも識別コードとして用いることができる。

　規格をつくる主体は，政府，学会，企業，業界団体や非営利団体であり，

その宣言をして規格を公表し，それに基づいて登録され広く使われることで成立する。これがさらに国際的な動きとして相互連携していけば国際的な識別コードとなる。一般的には国際機関が設定するコードが用いられていて，知識や情報のレファレンスに関わりあるものとしては，国際図書標準番号(ISBN)，国際逐次刊行物番号（ISSN)，バーチャル国際典拠ファイル(VIAF)，デジタルオブジェクト識別子（DOI）などがある。このうち，ISBN は図書として扱われる著作，ISSN は逐次刊行物として扱われる著作を識別する。VIAF は著者の特定化のための典拠ファイルであり，DOI は雑誌論文や会議発表論文のような集合的著作に含まれる個々の著作を識別するのに使う。資料組織化で用いられる固有名を国際的に管理することができるので，ネット上で容易にリンクを貼ることが可能になる。固有名がもつ意味空間を機械処理することは難しいが，このように別に人が介在することでファイルを構築し，ネットワーク空間で共用することで新しい可能性が開けてくる。

引用ネットワーク

通常の学術論文においては他文献への参照や引用を明示することになっている。引用索引はある論文を引用する論文間の関係を示すためのツールである。引用索引の出現以前には，論文で引用された先行研究は読み手に参考文献として利用されることがあっても，利用は読み手限りのものだった。だが，1970 年代にガーフィールド（Garfield, Eugine）によって引用索引データベースが開発されて以来，英語で書かれた論文の引用は容易に検索できるようになった。トムソン・ロイター（旧：Institute for Scientific Information〈ISI〉）の引用文献データベース Web of Science に収録される雑誌がその対象になるもので，このツールは引用・参照関係を調査するのに使われるだけでなくて，論文と論文の関係を分析したり，諸分野への関係構造を調査したり，引用分析によって雑誌を評価したり，さらには論文の価値や研究者や研究機関の研究能力を評価したりするのに使われるようになった[18]。

引用索引が整備されることで，文献と文献との関係を引用という行為を基にしてたどることが可能になる。文献Aと文献Bとがともに文献群（C，D，E）を引用している場合，AとBは共引用（co-citation）と呼ばれる関係にある。これに対して，文献Aと文献Bが同じ文献群（F，G，H）によって

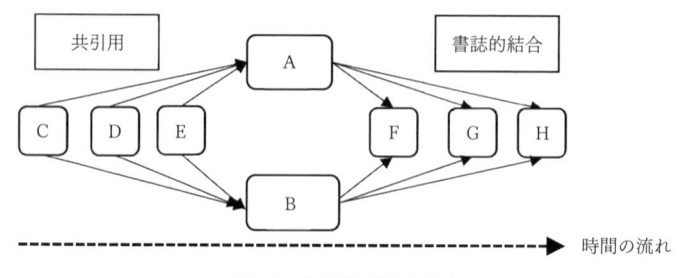

図3-4　共引用と書誌的結合

引用されているとき，AとBとは書誌的結合（bibliographic coupling）の関係にあるという。それらの関係を図3-4に示した。引用関係は，このような時間の流れとともに生じる学術研究の相互関係を示すが，共引用関係にある文献は互いに関係があることは言うまでもないが，書誌的結合関係にある文献も関係をもつ。さらには，AからHまでの文献は何らかの意味で互いに関係があるということをできる。この関係は第9章で見るレリヴァンスであり，Web of Science はどれかの文献を出発点にしてレリヴァンスを調査することができるツールでもある。

　引用索引は1970年代に英語圏を中心とする雑誌論文のためのツールとしてつくられて以来すでに50年になる。現在は Web of Science 他のデータベースに採録され，学術分野における標準ツールになっているが，多くの場合，日本語論文は被引用データ採録の対象にはなっていない。日本では国立情報学研究所が2000年代に「引用文献索引データベース」を試験的に作成提供していた時期があるが，2012年に中断し再開の見通しは立っていない。人文系でも引用を基にした検索や評価についての議論はあるものの，引用データの蓄積がないことが問題とされている[19]。

インターネット・アーカイビング

　ネット上のコンテンツは動的につくられている。あるものは団体組織が作成し，あるものは個人が自由に書き込む。書き込まれたものは蓄積されるだけでなく，常に更新される。多くのものは存在しても削除されたり，変更されたりすれば残らないままに消えてしまう。検索エンジンはある時点でこれらの動的に作成されたものの一部を収集して検索可能にしているにすぎず，検索対象になっても古くなって検索されなければ検索の表示順位で下に来る

のでさらに検索されにくくなる。リンクされたリソースはしばしばネット上の位置（URI）が変更されて，リンク切れが起こる。この場合はかつて存在していたことは分かるが参照不能になる。

つまりこれまでに述べてきた参照・リンクはある時点で存在するもので，それがその後も利用可能かどうかは誰も保証できない。そのために，定期的にインターネット上の WWW の主要リソースをソフトウェアによって収集し，保存して事後的に利用可能にするためのプロジェクトがある。1999 年から始まった米国の Internet Archive がよく知られており，収集されたリソースは 2024 年 3 月現在で次の数字が挙げられている[20]。

- ウェブページ 8,350 億ページ
- 図書・テキスト 4,400 万点
- 録音物 1,500 万点（含ライブコンサート 25.5 万点）
- ビデオ 1,060 万点（含テレビニュースプログラム 260 万点）
- 写真 480 万点
- ソフトウェア 100 万点

これらの利用は米国著作権法のフェユース規定に基づいて収集公開されたもので，著作権法上の問題はないとされる。こうして集められた大量のリソースは "Wayback Machine" と呼ばれるシステムで利用可能である。だが，URL を指定した検索のみが可能であり，多くの場合はトップページが検索対象になるにすぎない。日本語の Web ページの収集もしているが，日本語検索についての問題点が大きいことに注意が必要である。

日本でも国立図書館を中心としてウェブアーカイビングが行われている[21]。国内でも国立国会図書館のインターネット資料収集保存事業 WARP（Web Archiving Project）は国内の公的機関を中心にウェブ上のコンテンツ収集を行っている。

通常，公開を宣言したものを除くとネット上のサイトによるリソースの外部への提供はそれぞれの管理者の方針に従っている。外部から自由にアクセス可能な場合，外部からの利用については API で開いている場合，サイト内での検索が可能な場合，検索はできない場合などがある。これらに置かれたリソースが外部のオープンなリソースに対して自由にリンクを貼っている場合も少なくないから，そこには巨大なリンクネットワークが構築されている。多くの人はそのリンクをたどることでレファレンスを日常的に体験して

いるといえる。他方，そうしたオープン化のツールがアクセスできない閉じたサイトが重要な情報源となっていることは見過ごしにできないものである。

3.5　レファレンスサービス再考

レファレンスの拡張

　再度，レファレンスとは何かを考えてみよう。指示ないし参照と訳すことができるこの概念は，AがBを直接指示するという場合とAがCを通してBを間接的に参照する場合とがあった。事実解説レファレンスやデータレファレンスは，直接指示することを目的としてつくられたものである。参照する行為によって，その言葉が指示するものがすぐに得られる。他方，案内指示レファレンスは，そこで参照されたものが別のものを指示しその指示をたどることで初めて求めるものが得られるという意味で間接的な参照行為である。直接指示レファレンスは質問項目と参照項目への対応が明確なものであり，間接指示レファレンスの場合は何らかの媒介的要素が入る。

　ネットワーク環境の拡張されたツールにおいて，レファレンスの三つの作用がどのように働くかを示したのが表3-1である。○は強く働くもの，△は弱く働くもの，空白は作用が見られないものである。

表3-1　拡張されたレファレンス機能

	解説 レファレンス	間接指示 レファレンス	直接指示 レファレンス
全文データベース	△	△	○
ハイパーリンク	△	△	△
検索エンジン	△	△	△
インターネット・ アーカイビング	△	△	△
IFLA LRM		△	○
LOD		△	○
識別コード			○
引用ネットワーク		○	

　解説レファレンスは，参照される分野で執筆にあたる専門家および編集・刊行の出版社の権威を前提とした媒介作用が存在してきた。解説レファレンスのツールは，そうした媒介作用がもつ典拠性を前提として執筆され出版されてきた。利用者もそれを選択の重要な根拠としてレファレンスツールを利用してきた。

　これがネット環境になると，ネット上にあるテキストを対象にした検索ができる。その際に，全文データベースはメタデータや書誌データを対象にした検索を可能にし，そこに拡張されたコンテンツがある場合には解説的レファレンスが得られる場合もある。ハイパーリンクについてはリンクを付ける人が媒介役になるから，リンク先のコンテンツによっては解説的レファレンスとなる場合がある。検索エンジンは先に示したように検索のアルゴリズム次第であるが，ネット上のコンテンツ全体が参照先になるから，解説レファレンスが得られる場合が多いと考えられている。インターネット・アーカイビングは，時間軸で層化された検索エンジンと考えることができるので，さらに優れた解説的レファレンスとなりうる。かつての解説レファレンスツールは人手で作成され，編集者の権威と蓄積されたノウハウが参照をもたらす要因であった。これらの編集方針を変えずに，ネット時代にもネット版の百科事典や専門事典がつくられて提供されている。ここで示したものは，これに対するアンチテーゼとして，解説レファレンスが現れていることを示している。

　一方，間接指示レファレンスの媒介作用は，語や言説が他の言説や著作と関係付けられるときの作用に基づく。とくに著作を参照するために分類記号，シソーラス，件名標目表のような知の体系のルールを設けて，そのなかに位置付けてきた。この標準的な規則は主として図書館関係者がつくってきたものである。この規則を知の体系を表現するツールとしてどのようにつくるか，また，個々の著作をどこに位置付けられるかについて，図書館員が知の技術の専門家ないし権威として認められてきた。レファレンスサービスの役割は，個別の質問項目をこの知の体系のなかにどのように位置付けるかについて，利用者をサポートすることである。

　これを現在の全文データベース技術で実現するにはさまざまな限界があることについてはすでに述べてきた。それがさらにインターネットを対象にした検索エンジン，インターネット・アーカイビングであっても同様である。

そのなかで，引用ネットワークは学術文献が備えた参照機能を取り出したツールとして，新しい間接指示レファレンスといえるかもしれない。引用関係が新しい参照の要素となるなら，ハイパーリンクやそれを利用したWWW，ブログ，SNS の相互リンク構造もまた，第三者が媒介する参照であることで新しい要素になるかもしれない。そしてまた，IFLA LRM やLOD は間接指示レファレンスの仕組みそのものは，旧来のものに依存しているが拡張の仕方によっては新しい間接指示レファレンスをもたらす可能性がある。

　直接指示レファレンスは，著者やタイトル，出版社などの固有名を中心としたレファレンスであり，対応関係が明確なものである。書誌データベースやメタデータのデータベースでは，直接指示のためのフィールドを含めた設計をすることは可能である。他のハイパーリンクやテキストデータベースではフィールド設定ができず直接指示がしにくい。IFLA LRM や LOD はそのフィールドの定義をすることを可能にしたハイパーリンク対応の仕組みである。そして，識別コードはハイパーリンクで直接対応をする際に最も強力なツールとなる。

今後のレファレンスサービス

　こうして見るとデータベースやネットワーク技術を利用したレファレンスが最も有効なのは直接指示レファレンスの場合である。これはデータ処理を最も得意とするコンピュータ技術になじみやすいからである。他の二つは，人間が行う知的活動をどこかに織り込むことが必要であるのに加えて，自然言語処理や検索アルゴリズムによって一部を代替する技術であるから現時点では問題も多い。そのうち，解説レファレンスについては，専門家が書くものに対して集合的なレファレンスの有効性をどのように見るのかが問われる。

　間接指示レファレンスについては，引用ネットワークが新しいレファレンスの可能性を開いたように，媒介させるものによっては著しい発展が期待できるだろう。別の展開を見てみると，インターネット環境ではリンクを貼ることは当然の行為であり，事前の埋め込み行為が容易に行えるようになっているから，これをたどることで新しいレファレンスの機会が急激に増えている。

　たとえば，これまで雑誌や新聞に掲載される書評は専門家や研究者による批評を提供するものとして重要なレファレンスの機会であった。これを検索するツールはかつても今も分散的にしか存在していない[22]。しかしながら，現在，Amazon 他の書籍販売データベースはある図書を購入した人が同時に購入した図書を示したり，チェックした他の図書を示したりすることで新しい図書間の関係を表記することができる。これらは，消費者行動の類似性を基にしたマーケティング手法の応用で，書籍購入者が媒介者となったレファレンスである。このネット販売手法は特定のサイトを超えて個人の消費行動ほかの情報行動がシステムに集められて処理されることによって，インターネット広告として一般的に用いられるようになっている。

　また，Google の検索エンジンを使うと図書のテキストで使われている語で著作が検索できる場合がある。Google Books と呼ばれ，図書の全文テキストのキーワード検索をインターネット上で提供しているものである。2004 年に登場したときに，米国著作権法のフェアユース規定を利用して，図書の全文データベース作成を可能にしたために可能になったことや，世界書誌コントロールを実現する可能性をもったものとして議論された。日本でも著作権法を改正して Google Books と同様の著作物のデータベースへの蓄積と検索サービスの提供が可能になった。このあたりについては第 6 章で述べる。

　知的権威や編集のノウハウなしに解説的レファレンスツールがつくられることを示す顕著な例は Wikipedia である。Wikipedia は Wiki というネットワーク上の相互リンクの枠組みで，多数の人が解説的なレファレンス記述をすることで集合的な知を実現することができるように見える。また，記述には典拠や参考文献を挙げることが条件になっていて，書誌データベースとリンクしていることや他のネット上のページへの参照を提供しているように，レファレンスの 3 種類の機能を兼ね備えているともいえる。将来的に総合的な知をカバーするレファレンスサイトになる可能性がある。ネットが可能にするオープンサイエンス状況が新しい状況を切り開く可能性は十分にありうることである[23]。

3.6　おわりに

　レファレンスとは，知的な関心に沿って，知と知が媒介されるネットワー

クをたどることを意味した。問題はその媒介する方法である。ここまでに検討してきたものでも，①事前に用意された参照と，②事後的に生成される参照の違いがある。事前に用意された参照にはレファレンスツールやネット上にあってリンクが埋め込まれているコンテンツが該当する。事後的に生成する参照にはブラウジング行為やデータベース，検索エンジン，そしてマーケティング手法が該当する。これらをレファレンスサービスのツールとして検討するためには，①については，用意するときに想定した参照の在り方とそこで用いられる権威や典拠の構造を再度検討する必要があり，②についてはそうした参照を導く仕組みがどのようなものであるのかを厳密に検討する必要がある。

　図書館情報学の課題は二つある。一つは，この状況において人手で行ってきたツールの作成が今後，技術的な展開でどの程度置き換えうるのか，置き換えられない部分がどこにあるのかを明らかにすることである。「ネットで得られないものが図書館にある」ともいわれるが，その内実を実証的に明らかにすることであろう。その問題の一つに，ネットを仲介した参照構造のなかで何が使われ，何が使われないか，それはどのような認知的構造によって媒介されているのかという問題がある。先の議論のなかで，恣意的な内包的意味も多くの人の集合的な行為となるとそれが外延的意味に転化することがあった。そのような転化の仕組みを明らかにし，それに対してのオルタナティブを提案することがレファレンスサービスの役割である。

　もう一つは，レファレンス理論は結局のところ知識の形成プロセスに依存しているから，この形成プロセスを明らかにすることである。レファレンスとは知の表出物としての著作が他の著作との関係を中心として，人と知識の関係を明らかにすることである。学問分野の形成と学会や大学の学部や学科の関係，学術と結び付けられる実践的な領域はいかにして認められるか，知の典拠がどのように形成されるのか，学ぶことと知識とはどのような関係になるかといったことは社会認識論の重要な課題でもある。この過程にレファレンス理論は深く関わり合う。またこの知見を基にして新しいツールをつくり出すことも可能であるし，知識生産者と知識受容者との関係を媒介する図書館の役割を明らかにすることもできる。こうした関係の解明が待たれるところである。

メタファーとしての図書館

　図書館コレクションは，書物やドキュメントのような知的コンテンツが蓄積され組織化され利用可能になっている状態として捉えられる。これをヒントにして，近年，ヒューマンライブラリー[1]とかシードライブラリー（種の図書館）[2]という運動があることが注目される。ヒューマンライブラリーは個人の人生を語ることで人間の相互理解を深めることを目的にした社会運動で，人そのものを「貸し出す」という手法をとる。シードライブラリーは植物の種子の保存と育成法を通して持続可能な社会を目指すという運動で，植物の種を「貸し出す」という方法をとる。いずれも人ないし種子をドキュメントと見立てることで，その蓄積と再利用という図書館の手法を比喩として用いて実践的な活動を行うものである。コンピュータプログラミング用語にも「ライブラリ」があり，共通の機能をもつプログラムを再利用可能なかたちで用いるもので，同様の発想に基づくネーミングである。

　19 世紀後半に米国で，研究大学構想を打ち立てたジョンズ・ホプキンス大学の D. C. ギルマン総長は，「大学図書館は大学の心臓である。もし心臓が虚弱であれば他の全ての機関の機能はにぶる。もし心臓が強かったら，溌剌として踊るであろう」と言ったとされる[3]。これらは生体部位を図書館の比喩として用いる例である。研究大学で文献資料は血液であり現代的な図書館サービスはそれを送り出す心臓との位置付けをもった。その後，図書館について「大学の盲腸になってしまわないように……」とか「大学の馬の尻尾」といったようなネガティブな比喩で語られることがあったのはこれに基づく。

迷宮，バベルの図書館

　西洋では，古代ギリシア，ローマの著述家の写本が修道院や教会，そして

大学のコレクションとして引き継がれ，あるものは東方のイスラム圏を経由して中世末期に伝えられた。近代の人文学は，そうした多ルートで伝わった書物の蓄積からテキストを読み解き，相互関係がどうなっているのかを明らかにすることから始まった。こうして，多数の系譜により蓄積され相互に連関する書き言葉（テキスト）やドキュメントの集合体を図書館というメタファーで捉えることは，多くの思想家，文学者が試みてきた。ウンベルト・エーコの小説『薔薇の名前』に出てくる北イタリアの修道院図書館はキリスト教神学と異端思想の拮抗の場として描かれている[4]。村上春樹の『図書館奇譚』は日常性の裏側に恐怖が潜む空間をめぐる物語である[5]。いずれも迷宮であるという点で共通している。

　作家でアルゼンチン国立図書館長も務めていたホルヘ・ルイス・ボルヘスによる小説集『伝奇集』に描かれた「バベルの図書館」は，巨大な球体でありそのまんなかに無限階分の閲覧室が六角柱の連なりに穿たれたもので成り立っている。各階の六つの壁にはそれぞれ5段の書棚があり，各段に32冊の本が収納される……，という記述で始まる。この図書館に納められた無数の本は，ありとあらゆる言語のありとあらゆる主題について書かれながら相互に内容的な関係をもちつつ同じ内容のものはない。そこにいる司書たちはその本の書誌学的な研究をしながら本を管理しているというものである。

夜の書斎とアルシーヴ

　ボルヘスの奇想は同時代の思想家ミシェル・フーコーの幻想の図書館論と通じている。彼は，夜の書斎においては1冊の本が別の本とつながり，ある本の1節から記憶の片隅の別の1節が浮かび上がるがその連想がどこから来るのか説明がつかないとし，「朝の書斎が見通しのきくまっとうな世界秩序をあらわすとしたら，夜の書斎はこの世界の本質ともいうべき，喜ばしい混乱をことほいでいるように思える」と述べる[6]。夜の書斎はバベルの図書館の部分集合である。フーコーの初期の研究では，西洋の知の伝統のなかに臨床医学や精神医学，刑務所などの制度が立ち上がる瞬間を記述する方法としてアルシーヴの考古学あるいは系譜学を主張した[7]。ここでアルシーヴとはこのような相互にリンクし合うテキストの集合体であり，人文学はその関係の読取りを行う取組みである。そこに従来の図書館情報学で重視してきた著者性（authorship）の要素は希薄である。

AI 図書館とシュワの墓所

　拡張された現代的普遍図書館の考え方について見ておこう。

　20 世紀初頭のベルギーの社会運動ポール・オトレは，第 2 章で触れたように，自らの事業として世界中の図書館の目録データを集めたカードによる世界書誌（Répertoire Bibliographique Universel：RBU）をつくろうとした。知へのアクセス手段を一つのところに集結することによって世界平和が実現されるという，彼の実証主義的，啓蒙主義的理想は，今から見れば時代錯誤ではあるが，情報技術の進展に対する見方については決してあなどれないものがある。彼は，今日，数値データ，テキスト，画像，音声，動画といったコンテンツがハイパーテキストで相互にリンクされた状態でオープン化されて，アクセス可能になっている状態を予見し，提案していた。彼の RBU は今日ではネット上の検索エンジンとして実現されているともいえる[8]。

　だが，検索エンジンの仕組みは言語処理による検索タームの一致度に基づいている。AI もまたその延長上にあり，インテリジェンスといっても個々のコンテンツに付与された，あるいは，そこから抽出された言語タームを一定のルールに基づいて統計的に処理する技術の集合である。検索エンジンはディープラーニングの仕組みを備えた一種の AI であり，多くの人が日常的にスマートフォンやタブレットで Google 検索をしているのだから，図書館の領域ではシンギュラリティ（技術的特異点）に近付いているという見方もできる。

　科学知識とそれを応用する技術を組み合わせて発展してきた近代文明の究極の展開として，AI 的な知的装置を描いたフィクションでは多くの場合，最終的に文明は AI に裏切られるか AI の失敗によって崩壊する。宮崎駿の長編漫画『風の谷のナウシカ』の終盤で，主人公の少女ナウシカは，すべての知・記憶や生命を技術やアルゴリズムでコントロールする仕組みである「シュワの墓所」の主に対して，この仕組みを否定し，混沌と汚濁のなかからこそ文明や生命が生み出され，秩序の欠けた環境こそがよりどころになると宣言する[9]。

　一見すると秩序付けられた空間に無数の本を納めたように見える図書館ではあるが，実は知の世界がもつ無定形性と相互連関のいずれの特性をも示している。図書館を実体的に捉える立場においても，このようなメタファーか

ら出発することで新しい視野が開ける可能性がある。

第II部
知識資源システムの様態

第4章
知のメディアとしての書物
：アナログ vs. デジタル

4.1　メディアの身体性

　最初に知のドキュメントを論ずるためにメディア論を参照しておきたい。「メディアはメッセージである」あるいは「メディアとは人間の身体の拡張である」という現代メディア論の最も基本的な考え方が，マーシャル・マクルーハンに端を発する[1]。「間」を意味するメディア（medium/media）は人と人とをつなぐものというのが原義であり，それでいえば人と面と向かって挨拶をすること，教会で礼拝に参列すること，飛脚で書状を送ることはいずれもメディア的行為である。対面にせよ，礼拝という場にせよ，飛脚という方法にせよ，メッセージを伝える行為があるからである。

　19世紀まで，西洋では印刷物の重要性が信じられてきた。読み書きという行為はすべての文明の基盤にあったものであるが，西洋においてはルネサンスが古代ギリシア・ローマの文献の発見と読み直しにより可能になった。そしてギリシア・ローマの古典やキリスト教の正典（聖書）を普及させる手段としての印刷術が，同時代的知の複製を可能にし，共通の世界的秩序の維持と近代世界の構築に貢献した。19世紀後半になると，産業革命が都市への人口集中をもたらし，普通教育の普及は新聞や雑誌などのメディアを発達させた。書き言葉の大量複製によるコミュニケーションの始まりである。

　マクルーハンは書き言葉ではなく，視聴覚から始まって全感覚に訴えるメディアが人間の身体性を拡張することで大きな可能性をもったことを主張した。目を，耳を，首を，手足の動きを，皮膚感覚を，それらの身体を駆使して訴えかけるメディアが大きな力をもつことで，メッセージはメディアに

よって規定されているとした。音声やイメージを固定化する技術は 19 世紀後半に開発され，20 世紀初頭になると，写真，フォノグラフ（レコード），映画といった技術が使用可能になっている[2]。写真は視覚イメージにより空間を切り取って見せ，フォノグラフ（レコード）は音声を固定することを可能にした。映画は視覚と聴覚の組合せにより，時間の流れを固定し再現することを可能にした。さらにここに通信技術が組み合わされると，空間が超えられ，20 世紀はラジオ，テレビを中心としたマスメディアの時代を迎えた。映画やラジオ，テレビがもつ，視覚と聴覚を通じて人間の全感覚に訴えかける特性は，戦意高揚の手段に利用されたことはよく知られている。

　20 世紀後半にはさらにコンピュータの発明により，視聴覚情報をデジタル情報に置き換えることが可能になった。デジタルテクノロジーは身体のいずれの側面も拡張したメディアを生み出し，現在，ゲーム機のような身体的なメディアは画面による表示から 3D・4D 表示を可能にし，ますます全感覚的なものに近付いている。また，そうしたメディアの遠隔での操作や利用，時間を超えた蓄積もいずれも可能になった。

4.2　コンテナとコンテンツ

　今でこそ身体的なメディアは感覚を拡張するための機器を必要とするが，かつては，考古学や民俗学的な遺跡や遺品を考えれば分かるように，モノそのものがメディアでありメッセージであった。メディアとメッセージの関係を考えるのに，伝えるメッセージ内容であるコンテンツとそれを運ぶ仕組みやその入れ物であるコンテナという比喩がよく用いられる。書物もそれ自体がコンテンツとコンテナが一体化したものだった。

　コンテナとコンテンツの分離の先駆的形態は，古代から伝書鳩や伝令便などの空間的メディアで工夫された。近代になると郵便制度や無線通信も始まる。時間的メディアでも自動演奏装置が付いたカリヨン（鐘楼）やゼンマイ仕掛けの自動オルゴールが先駆的なものである。自動演奏のためのドラムやシリンダーがコンテンツに当たり，これを入れ替えると別の曲が演奏できる。19 世紀末には金属製のドラムに変わって紙テープに孔を開け，そこに空気を入れて音を鳴らすものが使われた。こうなるとデジタル技術に近いものであり，複雑な模様を織り込むことをパンチカードによって可能とした

ジャガード織機や複数の楽器演奏をコントロールするオーケストリオンといった技術を経て，20世紀前半のアナログ・レコード，そしてコンピュータプログラム入力のための紙テープやパンチカード，磁気テープにつながる。20世紀後半にはデジタル技術によるハードディスク（HD）やソリッド・ステート・ドライブ（SSD），コンパクト・ディスク（CD），デジタル・ヴァーサタイル（多目的の意）・ディスク（DVD），ブルーレイ・ディスク（BD）に発展していく。

　こうしたメモリーディスクは一定のコンテンツを固定して保存する目的で使われる。すでにこれらを長期保存目的で使用することは少なくなって，ネットワーク上のストレージにデジタルデータとして保存することが一般的になっている。しかし，それぞれのディスクはある時期にコンテンツ配布の唯一の手段だった可能性があるので，歴史的な保存メディアとしては無視できない。その場合，ディスクを読み取るためのハードウェア装置が必要であるが，技術的進展のために生産中止になると，それらをどのように保存するかがメディアの保存機関では重要な問題になる。さらに，コンテンツを別のコンテナに移すためのメディア変換を行うわけだが，メディアのハードウェア規格やソフトウェアのフォーマットの互換性問題，特殊なセキュリティの存在など難しい問題が伴う場合もある。

4.3　書物はなぜ重要なメディアたり得ているのか

文字言語の特性

　書物は文字記号を媒介にしているから，知と身体を対比的に議論する文脈では，身体的ではないメディアとされる。現在の教育工学においては，映像やインタラクティブなソフトウェアを用いた身体的な学習環境が有効であるという基本的立場に立つことが多い。だが，書物は別の意味で身体的なメディアである[3]。

　まず，文字を版面に印刷した紙を数百枚綴じる形の書物は，挿絵や写真，図表などを除く文字の部分は確かに言語記号である。言語によって固定されているコンテンツを利用するにはリテラシー獲得のための認知学習的なトレーニングを必要とする。対面での話し言葉は互いに目や表情を見ながら言

葉を発し，またそれに返すので了解をとりやすい。むしろ了解をとることそのものが話し言葉の目的であり，そこで了解される内容が重要なものならそれは契約書とかメモとか議事録とかという形で書き言葉にされることで残される。話し言葉と書き言葉は明確に区別され，書き言葉には書字コミュニケーションのステージがあり，決して話し言葉の代替物ではない。

　これには歴史的な理由もある。近世初期のヨーロッパではラテン語が共通の書き言葉であり大学も知識人のコミュニティもラテン語でやり取りしていた。中国の歴代の帝国も，秦の始皇帝に始まる文字統一が漢字の形と読み音を統一したことで，その後科挙を通じて四書五経の読み書きを学んで全土から登用された官僚制度をつくり上げることができたといわれる。いずれについても，日常的な話し言葉はばらばらであったが，統一した書き言葉が統合的な法や行政制度，そして学術文化をもたらしたというものである。これはその後の国民国家成立の重要な要件になる。日本の明治政府も話し言葉と書き言葉の統合（言文一致）を行うことで近代化を進めようとした。

　国民国家においては最終的にナショナルランゲージ（国語）で書かれた書物によって知の覇権が競われる。出版文化と呼ばれるものである。もちろん現代のグローバルな学術の世界では，ジャーナル共同体において，共通語としての英語によって表現された知が競われるのであるが，政治文化的コンテキストでは異なる。近代社会においては自国語による書き言葉をどれだけうまく操ることができるかが成功の秘訣であった。これは教育社会学的にはメリトクラシーと呼ばれる原理である[4]。メリトクラシーで重要なのは，国語による書き言葉を使いこなすこと（リテラシー）が社会的な要請となることである。それは，法律も行政も社会契約も商業取引も科学技術も，いずれも書き言葉によって成立するからである。

　文字言語の理解は国語教育と密接に関わる。19世紀の産業革命の時代にリテラシーが産業国家の基盤になり普通教育が普及する。文字の習得は知の獲得の条件であり，書き言葉のコミュニティへの参入を可能にする。その意味でリテラシーは，情報リテラシーやデジタルリテラシーやさらに領域毎の高次リテラシーと呼ばれる能力のための必要条件であって十分条件ではない。書き言葉の習得なしに身体的コミュニケーションのみで円滑な社会を維持できることはない。スマートフォンやゲーム機のようなデジタルメディアの普及が読解力（リーディングリテラシー）の低下と結び付けて論じられ，

教育の基本的問題とされているのはそこからくる[5]。

書物の特性

　次に書物とは何かであるが，活版印刷術が書き言葉の性質を最大限に活かして，知の領域のメディアとして体現させたものである。その特性を読む行為と書く行為にわけて検討しておこう。第 5 章で西洋史の文脈における書物を論じているので，ここでは簡単に見ておく。

　読む際には，視覚を通して（見開きの）版面に印刷された文字列を読み，そこからメッセージを読み取るのであるが，重要なのは視線と手・指の動きとの連動である。書物の数百枚にわたる紙の束から特定のページを開き，最後に読んだ部分を探し出し，そこから読み始める。そのときに手や指で書物やそれを構成する紙の感触や読んでいる位置を確認する行為を伴う。読むという行為は直線的に連なる文字列を忠実に目で追うことを基本とする。直線的な読みを続ける行為をリニアリーディングと呼ぶ。だが，読む過程は複雑であり，分からないところは読みとばす，一度読んだ段落をもう一度たどり直す，数ページ戻ってそこまでの流れを確認する，目次を使って全体の構成を確認する，索引を使って一度読んだが記憶から落ちている用語や固有名を調べる，等々のことを繰り返すことによって全体と今読んでいる部分の文脈関係を把握する。また，付箋を付けたり，場合によっては本文に書き込みをすることがあればそれらも総動員する。これらは手と指の動きと視線の動きを組み合わせて行う身体的な認知行為である。

　一方，書くとは言葉を文字として表現する行為である。たとえば現在の技術だと音声入力によって文章を作成可能であり，話し言葉と書き言葉を容易に対応させることができる。しかしながら，発達心理学，国語教育，文学修行，論文作成，編集・校閲などの分野でいずれも書く行為の難しさが指摘され続けて，両者はそれほど簡単に結び付かないとされる。何よりも，他者を説得できる論理的文章を書くことは容易ではない。これは単に文法的に正しい文を書くことではなくて，段落，パラグラフ，章といった論理的な単位をどのように構成するかという問題である。

　たとえば多数の論文の書き方の本が出ているが，どれも共通して述べているのは，論文のテーマ設定とそのための素材の収集と整理，そして再構成して書くという行為が反省的循環的な一連の過程になるということである。一

旦書いたものを読んで振り返り修正を加えること，この過程を繰り返すことで説得的な文章となる。書く際には自分が書いたものを読むことで自己言及的な認知を繰り返している。学術論文の文字数が日本語で1万字から数万字程度の範囲であるのは，分野によって違うが，ひとまとまりの知を表現する際の手続きに必要な書き言葉の量に依存するからであるだろう。また，書物はそうした論文執筆手続きを繰り返してできる章を，さらに編集して大きな知の単位として構成し表現するものである。学術出版物を例にとったが，これらは文学でもジャーナリズムでも，最初の認知過程は異なるものの，それ以外の書物にする過程は同様である。そうしてできた原稿が出版物として発信されるためには，出版社や学会に備えられた編集や校閲・校正の過程を経る必要があり，この過程で選別，淘汰，洗練が行われて知の流通物となった。

　このような過程を経て出版された書物ではあるが，実際にはその名の通りのモノである。これがさらに，知を表象するための知識資源とするためにいくつかの過程がある。たとえば，モノは並べることで相互関係を表現することができる。書物が個人および社会的・集合的な認知行為の対象であり，かつ，その結果としての知の代替物であるとしたら，個人の書架に並ぶ蔵書はそうした知の代替物が相互に関連をもって並んでいる場であって，その人の過去の認知作用としての知の代替物の集合体ということになる。さらに，書店や図書館の（開架）書架は書物を分類番号順に並べることによって，潜在的な集合知を表出するものである。ここで，書物はあくまでも読むという認知作用を媒介するモノであるから，それ自体は知といえないので「潜在的」という用語を使い，また，日本十進分類（NDC）のような分類表や書店の独自分類も，個々人の知の体系を超えて共通要素としての知の相互関係の位置づけを示そうとしているので「集合的」という用語を使っている。

　以上の考察から分かるように，書物が過去2000年以上にもわたって重要な知のメディアとされたのは，循環的な言語認知作用を可能にする身体的メディアとしての性質がもたすものであり，学術や文学，ジャーナリズム等のコミュニティで歴史的に形成されてきたルールにもかなっているからである。さらにそれを物理的に並べた書架ないし図書館は，書物のそのような性質を利用した空間的なメディアを構成する。そして，図書館情報学は書物を知のメディアとして使うための手法として，書誌コントロールやメタデータとその検索システムを開発してきた。

4.4　電子書籍としての拡張

　書物は活版印刷術によって大量配布されることで現在の位置付けになったが，その前駆形態は写本であり，1点1点を手で書き写す作業でつくられていた。活版印刷は鉛活字を一旦版面として組むが，次の段階ではそれを崩して別の書物の活字として用いる。だが，東アジアでは多文字の漢字が用いられてきたこともあり長く木版印刷が用いられていた。その場合，版木はコンテンツの原形であり，そこから増刷版を刷ることが可能である。さらには，活版印刷になってからも出版後に活字の組版は壊しても紙型と呼ばれる版面の型を残して，これをもとに増刷する技術が開発された。書物の場合もコンテナとコンテンツとの分離に近い考え方はあったといえる。近代になると版面をマイクロフィルムやマイクロフィッシュに撮影して販売したり保存したりすることが始まった。これは読むためにマイクロリーダー装置が必要だし，フィルム自体の保存特性に問題があるという欠点があった。現在，版面をデジタル化してオンデマンド出版のように書物のコンテンツをデジタルで保存して，紙というアナログ形式で再現する出版方法も用いられている。

　デジタルメディアの資料形態としてかつて，パッケージ系とネットワーク系に分けて考えることもあったが，現在は両者の区別に大きな意味はなく，データをサーバ経由でパソコンやスマートフォン，タブレット，専用端末で閲覧するか，ダウンロードして閲覧するのが一般的である。

　汎用的な電子書籍フォーマットについて，テキスト形式，JPEG のような画像形式，PDF のような文書形式，EPUB や AZW のような専用の電子書籍形式を区別しておく必要がある。また，DRM（デジタル著作権管理）の対象になってアクセスや利用に制限があるか，オープンで誰でも自由に利用できるかという区別も重要である。

　上記で挙げたフォーマットの順にシンプルなものから複雑な表現を許すものになる。ただ青空文庫のように文字データのみのテキスト形式であっても，HTML で表示した画面上で読むのでそのサイズや縦横比などを柔軟に変えられる。それに対して，画像形式は最初から版面として構成するものである。後で述べる国立国会図書館のデジタルコレクションは，個々のページが JPEG 方式で提供されている。PDF は ISO の国際標準にもなっている固

定的な版面を形成する文書形式であり，さまざまな文書交換に用いられていて汎用性が高い。画像やPDFはページ単位で編集するので版面が固定されているのに対して，電子書籍の専用フォーマットは読む画面に合わせて文字の大きさを変えたり，ページのフォーマットを変えたりすることができる柔軟性をもつ。縦書きに対応するものもあるし，ハイパーリンクで書籍内でのリンクをたどったり，書籍外のネット空間に対するリンクをたどったりすることも可能である。

　こうした電子書籍を，先に見た紙の書物と比較してみよう。紙の書物の場合に製本された数百枚の紙の束を開くのと比べると，電子書籍は1面かせいぜい2面のディスプレイにページなり見開きの版面が表示されているだけである。その文字を目で追うということであるから，基本的にはリニアリーディングに向いていて，指や手を使って数ページ前を開くとか指をはさんで別のページと見比べるとか索引や目次からアクセスするといった直感的行為はしにくい。索引からハイパーリンクで参照ページに進むことができるものもあるが，それでも索引ページに進むためには何らかの操作が必要になる。

　現時点で実現されている電子書籍は，スマートフォン等の汎用的なハードウェアを利用するという簡便性を前提にして，保存スペースを考慮せずに多数のコンテンツを載せ，多様なアクセス機能をもつ点で支持されている。だが，紙の書物と電子書籍とは一部の機能は重なっていても基本的には別物と考えた方がよい。現在，電子書籍として流通しているものの中心は，コミックやライトノベル，実用書・ビジネス書，雑誌のようなマスマーケットの商品が対象であり，対応する印刷版がないものも多い。また，定額のサブスクリプション契約で読めるものも多いが，そこに含まれる書籍には一過性のものも多い。

　このことは出版産業の変容が明白になっていることを示している。これまで出版産業は，出版社＝取次＝書店の流通システムが国民教養の基盤であり，それゆえ独占禁止法上の再販指定商品として定価販売を可能にする理由が文字・活字文化の振興上の必要性という考え方をとっていた。だが，電子書籍はモノとしての特性をもたないという理由で再販商品の指定から外れているし，消費財としての性格を強めている紙の書物のなかには時限再販や新古書店を通じての割引販売なども行われているものもある。監督官庁である公正取引委員会も，2001年に一旦書籍，雑誌，新聞の再販制の廃止に国民

的合意がないとの結論を出したが，依然，再版制が例外的措置であるとの立場から廃止方向での監視を続けている[6]。

　印刷版が出ると同時に，あるいは出てしばらくして電子書籍版も出る例も増えてはいるが，両者は併行して出版され，紙版の在庫がなくなった段階で電子版の単独流通に移ることが一般的である。公共図書館向けの電子図書館サービスは，国が音頭取りをしたにもかかわらず，なかなか普及していかないのは，その印刷版定価の2〜3倍という価格設定が導入を妨げているだけでなく，紙版の需要が大きいものが電子版で提供されにくいからでもある。出版社が図書館市場を警戒していることは明らかである。また，図書館利用者に電子書籍を利用するという習慣が十分に定着していないのは，紙版を借りて読む行為から電子書籍版への移行はなかなかしにくいからである。先に述べたように同じ書物（書籍）といってもメディア利用特性の違いがきわめて大きいといえる。

　なお，電子書籍は電子的に音声出力することも可能だが，機械音ではなく人間による読みとリンクさせることも行われている。電子書籍としてのDAISY（「アクセシブルな情報システム」）は障害者向けの国際的規格に基づく録音図書として開発されたものである。視覚障害のある人でも使いやすいようなアクセスのための工夫がある。著作権法に，このような資料を制作し，公衆送信可能にするための著作権制限規程がある。他方，オーディオブックといわれるものは，プロの声優や俳優など読みのトレーニングを受けた人が読んで録音したものを耳で聞く書物である。こちらは，通常の権利処理に従って付加価値のある電子書籍として提供されている。

4.5　制度としての電子書籍：国立国会図書館の動き

オンライン資料納入制度

　以上をまとめてみると，電子書籍や電子図書館は紙の書物のもつ身体性の一部は実現できており，さらに紙の書物でできない検索やインターフェースの特性をもちうる。何よりも，書物の流通については紙中心で，電子書籍への移行は商用化しやすいものから始まったばかりであるということがいえるだろう。これはまだまだ紙の書物が全体として支配的であることを意味して

いる。書評や文学賞や，出版賞などをみても，文芸や（人文社会系の）学術，ジャーナリズムなどの領域では紙の書物のみが議論や評価の対象である。学術領域の電子ジャーナルや電子コミック，雑誌や新聞ジャーナリズムがネットや SNS に移行し，オンライン小説やブログ等の個人的な情報発信などデジタル領域のものもあるが，今のところそれらが書物の代替物になるような動きはない。

　だが，国立国会図書館の動きは電子書籍を制度的に扱うことで他に与える影響があるのでこれを検討しておきたい。一つは，国立国会図書館のオンライン資料納入制度が 2023 年から民間資料のものも対象に含めたことである[7]。ここでオンライン資料とは，インターネット等で出版（公開）される電子情報で，図書または逐次刊行物に相当するものであり，電子書籍・電子雑誌等を指すとされる。公的な資料については以前から WARP（Web Archiving Project）で自動収集が行われているので対象になっておらず，今回始まったのは，私人がインターネット等で出版（公開）した電子書籍・電子雑誌等のうち，特定のコード（ISBN, ISSN, DOI）が付与されたものか，特定のフォーマット（PDF, EPUB, DAISY）で作成されたもののいずれかである。

　ここで重要なのは，フォーマットについて電子書籍に一般的に用いられる PDF や EPUB が含まれていること，そして，特定のコードとして書籍だと ISBN を付与することを要求していることである。ブログやネット上に HTML で置かれるものはそれだけではオンライン資料とされない。だが，この条件に沿えば個人が発信する PDF ファイルであっても，ISBN を付与することで納入制度の対象となり，国が永久保存することになった。

　ISBN は国際標準化機構（ISO）で 1970 年に採用された国際的な書籍の標準番号（ISO 2108）で，日本では日本出版インフラセンター（JPO）日本図書コード管理センターが管理している[8]。一定の条件を満たせば個人であってもネット上の電子書籍に ISBN を登録することが可能になっている。費用としては 1 点単位で 11,000 円（税別）ということである。つまり，以上のようなオンライン資料の要件を満たせば，NDL で保存され，また，全国書誌（NDL オンライン）にも掲載されることになる。

国立国会図書館デジタルコレクション

　2022 年から個人向け送信が始まった国立国会図書館デジタルコレクショ

ンも重要である[9]。これは他の電子書籍の提供システムや電子図書館と違う点がいくつかある。第一にコレクションの多くは登録さえすれば誰もが自宅でも職場でもコンテンツに直接に無料でアクセスできることである。第二に，国の納本図書館で集められたナショナルコレクションがそのままデジタル化されており，提供されるのは市場で入手できない資料に限られるが，その範囲で網羅性が高いということである。第三に，アクセスや閲覧は原則見開きページを画像ファイルで見ることになるが，拡大縮小，他のページへの移動などのインターフェースが工夫されて使いやすい。第四に，検索のためのメタデータがコンテンツ（目次）レベルで付けられていて，深いレベルでの検索が可能である。第五に，提供されている書籍のかなりのものに対して全文テキスト検索機能が付けられたので，本文中の語彙，固有名（人名，地名，機関名等）などでの検索が可能になっている。

　使い勝手について，再度紙の書物と NDL デジタルコレクションが提供する電子書籍とを比較してみよう。紙の書物で実現できていた身体的なアクセス手段のなかで，見開きの画面を読み前後への移動がしやすいというような使い勝手の良さが実現されている。とくにパソコンの大画面ならかなりのアクセシビリティが実現できる。また目次からのアクセスが可能で，コンテンツレベルの検索や全文テキスト検索は紙の書物では決して実現できないメリットである。索引からのハイパーリンク機能はないが，全文検索は今までにない「過去」に対する発見を可能にする。

　本来が資料保存の観点からつくられたシステムなので古いものが中心であるが，ほぼ 1968 年までの日本で刊行された書籍・雑誌について，高いレベルのアクセシビリティをもって利用可能にしている。今後は，公的な基盤にある個々の図書館は NDL デジタルコレクションが利用可能である水準を前提として，コレクションをつくりサービスを提供することが期待されるということである。レファレンスサービスのためにはこのツールを使いこなすことが基本的なスキルとして要求される。図書館によっては NDL デジタルコレクションと重複する蔵書は廃棄することを検討するかもしれない。また，ある領域の書籍について NDL デジタルコレクションがナショナルレベルの蔵書を提供しているのだから，地域レベルのものは当該地域図書館で収集率を上げ，同様のコレクションを提供するべきだという（利用者コミュニティからの）要請があるかもしれない。

　同様に NDL デジタルコレクションは商用の電子書籍システムや電子図書館システムに与える影響も大きい。NDL デジタルコレクションが原則的に 1968 年までのナショナルインフラを提供しているとすれば，その後のものについては個々の図書館の守備範囲という考え方がつくられ，これを基準にしてその後の出版物を提供する商用電子図書館の提供が要請されるかもしれない。無料の電子図書館インフラがこのレベルで実現されると，商用サービスとしてはその収録対象，インターフェース，検索のしやすさ，閲覧機能の使い勝手などいずれも比較の対象になる。もちろん，絶版資料の提供と市場にある資料の提供との違いで差別化を図っているわけであるが，エンドコンシューマーは別として図書館や大学，学校のような公的機関にとっての評価基準になるだろう。また，NDL デジタルコレクションとの連続性が追求されることで導入する図書館が増え，市場価格の調整が行われることが望まれる。

4.6　書物の知的リンク構造について

　伝統的に書物のメタデータ作成（書誌コントロール）は図書館目録規則を中心に展開されてきた。目録規則の記述要素であるメタデータフィールドのうち，アクセスポイントになるものとして著者（責任表示），タイトル，出版者，出版年，件名，分類記号が主たる要素であり，これ以外に資料種別，形態，出版地，言語，ISBN などの識別記号もメタデータにあることが多いがこれらすべてで検索可能な OPAC は多くない。

　フィールドのなかで，書物の形式的側面に関わる要素と内容的側面に関わる要素を分けて考える必要がある。形式的側面というのは，書物の物理的形態や流通に関わる側面のことで，出版者や出版地，資料形態（大きさやページ数）が含まれる。内容的側面は著者（責任表示），タイトル，件名，分類記号が含まれる。版やシリーズなど出版に関わる事項は内容と形式と両方に関わる。メディアはメッセージという言い回しからすれば，形式が内容を規定することは確かで，たとえば出版社がハードカバーの本とソフトカバーの本を区別して出版することで，内容的な違いを表現することもある。

　これまで図書館のメタデータ付与は，形式と内容を分離して捉える傾向が強かった。また，内容を捉える際にも，著者の典拠コントロールとか件名

（主題語）のコントロール，分類などいずれも，書物の内容を全体として把握して言葉なり記号で表現するものである。次の時代のメタデータモデルといわれる FRBR（書誌レコードの機能要件）や IFLA LRM（図書館参照モデル）も原則的にはそれを踏襲している。著作行為と表現形（出版行為），体現形（個々の出版物），個別資料（1 点 1 点の資料）の区別やそれぞれの要素に多数の属性を付与し，さらに属性間の関係を記述することによって，より踏み込んだ「知識資源管理」が可能になるとしているが，知識内容に踏み込む際の FRAD（典拠データの機能要件）や FRSAD（主題典拠データの機能要件）のような典拠や主題のコントロールの考え方は以前のものを踏襲している。唯一，利用者タスクを導入したところが，従来の仲介者視点のものからエンドユーザーからのアプローチを導入しているところであるが，これについても書物という知識資源の内容の扱いという意味では外在的，形式的である。

　これには，図書館が書物をパッケージとして扱い，これを分解したり編集したりせずにそのまま利用者に届けることを使命としてきたという歴史的な理由がある。その前提として，書物が知的行為の最終的な生産物であり，分割できないものという考え方があったことも無視できない。しかしながらこれらの理由や前提が現在でも有効かどうかについては検討が必要である。ここでは，すでに新しい状況が生まれていることについて指摘しておきたい。

　第一に，NDL デジタルコレクションに見られるように書物をより深いレベルで分析し利用可能にすることである。NDL デジタルコレクションに限らず，書物メタデータに目次を付与することは一般的に行われているから，電子書籍においても目次から章や節へのリンクが貼られていることも少なくない。英語の電子版の学術書には，章ごとに分割購入できるものが増えている。

　第二に，やはり NDL デジタルコレクションで実現されている全文テキスト検索である。OCR 技術が向上して版面の画像からテキスト情報を取り込むことは実用段階になっている。日本語の自然言語処理の障壁があって，現時点での全文テキスト検索が知的なものになっているかどうかについてはまだ改善の余地がある。だが，それらはいずれ解消されるだろうから，テキストに含まれる用語や固有名での検索が容易になる可能性がある。

　第三に，2018 年 5 月の著作権法改正（47 条の 5 関係）で，誰でも一定の

条件のもとで著作物の全文データベースをつくることができることになった[10]。これも追い風になる。

　FRBR や IFLA LRM はフィールドごとのメタデータ付与という人による著作物分析が伴うものであるが，全文テキストデータベースの技術的進歩はそうした過程を迂回して一挙に著作物の内容に踏み込み始め，テキストデータマネジメントと呼ばれる領域と関わることになる[11]。

4.7　書物のメディア変遷

　以上説明してきたことをまとめると，表4-1 のように示すことができる。これは，古代から 21 世紀まで歴史的に書物メディアの新しいコンテナが現れたときに，コンテンツ，流通，検索，アーカイブとどのような関係になったかを一覧したものである。これで分かるのは，全体的にコンテナ形状によってコンテンツが規定されていたこと，また，古代中世にはそれによって流通や検索方法も制約を受け，後世に残すためのアーカイブも手段も限定さ

表4-1　書物のメディア変遷

時代	ニューメディア	コンテナ	コンテンツ	流通	検索	アーカイブ
古代〜中世	手稿本	パピルス，パーチメント，紙	古典や聖典など	写本	目録	宗教施設など
近代〜現代	印刷本	紙	知的生産物	出版・古書流通		個人・図書館
19 世紀末〜20 世紀中盤	マイクロ資料	フィルム，フィッシュ＋リーダー	技術文献，保存資料	マイクロ化事業・マイクロ出版	書誌コントロール，メタデータ	図書館
20 世紀後半〜21 世紀初頭	パッケージ系電子書籍	デジタルコレクション FD，DVD＋リーダー	マルチメディア	電子出版		
21 世紀	ネットワーク系電子書籍	ネットワーク装置＋リーダー（パソコン，タブレット，スマートフォン）	記録可能なすべてのもの	電子出版，電子図書館，Web サービス，コンテンツプロバイダ，リポジトリ，デジタルアーカイブ		

れていたこと，そしてこれが近代になると，紙の印刷本が現れて，流通が拡大し検索が工夫され，また図書館というアーカイブ装置が現れてコンテンツへのアクセスが向上したことである。つまりメディアがメッセージを規定してきたこと，また，近代になって書物のコンテナとコンテンツが一体となって書き言葉を媒介するメディアとして，唯一無二のものとなったことを確認できた。

　だが，21世紀になって，デジタル技術が書籍コンテンツをネットワークでやり取りする仕組を可能にしたことで，ネットワークが流通，検索，アーカイブを含み込む状況をつくり出している。このことの意味を確認するために，日本記号学会編『ハイブリッド・リーディング』という書物を参照しておこう[12]。ハイブリッド・リーディングとはアナログの書物とデジタルの書物をうまく使い分ける以上に，書物がモノとネット空間に溶け込み相互にリンクして新しい知を構築するような営為を指している。そのときに知を構築する主体はもちろん読み手であるが，重要なのは書物とその受け手の間を媒介するメディアである。この考えを主導するメディア論の石田英敬は次のように述べる[13]。

> あらゆる生活場面で人々は，〈本〉を読んでいる。地下鉄にのると，どの車両でも乗客は〈私本（アイホン）〉などの〈賢明本（スマートホン）〉を読んでいる。街角では，皆が古代ギリシャ人さながらに〈私板（ＩＰａｄ）〉を持ち歩いて，カフェに腰をおろして，〈汝管（YouTube）〉をのぞき込んでいる。超－グーテンベルク期とは，ひとびとが寝食を忘れ，本を読むことも忘れて本を読むまでに本の文化が異常発達を遂げた〈新人類期（Anthropocene）〉なのである。

　筆者もGAFA 4社（Google, Amazon, Facebook, Apple）の原点にいずれも「書物（ブック）」にこだわった商品開発があったことについて指摘したことがある[14]。書物はすべてのメディアの原点にあることは疑いない。マルチメディアもまた書物から生み出され，その感覚的身体的特性の特定の部分を拡張したところで成功をみた。その意味で20世紀末期のプログラマー資本家が書物から出発したことは正しかったのだ。

　問題は21世紀において，コンテナがすべてを包み込むデジタルネットワークとなったときに，流通，検索，アーカイブだけでなくコンテンツその

ものも大きく変えようとしていることである。実際，〈本〉のコンテンツも
かつての印刷本のコンテンツとはその身体性や認知過程においてかなり異
なったものになっている。

　本章では，近代的書物の完成によって認知の主体たる人間の行為を記述す
る知を共有する仕組みが一旦出来上がったことを述べてきたが，石田が言う
ような〈新人類期（あるいは人新世期)〉には，メディア自体の変容が人の
認知過程も変えようとしているのかもしれない。だが，図書館のような流
通，検索，アーカイブに関わる機関の立場からいえば，表 4-1 に挙げた
〈本〉のバリエーション全体が処理の対象である。

　2000 年以上の歴史が積み重ねてきた書物の在り様がとくに近代において
人間の認知過程に寄り添い安定したメディア特性をもたらした。このことは
資本の論理と区別して，図書館などの機関が書物を永久に保持しアクセス可
能にする役割をもつことを要請する。そこでは，NDL デジタルコレクショ
ンのようなネットワーク環境を利用した〈本〉の出現やメタデータを人間の
認知レベルでリンクさせる検索の仕組み，そして，全文検索による新たなコ
ンテンツへのアクセス法の開発などの取組がモデルとして期待される。

　本章ではメディアとしての書物について述べた。最後に，この議論と第 2
章で論じたドキュメントとの関係について述べておきたい。メディア論（メ
ディア研究）で扱う広い意味でのメディアにおいて，ドキュメントは記録さ
れてやり取りできるものを指すというのが通常の理解である。だから，基本
的には本章の議論はドキュメント一般にも当てはめて考えることができる。
だが，身体論的な書物の特性も重視して述べたように，これがドキュメント
となると，そうした物理的心理的な特性が引き剥がされたところに現れるも
のとの理解もあるだろう。コンテナ抜きのコンテンツのみということにな
る。これは，同一コンテンツの紙の書籍と電子書籍がどこが同じでどこが異
なるかという従来からある議論にもなる。こうしてみるとコンテンツとコン
テナという比喩だけでは捉えきれない知の作用を検討する必要があるだろ
う。本書の第 3 章「レファレンス論」や第 5 章・第 6 章の「アーカイブ論」，
そして第 8 章・第 9 章の「社会認識論」や「レリヴァンス」はいずれもそう
した作用を検討するためのものである。

第5章
知は蓄積可能か：アーカイブを考える

5.1　尊徳思想のアーカイブ

　『朝日新聞』2022 年 6 月 8 日付けの夕刊紙面に，茨城県の郷土史家が江戸期の書物に人間平等や男女同権の思想が書き込まれているのを発見したとの記事があった（図 5-1)[1]。この郷土史家が，『二宮尊徳全集』のなかで尊徳が弟子に金二分もの大金をはたいて『家宝伝』という書物を書き写させたという日記の記述を読んで，その書物が『万代家宝記』であることを突き止め，そこにそのような思想を読み取ったというものである。だが，この記事は事の全体像を伝えていない。『万代家宝記』はすでに資料として発見されていて，鳩ヶ谷市教育委員会発行の資料集『鳩ヶ谷の古文書』に掲載されていたからである。それは尊徳の同時代人で，鳩ヶ谷出身で富士講の宗教家小谷三志について記述する著作を復刻したもので，小谷の門人であった鈴木頂行の著作として掲載されていた[2]。この資料自体は現在，国会図書館デジタルコレクションでオンラインアクセスが可能になっている。

図 5-1　『朝日新聞』2022 年 6 月 8 日夕刊

　二宮尊徳は江戸時代後期に報徳思想

を唱え徳と経済の両立を訴えて，荒れた農村の復興を指導した農政家として知られている。1927年（昭和2年）から1932年にかけて『二宮尊徳全集』全36巻が刊行され，1977年に総目次巻を加えた復刻版も出版されている[3]。著作，日記，書翰のような尊徳の著作物以外に，彼が報徳思想に基づき飢饉などで荒廃した農村の立て直しと財政再建の指導を行った報徳仕法と呼ばれる活動の帳簿や税務の記録が半分以上を占める。報徳仕法は尊徳が関わったもの以外に彼の弟子が指導したものも含まれる。また，全集の最終巻は門人の著作となっている。つまりこの全集は，尊徳個人のみならず明治になって報徳思想を宣揚するためにつくられた大日本報徳会自体の活動の意義を示す原文書（アーカイブズ）が収められていると考えられる。

　現在の掛川市に公益社団法人大日本報徳社の本部がある。その前身の大日本報徳社の一角に，全集の編集作業で集めた史資料類を納めていたアールデコ調の建物の報徳図書館が置かれていて，資料類の閲覧が可能である（図5-2）[4]。第2次世界大戦後は一時的に掛川町（市）が建物と史資料を借用して町立（市立）図書館として使用していた。全集に納められていた史資料は2014年に国立国会図書館に寄託され，現在は同館の古典籍資料室で管理されている。また，全集所収の史資料は同館デジタルコレクションで閲覧可能である。

　以上のことは資料をめぐっての多くのことを示唆する。日本の近世史研究において郷土史家が果たした役割は大きいし，実際，この「発見」は近世思想史を書き替えるものである可能性があり，資料の読み方によってこれ自体が新しい資料として再発見されたと見なせるのかもしれない。一方，史料の発掘研究は進んでいるが，ローカルなレベルに限定されていて広く報知されずそれぞれが全国レベルのアカデミズムで共有されていない。他方，蓄積された史資料の一部は編集されて全集や資料集として出版されて利用できるようになり，さらには，それがデジタルアーカイブ化されてインターネット上に置かれ

図5-2　淡山翁記念報徳図書館

て，現在では自宅や研究室からでもアクセス可能である。従来分からないと
されていた史料の所在もさまざまな検索ツールとデジタルコレクションの開
発によって突き止めることが可能になっている。

　筆者はこのような資料類の蓄積と拡がりと利用のダイナミズムの背後にあ
る考え方をアーカイブの思想と捉えている。ここでのアーカイブの定義は
「後から振り返るために知を蓄積して利用できるようにする仕組みないしは
そうしてできた利用可能な知の蓄積」というものである[5]。この事例は，資
料として発見されていても，知としての評価は現在進行中というものだろ
う。アーカイブには，最初のものであることで権威，権力の源泉になるとい
う意味合いがある。アーカイブズと複数形で用いるときは原文書や一次史料
という意味とそれを納めた施設である文書館，公文書館を指す。広義のアー
カイブと狭義のアーカイブズを区別していることに注意されたい。

　この文脈で『二宮尊徳全集』をアーカイブの視点から考えてみると，尊徳
の著作および彼が書いた日記や書翰などの史料が大日本報徳会の活動の源泉
になるものであり，全集の最初にくるが，その後に古い活動の記録や弟子の
著作も含めて全集に納めることで彼の思想および関連の活動の全容に迫るこ
とができると捉えられている。つまり尊徳が書いたものが原アーカイブズで
あり，それが起点となって報徳会の活動があるが，尊徳の著作に準じるもの
として彼の活動の記録や弟子の著作もアーカイブとしての重要性があるから
それらすべてが全集に集録されている。

　現代のアカデミズムの視点からこれを見るといささか問題があるかもしれ
ない。史料としての真正性や編集バイアスなどの問題が加わるから，全集の
編集出版自体がさまざまな議論を呼び起こすことがある。たとえば3度にわ
たる柳田國男全集の刊行について，とくに最初の『定本柳田國男集』がとっ
ていたジャンル中心の構成法や，著者の意向に沿って最終版を集成して「定
本」を目指すという編集上の問題が論じられたことがある[6]。このような権
威ないし典拠としてのアーカイブを再現しようとする全集の編集方法への批
判は，尊徳の全集についても当てはまると考えられる。近年の尊徳および報
徳会についての研究ではそのあたりのことが指摘されている[7]。

5.2 西洋人文学における書物の特権性

ルネサンス期の代表的な絵画の一つラファエロ・サンティ作「アテナイの学堂」はこの頃から展開する人文主義における書物の重要性を示している。西洋思想史の安酸敏眞は「ルネサンスのフマニタス研究」は，古典ギリシア=ローマの哲学・文学・文献学などの原典研究を通じて，幅広い教養を身につけ，それによって「人間性（humanitas）」を陶冶すると同時に，そこから新しい文化形成の指針と活力を導きだそうとした。」という[8]。ここで humanitas と表現されているものこそが，その後の人文学の諸学問につながる基であり，ギリシア・ローマの古典的書物を発掘し，読み解き，意味付けるための基本的な思想であった。そしてラファエロの代表作であるこの絵画は古代ギリシア・ローマの哲学者が一堂に会したという設定でルネサンスの理念を表現するものになっている。

図5-3 によって具体的に見ておこう。ここには書物を持った人物が5人描かれている。なかでも一番上の段の中央の二人はギリシアを代表する哲学者

図5-3　ラファエロ画「アテナイの学堂」（白い円は書物を持つ人を示すために筆者が加えた）

プラトンとアリストテレスである。左のプラトンは左手に書物（『ティマイオス』）を持ち右手で天を指している。他方，右のアリストテレスはやはり左手に書物（『ニコマコス倫理学』）を持つが掌を下に向け地上の人間活動を示している。これはプラトンのイデア論とアリストテレスの人間主義の違いを示している。また，手前左から 2 番目の円内にいる人物は数学者ピタゴラスである。彼の前には図形が描かれた黒板が差し出されていて，それを見ながら彼が幾何学の書物を書いている。このように，モデルとおぼしき人物を絵画的に表現する際に書物と仕草をもって思想を表すことが行われている。ルネサンスが文芸復興といわれるのは，古典古代の書物（写本）を再発見することにより，古代の思想が再現されるようになったことが大きい。それに加えて製紙術と活版印刷術によって書物の普及が著しく進んだことがあった。ラファエロの絵画はその思想をはっきりと示している。

　西洋近代において知を交換する媒体としての書物がなぜ重要だったのかを考えてみよう。言い換えれば，書物はなぜ「知」のメディアとして特権的に扱われるのか。第一に，言語（思考）を固定化して扱いやすくするからである。話し言葉しかなかった時代にそれを言語記号によって書き付けて書記言語のパッケージを制作することにより，それは繰り返し参照することを可能にし，他者に渡すことができるようになる。また，物理的な存在としての書物は並べ蓄積することで，書物と書物の関係を知の相互関係に展開することができる。

　第二に，単なる物理的存在ではなく，その記号を読み取るための身体的アクセス性に優れていることがある。西洋でも東洋でも古代の書物は巻物であったが，ある時期から獣皮（パーチメント，ヴェラム）や紙を綴じることによって，目と手でアクセスするものとなった。複数葉の薄面のページの表裏を綴じたものを手と指で繰って文字を目で追う動作をすることで立体的（3D 的）な読みを可能にする。そこには手や指の触感も含めた身体的インターフェースが実現する。さらには，ページとページ，語句と語句との関係を目や指の感覚でリンクさせる。このように 2000 年以上の時間をかけて実現された書き言葉に対する身体的アクセスのテクノロジーは，人類に対し認知活動とコミュニケーションの優位性を与え，文明の進展をもたらした。ヴァーチャルリアリティ的なデジタル環境の開発によって電子書籍が進歩しても完全に代替することはできない[9]。

　第三に，書物制作の過程においてコンテンツを確定する仕組みが出来上がっていることである。この過程は執筆者が出版する過程での編集者とのやり取りから最終原稿が提出されたあとに，執筆者と編集者，校閲者，印刷者の共同によって実現される。原稿執筆という行為には多数の間違い，勘違い，誤記が含まれうる。書物出版の行為は，原稿が渡された後にこの共同行為によってそうした誤りを修正し分かりやすいテキストにつくり直すことで最終的なコンテンツを確定することである。執筆者もこの過程の存在を前提に原稿を書いているから自由に執筆を行うことが可能になる。執筆における真正なテキストの存在に関してはさまざまな議論があるが，少なくともそうした仕組みが存在しない生のテキストだけの SNS やブログは書物とはいえない。

　第四に，そうして確定されたコンテンツをもった書物の流通が社会的な知の構成過程になっていることである。コンテンツ確定の仕組みそのものが，編集者がナショナルランゲージの正書法に基づいた言語を用いて新しい知見や創造性を主張していることを査読によって確認することであるが，一旦出版されたあとに，それが商業出版や学術出版の流通ルートに沿って評価されて社会的に配布される。商業出版のルートでは中間的な流通業者（日本では取次）と販売者（書店）が出版物市場に関与して評価選別，棚づくりを行う。また，ジャーナリズムや学術コミュニケーションにおいて，ジャーナリストや研究者が新聞や雑誌，学会誌の書評で評価したり，相互に引用，参照したりして知を評価し定着させていく。これは書物が市場で流通する商品の性格と知の流通・蓄積の二つの性格をもち双方が影響し合う過程である。

　これらの書物の特性は西洋近代において書物が広く学術，ジャーナリズム，文芸，教育，娯楽など知の伝達行為における中心的なメディアであった理由を示している。知を書記言語のパッケージにして流通させることは西洋，東洋を含めて広く用いられていたことである。先の『二宮尊徳全集』はその意味で書物化することで知を確定しまた尊徳思想が包含する典拠性を獲得して運動メディアとするものだった。

　現在のメディア論では，新聞，雑誌や書籍などの書記言語メディアは 19 世紀までに完成したものであり，20 世紀は映像メディアの時代で映画やテレビの影響力が大きくなったことを中心に議論することが多い。「メディアはメッセージ」というマクルーハンの惹句はそれを示すし，確かに音声と

映像が視聴する人を包み込み情感に訴えかける作用はきわめて大きい。しかしながら，言語が人間の認知行動の基盤にあり，文字の読み書きのリテラシーを修得することが学校教育の中心にあることは現在でもまったく変わらないから，その意味で書物の役割は変わっていない。むしろ，20 世紀末以降のネットメディアがとくに子どもの認知行動や発達に悪しき影響を与えていることが主張されており，書物の再評価が必要になっているといえる[10]。

5.3　人文主義における図書館の役割

　さて，西洋の人文主義の伝統のなかで書物は蓄積されることによって利用された。なぜなら，特定の書物だけが典拠となる中世が終わり，複数の書物を比較検討しより良き知に達するための方法として人文主義が採用されたからである。西洋の知の伝統は書物の蓄積とともにあった。人文主義は古代ギリシアのパイデイア（教養）やローマの自由七科の知の系譜にあったが，中世を経て復興する際に古典古代の書物を再発見する際に修道院や教会，中世からの大学，そして王族や貴族が保持していたコレクションが重要だった。

　学ぶことと書物を蓄積することはギリシア，ヘレニズム，ローマの知的伝統のなかでは一致していた。プラトンの学びの場であったアカデメイア，そしてその弟子アリストテレスのリュケイオンにおいて師の講義や学びの成果は記録されて書物として蓄積されるために常に図書館を併設していた。とくに，ヘレニズム期にアレキサンダー大王が学問の師アリストテレスの知的業績を版図の広い範囲に移植しようとする際に書物のコレクションを重視した。アレキサンドリア図書館は大王の死後部下のプトレマイオス 1 世が学問所としてのムセイオンと並んで図書館をつくらせたもので，ギリシアおよびヘレニズム世界の書物をすべて集めようとしたといわれている。修道院や大学はそこにとどまり学ぶ場であると同時に知を蓄積する場でもあった。その伝統は西洋の近代以降続いている。

　たとえば，米国はヨーロッパからの移民がつくった国であり，手っ取り早く文化や学術を自国に移植するために，都市に博物館・美術館や公共図書館を，大学に大学図書館をつくった。また，20 世紀以降は学校にも図書館をつくり学びを補助しようとする。それは単に知識内容の移転ではなく，知の獲得の仕方の移転でもあった。現在，トランスレーションスタディーズとい

う研究領域が注目されているが，これは，単なる言語的な翻訳ではなくて，知の在り方や思考形式が国境や大陸，言語や民族を超えてどのように伝わるのかを問題とする[11]。その意味では西洋の古典古代の知の様式はヨーロッパを経由して米国に到達したのだが，その際に図書館や博物館のような機関が重要な役割を果たしたということができる。つまり，人文主義の伝統のなかでは知を移転すると同時に知を獲得するための図書館が重視されていた。

その一つの例を見ておこう。「王立図書館拡張のために計画された新しいホールの眺め」（図 5-4）はエティエンヌ=ルイ・ブーレーという 18 世紀フランスの建築家がルイ 16 世の依頼で王立図書館の再建案として提出したものである。そこには図書館が書物を一定の知識の体系に沿って排架することにより知の全体像を示すことができるという思想が読み取れる。非現実的な案ではあったが，西洋の大図書館は多かれ少なかれ閲覧室と書架を一つの大きな空間に納めて知へのアクセスを保障しようとしたという点で共通しているところがある。同じ動きのものとして，その 1 世紀前にフランスで始まった法定納本制度は国のすべての書物をストックしようというものであり，こちらは現在まで続いている。また，フランスの啓蒙思想を象徴する運動としての百科全書（アンシクロペディ）の出版は，古典的知の復興をバネとしてきた人文主義が近代的な学問に変化しようとする際の変換の試み（啓蒙主

図 5-4　ブーレー「王立図書館拡張のために計画された新しいホールの眺め」[12]

義）の断面とみることができる。

　19世紀になり知が細分化し一望することが難しくなった頃に，ドイツでは知の新しい運動があり，ベルリン大学においては専門分野単位で研究と教育を統合してその場に研究室図書室を設置しようとした。いわゆるフンボルト型大学の始まりである。知は分化させずに統合的なものとして扱うという人文主義の考え方から，学びの機関としては大図書館を保持しながらも，研究のためにはより細分化した研究室コレクションがつくられていく。これについては後で触れる。

5.4　知のレファレンス：理念と方法

　図書館が書物の形をとった知を蓄積しそれに直接アクセスできると考えられるのは19世紀までであった。19世紀末にベルギーでオトレとラ・フォンテーヌの国際書誌協会（IIB）が始まって統一形式のカードによる世界書誌を集積しその活動をドキュメンテーションと名付けたことは，現在の用語でいえばメタデータによって知へのアクセスを保障するという方法が開始されたことを意味する[13]。図5-5はオトレの主著『ドキュメンテーション概論』

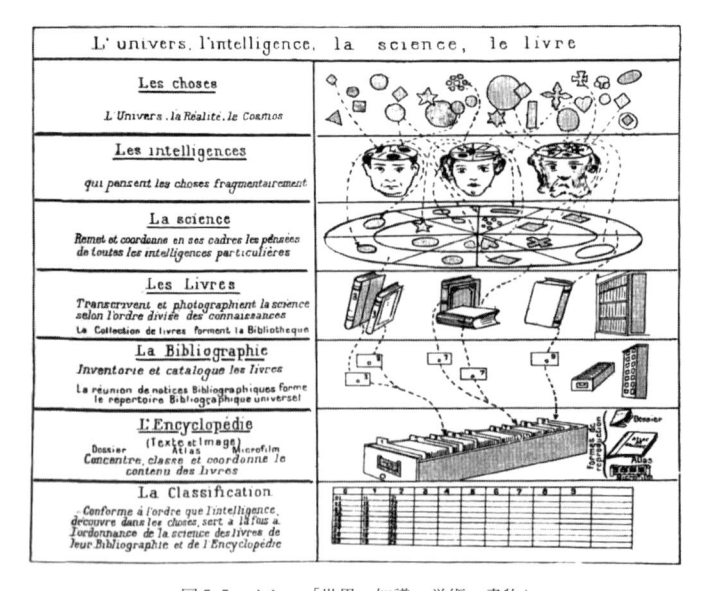

図5-5　オトレ「世界，知識，学術，書物」

（1934）に示されているもので，書物の知が百科事典的なカード分類による組織化を経て読まれ，それが新しいアイディアを生み出す過程を描いている[14]。読まれるものは古典的な書物のみならず，技術文献やその頃に現れ始めた映像資料に及んでいた。だから IIB の活動は World Wide Web（WWW）の最初の試みという評価もある[15]。だが，この方法はそれ以前からより効率的に知を管理する手段として実施されていたものの延長にあった。つまり物理的な蓄積やアクセスによる知のアーカイブとは別にバーチャルな方法による知のアーカイブがあったのである。

　知と知が相互に参照し合っていることをレファレンスと呼ぶ。図書館のレファレンスサービスは利用者の知の参照行為を助けるためにこれを専門的な技法とするものである。第 3 章で述べたように知のレファレンスに 3 種類ある。一つは解説レファレンスで，ある時点で特定領域の知を簡略にまとめて提示するもので，事典やハンドブックに典型であるが専門領域のレビュー論文や解説記事，解説書，教科書もそうした役割を果たす。百科全書もそうした試みであった。第二に，直接指示レファレンスで，これは著者やタイトルなどの固有名を媒介にして参照を行う行為で知を探求する側の質問（クエリ）とそれに応える知のコンテンツが 1 対 1 で対応しているものである。特定著者の著作物の書誌であるとか特別コレクションの目録であるとか特定出版社が出した書籍のリストとかが該当する。ここには，書物の全文テキスト検索も含まれる。第三に，間接指示レファレンスで，特定主題やテーマによって他の文献を参照することである。主題書誌や件名，分類による検索がこれにあたる。これは質問と文献が扱っているコンテンツとの関係を第三者が媒介するもので，媒介者の知識やスキル，センスが重要となる。こうしたツールにおける直接指示と間接指示の違いは，参照する際の言葉と対応するコンテンツの関係が透明であるかどうかによる。

　三つのレファレンスの方法は西洋中世末期から近代初期に開発されていたものが多い。聖書のなかの個々の文を検索するためのコンコーダンスは直接指示の手法をとるし，重要な書物の欄外に読み手の注釈やメモ書きを残す方法は解説レファレンスそのもので後には独立した注釈書や解説書になったりそのためのハンドブックや事典がつくられたりする。近代において急速に拡がった世界の知を新しい見方で集積し分類する考え方は 16 世紀中頃にレファレンスのツールとして出現させた。世界の知を記述した書物を目録化し

た書誌（ゲスナー『万有書誌（*Bibliotheca Universalis*)』1545），そして，中世以来の記憶術を円形劇場の客席の並び方に見立てたイメージ（カミーロ『劇場のイデア』1550），世界を表象する言葉を体系的に並べた分類表（チトリーニ『ティポコスミア（世界の構成要素)』1561）で表現した。これらは間接指示レファレンスということになる。

　印刷術の普及，大航海による世界の拡大，宗教改革による知的世界の変容によってルネサンスからバロックの時代に拡大した知についてはインテレクチュアルヒストリー（知の歴史）の領域での研究が進んでいる。それらを紹介した建築美術史の桑木野幸司は記憶術が「場所 loci」と結び付いた技法として発達したと述べている[16]。たとえば先のカミーロの記憶の劇場は図5-6のように示されている。これは後世の人が原著を基にして描いたものであるが桑木野によると，「その客席部分は，七つの縦軸と七つの横軸が形成する均等なグリッドに分割される。交点の数は四九。縦軸には七惑星を一つずつ割り当てる一方で，横軸には神話や古代哲学・錬金術から抜き出した七つの寓意的概念（饗宴，洞窟，ゴルゴン三姉妹，プロメテウス等）を割り振る。……劇場全体としては，中央の舞台から上方の客席へと遠ざかるにつれ，観念や事物の存在の様態が「単」から「多」へ，「抽象」から「具象」へと展開してゆくように組織され，また七という数字へのこだわりから，天地創造のプロセスも重ね合わされていた」[17]。

　モノとしての情報は一定の空間的秩序に当てはめられるときに関係や体系を構成し，記憶の指標（インデックス）として機能する。また，歴史学者ア

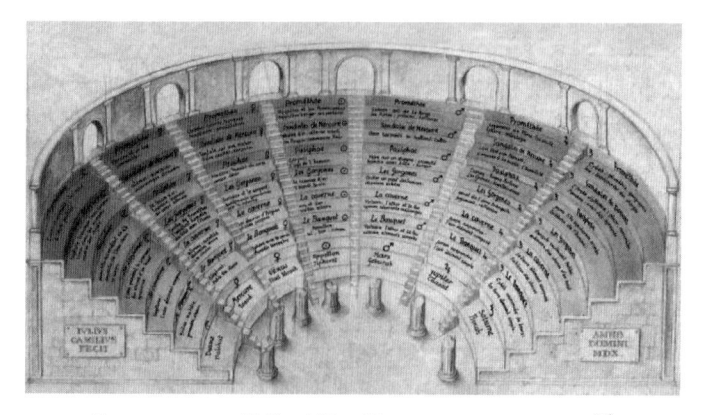

図5-6　カミーロ「記憶の劇場」（後世にイメージ化したもの）[18]

ン・ブレアは『情報爆発』というタイトルの本で，これに抗して情報管理を行うための編集やレファレンスの工夫があったことをまとめている[19]。こうした工夫はその後専門事典や百科事典の刊行，全国書誌の編纂などにつながっていく。現在の Wikipedia は解説レファレンスの要素が中心のように見えるが，知の真正性を実現するために，コンテンツ執筆とアップロードの際には，文献的根拠を明確にし他の項目への参照や参考文献を挙げるなど直接指示レファレンスや間接指示レファレンスをしっかり行うことを義務付けている。このような点で正統的な人文主義的レファレンスのツールということができる。

　17 世紀以降，学会が始まり，学術書や学術雑誌が開始されるようになると近代的な学術の形式が定まっていく。先行する研究を総括し批判することによりテーマを明確にし知見を前進させる方法を選ぶことは現在でも変わらずに行われているが，その際に，他の研究を参照し重要な部分を引用したりすることで，先行研究と自らの研究の関係を明示化する慣習がつくられる。この参照と引用という行為は知の系譜をたどるために重要であるが，同時に，発表された研究に対する書評が書かれたり，特定のテーマでまとめて批評論文（review article）が書かれたり，さらに時間を措いて研究の回顧や総括が行われたりする。研究レベルの成果は教育や一般向けの概説書や教科書として取り込まれる。こうした研究と研究の相互の批評ネットワークによってある分野の「アーカイブ」の輪郭が明らかになる。

　こうした学術的に定着した手法に加えて 20 世紀後半以降に急速に発展した ICT の技法によって新しい知のレファレンスとアーカイブの手法がつくられていることについてはいろいろと書かれているものがあるので，ここでは代表的な構想と実現したシステムだけを挙げておきたい。列挙したもののうち最初の二つは構想であり，それ以下は現在の世界のレファレンスとアーカイブのインフラを形成している。これらはドキュメンテーションの手法にデジタルテクノロジーを適用して発展させたものと考えられる。

- ヴァニヴァー・ブッシュ「Memex」（1945）
- テッド・ネルソン「Xanadu」（1960）
- ユージン・ガーフィールド「Citation Index（Web of Science）」（1964）
- ティム・バーナーズ=リー「World Wide Web」（1989）
- ブリュスター・ケール，ブルース・ギリアット「Wayback Machine

（Internet Archive）」（1996）

- ラリー・ペイジ，セルゲイ・ブリン「Google」（1998）
- ラリー・サンガー，ジミー・ウェールズ「Wikipedia」（2001）

　この流れのなかで書物が相変わらず知のメディアである地位を保っていることを示す例は，Google Books 裁判とその後に現れた国立図書館中心のナショナルデジタルアーカイブ構築の動きである。Google Books 裁判とは，Google 社が行った膨大な書籍のスキャン及びデータベースの作成，並びにその後の検索サービスの提供等の行為に対して，全米作家組合（The Authors Guild, Inc.）および著作物の権利者である作家 3 名がクラスアクション訴訟を起こしたのに対して，連邦控訴裁判所が 2015 年 10 月 16 日，連邦著作権法上のフェアユースに該当するとの判決を下したものである[20]。

　フェアユースという米国の著作権法の規定上，書物全体のスキャンとそれに基づくデータベースの作成が認められたことで世界的に著作物のデジタルアーカイブ化を促進するきっかけになった。フランスを中心とするヨーロッパや日本でも著作権法を改正して，著作物の保存や文化的利用の範囲でデジタル化を合法化する動きにつながった。こうして，フランスの Gallica や日本の国立国会図書館デジタルコレクション（NDL–DC）のような書物のデジタルアーカイブ化が進み，また，美術館，博物館，文書館などのデジタルアーカイブも含めた横断的な検索システムとして Europeana や Japan Search がスタートしている。世界の情報産業を支配する Big Tech の一角を占める Google 社が当初，書物のデジタル化にこだわったことは自らの情報インフラとしての正統性を主張するためのものだった。また，グローバルな民間企業が自国の法によって経済的にも文化的にも世界的権益を獲得しうる状況がつくられたことに対抗して，ヨーロッパや日本では国が同様のアーカイブの仕組みをつくったことも重要である。

5.5　デジタルヒューマニティーズと新文献学（new philology）

　デジタル技術は人文学にも大きな影響を与えている。これまで，文学作品コーパスや言語コーパスを基にして計量分析やデータマイニングが行われてきたが，さらに学術領域全般についてそうした研究をすることが可能になっている[21]。たとえば宗教学者の下田正弘を中心とした国際的な仏教関係資料

のテキストデータベース構築プロジェクト（SAT 大蔵経データベース）は人文学の領域で，多言語多文字の全文データベース，異体字同時検索，典籍間のリンク，図像のデータベース化とタグ付けなどを基盤としながら，古典籍の諸版対照テキスト，注釈対照語句索引，引用出典検索，手書き写本のOCR 翻刻といった新しい成果を織り込んだ研究を進展させている[22]。

　また，書物の版面がデジタル化されることによって電子書籍化が可能になり，さらに OCR 技術が発達することによって版面から全文テキストデータが取り出せるようになりつつある。ヨーロッパ系の言語では比較的やりやすかったが，日本語処理技術も向上して，2022 年 12 月から国会図書館デジタルコレクションに全文テキスト検索可能なコンテンツが全体の 70% の 247万点にまで増えた。このシステムで使用可能な検索結果は当該部分のページのスニペット表示で入手可能なのは画像ファイルであるが，技術的には，書籍コレクションが文字データベースとして扱えることになり，デジタルヒューマニティーズの可能性が一挙に拡がることを意味する[23]。もしこのデータベースが検索だけでなくそのまま利用可能になれば，ある領域での用語使用や語彙分布の変遷や引用参照される論文や研究書，研究者の分布や変遷，さらには使用用語や引用参照文献される文献や研究者を媒介にした領域間の関係といったように，従来なかなかデータで示すことが難しかった研究が可能になるだろう。また，データを素にグラフ化したり図示したりすることで，言葉で表現できないアイディアを示すこと学校できる。まさに人文学デジタルトランスフォーメーション（DX）ともいうべきものが出現する。

　ここでは，このようなテクノロジーの発達に直接影響を受けた分野とは別だが，ルーツを同じくする人文学における注目すべき傾向を見ておきたい。それは，「文献学」への着目である。近代ドイツの学問には文献学の系譜が存在していた。日本の大学でも採用されるゼミナールは，1738 年にゲッチンゲン大学に設置された文献学ゼミナールが最初のものとされる。1809 年創設のベルリン大学（現フンボルト大学）の創始者ヴィルヘルム・フォン・フンボルトはプロイセンの外交官の顔や言語学者の顔をもつなど多面的な活動をした人であるが，独自の言語哲学をもって人格形成のための教養（Bildung 陶冶）を確立するため人文学を中心とする近代的大学の構想を打ち立て，そのモデルとなった。ベルリン大学は研究と教育の統一を旗印にして，理系の教育研究が実験室で行われるように人文学の研究室には研究用の

書物コレクションを置くなど文献学の考え方を重視していた。ベルリン大学の教養概念や研究と教育の統一モデルは 19 世紀後半にジョンズ・ホプキンス大学を経由して米国の大学でも採用され，20 世紀以降は世界中の大学でカリキュラムの基盤に据えられるようになった。

　学問としての文献学は文献の原典批判や解釈，成立史，出典研究の分野であってすでに過去のものになっているという印象を与えてきたが，実は復活を遂げつつある。文献学（Philoglogie, philology）は，哲学（Philogsophie, philosophy）が語源的に「知恵(ソフィア)を愛する」の意味であるのと同様に「言葉(ロゴス)を愛する」の意味から出発している。知恵と言葉がきわめて近い関係にあることを考慮すると両者は密接で本来分かちがたい。人文主義者がギリシア・ローマや中世の古典文献の研究をする際の方法として採用したのが古典文献学であった。文献（書物，書かれた言葉）を研究することが知を明晰にすることだという了解があり，人文主義の時代には両者は一体のものとして追究されたが，それ以降，啓蒙思想と近代科学の経験主義，実証主義，進歩主義が古典籍に立ち返ることを要求する文献学を古くさいものとして，知の働きの検討を哲学に集約させたということができる[24]。

　フリードリヒ・アウグスト・ヴォルフは 18 世紀後半，ホメロスなど古代ギリシア文献を研究した人であった。彼の文献学は，ホメロスという著者の意図やその作品の意図を解釈することではなく，作品を解体して多様なテキスト層へと解消するものといわれる[25]。20 世紀以降の哲学に大きな影響を与えたフリードリッヒ・ニーチェは古代ギリシア神話や悲喜劇を研究し『悲劇の誕生』（1872）を著して自らを文献学者であると見なしていたことはよく知られている。19 世紀後半の文献学者アウグスト・ベークは『文献学的諸学問のエンツィクロペディと方法論』（第 2 版，1886）において，文献学を「人間精神から算出されたもの，すなわち，認識されたものの認識」と捉えて文献学の重要性を説いた[26]。

　文献学の系譜は現代にまで脈々と息付いている。ドイツの比較文学研究者エーリヒ・アウエルバッハは『ミメーシス』（1946）において，ホメロス『オデュッセイア』からヴァージニア・ウルフ『燈台へ』に至るヨーロッパ3000 年の文芸的作品における描写を模倣（ミメーシス）による現実の解釈として移り変わりを研究した。通史的でありながら時代ごとの代表的作品の文体に焦点をあてる分析法は文献学の方法を意識したものである。その『ミ

メーシス』を高く評価したパレスチナ出身で米国の文学研究者エドワード・サイードは『オリエンタリズム』（1978）で，西洋の著作に見られる東洋趣味（オリエンタリズム）が思考の型をつくっていて，その型が東洋（この場合は中東）に対する排除の意識を生み出し，帝国主義や人種差別，民族差別をもたらしていることを述べた。彼が使用するものも西洋のさまざまな国の近代の代表的な学術書や文芸作品であって，その記述から思考の型を読み取るという手法をとる。

　サイードは晩年の著書『人文学と批評の使命：デモクラシーのために』で，「テクストを，その複雑さのまま，前章で述べた変化に批判的な注意を払いつつ受け入れることによってのみ，統合的にも総合的にも，特定のものから一般性へと移動することができる。それゆえ，文学テクスト——小説，詩，随筆，など——の精読は事実上，テクストをそのままさまざまな関係のネットワーク全体の一部として，それが生み出された時代にゆっくりと位置付けるのであり，ネットワークの輪郭と影響力は，そのテクストのなかで形成の役割を果たす。」と述べて「文献学への回帰」を論じた（強調は原著者）[27]。

　その後も，イタリアの歴史家カルロ・ギンズブルク（『チーズとうじ虫：16 世紀の一粉挽屋の世界像』1976，『恥のきずな：新しい文献学のために』2022）や文学研究者フランコ・モレッティ（『遠読：〈世界文学システム〉への挑戦』2013）といった著作が文献学を意識したものとして知られている。いずれも領域横断的で文献から著者の思想を読み取るよりも，用語や記述・表現の分析を通して時代精神や文化的な深層を読み取る資料として用いるところに特徴がある。たとえばモレッティの『遠読』は「世界文学システム」の多言語で多様な作品にアプローチする方法として翻訳や専門研究の二次的研究を用いたり，テキスト分析やグラフ理論や地図，樹系図を積極的に使用したりするなど，従来の精読（close reading）に対する遠読（distant reading）を主張するものであり，新しい文献学とみることができる。ここに，デジタルヒューマニティーズが文献学の強力なツールとなることを示唆する理由もある。

5.6　おわりに

　「知は蓄積可能か」という問いに答えはない。書物は蓄積できるし，そこからテキストを取り出してデータベースを構築することはできるが，それらはあくまでも代替物の蓄積でしかなく，そこから知を取り出すのは読み手次第であるからである。確かに，スマートフォンやタブレット，パソコンの画面を通して知の蓄積全体にアクセス可能だという考え方には限界があるだろう。だが，先に見たフランス王立図書館構想の一望視できる書架はその対局にあるかのように思えるが，認知できるのは目の前の書物だけだとすると同じようなものなのかもしれない。比較すべきは画面表示とデータを結び付けるアルゴリズムがどのようなものであるか，図書館の場合は書物を並べるルールはどのようなものかであり，利用する側にどれだけ周知されているか，あるいはどれだけ使いこなせるかにある。

　これまで見てきたように，人文主義の伝統のなかで，編集や校閲，注釈，解説，全集刊行，レビュー，図書館コレクション，ゼミナール，展示，書誌作成，引用索引を含めた索引作成，など書物と書物，書物と人間をつなげるための種々の工夫が行われてきた。さらに新しいテクノロジーを用いて，大量の書物のなかから特定のものを取り出して相互の関係を見せたり，索引や検索のタグ（メタデータ）や相互リンクを工夫したり，図やグラフを使用したりすることが可能になっている。結局のところ，商業主義的で不透明なあるいは作為的なアルゴリズムに基づく AI 的アーカイブ装置と，書物と書物との新しい関係を示唆しそれにより新しい知を生み出すための支援を行うアーカイブやレファレンスの行為者の仕事が両立する方向を探ることが現在考えられる途であろう。少なくとも西洋的な人文主義の影響下にあるところではそれを志向している。新文献学はそうしたアーカイブのツールを使いこなした読みから生まれてくるものだろう。

第6章

ドキュメントとアーカイブの関係
：ニュートン資料を通して見る

6.1 アーカイブとは何か

　近代的アーカイブズの制度を考えるための前提として，それが単なる記録管理や情報管理とは区別されるべきだということがある。日本でも統治文書を管理する仕組みは古代の宮中にも中世の鎌倉や江戸幕府や各藩にも存在した。明治政府においてはそれを継承しつつ西洋のアーカイブズ制度を検討し，結局のところ内閣文庫という中途半端な制度をつくっただけで本格的な近代アーカイブズ制度が検討されるのは第2次世界大戦以降になった[1]。アーカイブズには統治や組織の合理化のためのアーカイブズと統治の説明責任を果たすためのアーカイブズの2種類があり，明治政府は前者については各省の文書管理に委ね，後者については十分に対応しなかったということができるだろう。そして実のところは後者の課題は，戦後，公文書管理や国立公文書館の制度ができた後も現在に至るまで曖昧なままになっているということができる。

　筆者は日本にアーカイブの思想が定着しなかった理由を探るために西洋のアーカイブの思想の検討を行った。アーカイブとは過去に遡ることで知を再利用することである。アーカイブズではなくアーカイブという用語を使用しているのは，アーカイブズ学，図書館情報学，博物館学，デジタルアーカイブのような隣接する領域を超えて広義のアーカイブ学が可能かどうかをためそうという意図がある。そこで共通する要素のルーツを思想史，歴史学，文学，教育学等の人文学に求めて歴史的に遡らせたところからスタートする。

　アーカイブ（archive）という言葉が古代ギリシア語 ἀρχή（アルケー）か

ら来ていることはアーカイブズ学においては常識であろう。アルケーの語幹（arch）を共有する言葉には三つの意味がある。第一に architect（棟梁），archbishop（大司教）などの用例に見られる「第一のもの」という意味であり，二番目に archaic（古代の），archaeology（考古学）などの用例に見られる「始原」という意味であり，第三に monarchy（君主制），hiearchy（ヒエラルキー），anarchy（無政府状態）などで使われる「権威，権力，支配」という意味である。時間的な最初のものであることで権威，権力の源泉になるという意味合いがあり，アーカイブを考えるときには起源に限りなく近いことの自己証明によってその権威の正当性を主張することが可能であると同時に，それによって生じる責任が含意されていることが重要である。言い換えればアーカイブはある種の政治的正統性の根拠を示す装置である。

　米国の首都ワシントンにある国立公文書館記録管理局（NARA）アーカイブズ・ワンのロトンダ（入口正面の大広間）に，アメリカ人にとって最も重要な三大建国文書（独立宣言，合衆国憲法，権利章典（憲法修正条項））のオリジナルが展示されているのは，アーカイブの思想が体現されている典型的例である[2]。この展示は，建国の起源を示す原文書を国民が目の当たりにすることによって同国への所属意識を高め，同時に権力の作用を公開することで歴史的責任の存在を宣言する役割を果たしている。分厚いガラスの下に置かれる文書が本物なのかは問題ではなくて，この演出がアーカイブの複合的な性格を明確に示していることが重要なのである。

　歴史と資料をめぐる議論は，歴史学はもとより古くから人文学全般で行われてきた。しかし，アーカイブ（あるいはアルシーヴ）という言葉が思想用語として使われるようになるのは 20 世紀後半の思想家ミシェル・フーコーやジャック・デリダ，ポール・リクールらによってである[3]。彼らは，歴史あるいはその上位概念である知が資料の蓄積とその歴史的・政治的作用がもたらすものであったことを明らかにして，広義のアーカイブ機能の重要性を主張した。筆者の問題意識も彼らの考え方と軌を一にしている。だが，彼らの思想がポストモダニズムのコンテキストで消費されたことは残念なことであった。というのは彼らの思想が人文主義を踏まえていることが日本ではほとんど理解されていないからである。

　人文主義は，近代以降現代に至る西洋思想の影響下にあるあらゆる知の制度（大学，学会，学校，図書館，アーカイブズ，博物館）の基本思想を形成

している[4]。ヨーロッパにおいて人文主義は 14 世紀から 17 世紀すなわちルネサンス期からバロック期の知識人の最も基盤にあった考え方である[5]。

　ペトラルカ，ボッカッチョをはじめとする人文主義者たちは，古代の文献の写本を収集し，古代のヘブライ語やギリシア語文献を再発見することによって，教会や修道院に伝わっていたキリスト教の文献の誤りを指摘した。また，古代ギリシア哲学のテキストが再現されることによってプラトンやアリステレスの思想の全容が知られるようになり，と同時に古代ギリシアのポリスや古代ローマのフォルムにおける民主制や共和制の考え方およびそこでの市民生活についての概要が知られるようになった。さらには彼らの共通言語たるラテン語文法を整備して，書き言葉でのやり取りができるようにした。ルネサンスからバロック期の知識人は相互にラテン語で書簡を書いて情報交換を行った。近代的学術コミュニケーションが始まる以前のこうした知識人の交流に対して，文芸共和国（Respublica literaria）という呼称が与えられてきたが，近年はこれを「学問の共和国」と呼ぶことが増えている[6]。このコミュニティへの参加者は自ら蔵書をもち，またラテン語の書物を著すことで知的な所産を示した。こうして住んでいるところを超えて互いに知識人が交流し，思想批判を行い，神学的知の相対化が可能になったことにより，後の宗教改革や科学革命，市民革命につながっていく。

　知を次世代に伝えるための古代ギリシアのパイデイアの思想はローマ時代には三学四科（文法学・修辞学・論理学，算術・幾何学・天文学・音楽）のカリキュラムとなり，中世にも学びの基礎をもたらすものとして取り扱われた。それは近代の大学におけるリベラルアーツにつながった。リベラルアーツこそが総合的な知から学びの方法を獲得するものであった。これに加えて，アーカイブの思想は人文主義の文献学的な方法に支えられている[7]。古代ギリシアのポリスの民主制形成期の知の方法であるクリティックがローマ共和制の法や政治で体系化され，それが近代の人文学者によって考証学（エリュディシオン）や古典学（アンティクアリアニズム）として復活を遂げてヨーロッパ近代のクリティックの思想につながっていく[8]。近代において国家，学術機関，都市に図書館が置かれるのは人文主義がクリティックのための知的営為に何よりも資料的根拠を要求するからである。それは近代的な思惟がそれ以前に蓄積されていた知的根拠を基にしていたことから来るものである。

　大学の原型はプラトンのアカデメイア，アリストテレスのリュケイオン，そしてアレキサンドリアのムセイオンといった学びの機関であるが，そうした機関には図書館が必ず付属していた。古代アレキサンドリア図書館は人文主義の復権とともに学術機関に付属する図書館のモデルとなった。知的営為に文献資料の根拠が必要であることが人文主義の前提であるから，図書館は単なる大学の附属機関ではなくて，学問の共和国における独立した知的機関として重視されたのである。近代の人文主義者のなかにはライプニッツ，カント，レッシング，ゲーテ，ヤーコプ・グリムのように権力者の私蔵書の管理者（司書）を務めたものもいた[9]。18世紀の市民革命以降はそうした私蔵書の多くは国家，大学，都市の図書館となった。また，そのコレクションの一部に加えられた。

6.2　アーカイブズとドキュメントとの関係

　ところで，図書館資料とアーカイブズ資料は通常区別される。それは古代アテネの執務機関（アルケイオン）において執務資料が置かれていたのがアーカイブズの語源とされていることからも分かる。つまり社会組織における指示・通達や契約・記録などの法的・行政的な行為とともにアーカイブズがつくられ管理されるとすれば，上に述べたような知的な交流の資料と組織の執務資料は明らかに区別される。

　第2章で見たドキュメントという概念を振り返ってみよう。この言葉もアーカイブズに劣らず多義的であり，分野によって人によってもつ意味合いは異なる。ドキュメントは内にあるものを外部に拡めるベクトルをもつのに対して，アーカイブズは始原（アルケー）を志向して常に元に戻ろうとするベクトルをもつ。図示すれば図6-1のようになる。この場合の外部とは時間的な「後」と空間的な「外」の両方の意味がある。こうすればベクトルは逆だが一体のものとして扱うアーカイブズ・ドキュメント論を構想可能である。機関としてのアーカイブズはこの意味でのアーカイブズを重点的に扱う

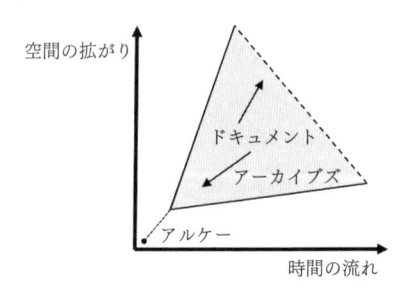

図6-1　アーカイブズとドキュメントの関係

が，同時にそこで見いだしたアーカイブズを編成組織化，展示，閲覧，編集出版などの方法で外部に広めるからアーカイブズをドキュメントに変えるための働きもしている。ドキュメント機関としての図書館もアーカイブズの働きをもつことが少なくない。18世紀以前は機関としてのアーカイブズは限定されていたから図書館がアーカイブズの役割を果たすことも少なくなかった。

　近代初期の人文主義において両者の違いがどのように現れたのかを見ておこう。16世紀のコンラート・ゲスナーは博物学者としての業績が知られているが，同時に『万有書誌（*Bibliotheca Universalis*）』（1545）を著して書誌学の父とも呼ばれる[10]。これには古代からその当時に発行されるものまでギリシア語，ラテン語，ヘブライ語の文献約1万2,000書を収録しており，当時の「世界」に伝わっている書物の形をした知を一望の下にする意図があった[11]。そこでの作成は網羅的な書誌による機能的な文献探索によって行われた。この書誌の続篇として同じ書誌を体系的な学問分類に基づいて並べた『総覧（*Pandectae*）』（1548）も刊行している。先に触れた20世紀初頭のオトレらのドキュメンテーション運動も世界書誌をさらに大規模に作成するプロジェクトであったが，両者とも活版印刷術が始まって人文主義を基にした新しい知が生み出されつつあり，それを広い範囲に伝えることが目的であった。

　ブリュノ・ガラン『アーカイヴズ』によれば，古代からあるアーカイブズの管理は17世紀末のジャン・マビヨンの『文書の形式について（*De re diplomatica*）』（1681）[12]を基礎にして18世紀に現在のかたちを取るようになったとある[13]。ベネディクト会修道士ジャン・マビヨンは，この本を著すことで近代の歴史考証学の先鞭をつけたといわれるが，その手法は文書資料の内的方法（書式など）と外的方法（サイズ，認証の署名，書体など）の異同に着目することで真贋を判別する文献学的な方法であった。そしてそれはできるだけ偽書を排除し，著者のもともとの意図を反映する文書や書物を得ようとする人文主義的方法を徹底したところに生まれたもので，アーカイブズ資料の選別評価や記述編成の原理につながった。

　多数の書物を列挙しようとするゲスナーと文書の形式を重視して違いを見分けて正しい文書を見いだそうとするマビヨンは，同じ人文主義の影響下にあっても知的所産に対する態度は正反対にも見える。それは近代初期の博物学的世界観とそれから1世紀過ぎてからの歴史的実証主義の違いに基づくの

だろう。だが，世界を拡げようとするドキュメントと世界の起源に遡って突き詰めようとするアーカイブズについての考え方の違いということもできる。だが，両者の原理は背反するのではない。書誌学にも写本や初期刊本の成立や形式，そして内容を精査して「最初の書物」（「理想本」ideal copy）を明らかにする分析書誌学がある。他方，アーカイブズ学においては記録として選別された資料群はアーカイブズにおいてフォンドとして扱われれば，あとは目録記述の対象となる。近代の書誌学や文献学，そして歴史学方法論（史料論）は基本的には両者の方針を取り入れながら発展してきたといえるだろう。

　人文主義を基盤に置いた西洋の知的伝統においては，国家，都市，大学，学校といった主要なセクターにこのアーカイブズとドキュメントの原理に基づくアーカイブの過程が組み込まれていた。ここでアーカイブを支える基本的な仕組みとして，①文書，書簡，写本等の手書きの資料，②印刷本の出版流通，③機関としてのアーカイブズ（公文書館・文書館，資料館・博物館），④図書館，⑤デジタルアーカイブを考えることができる。これらのものには，資料の評価選別，編集校閲，編成・組織化，保存提供，展示解説，複製配布，送付・送達，データベース管理などの機能が含まれているが，どこに重点が置かれているかはそれぞれの目的や特性によって異なる。①の文書や書簡類は活版印刷術以前の知の流通のメディアであり，②の印刷本はそれ以降のメディアである。ここに複製メディアとしての写真や映像，音声，そして電子的パッケージメディアを含めることも可能である。③のアーカイブズは主として①の文書記録類を扱うが他の機能ももつ。④の図書館は②の印刷本を主として扱うが，同様にそれ以外のものも扱う。そして⑤のデジタルアーカイブはこれらすべての機能を代替することができるとされる。

6.3　ニュートン資料に見る知のアーカイブ

ニュートン像の変遷とアーカイブズ

　以下，近代科学史における巨人アイザック・ニュートンのアーカイブがどのようになっているかを記述することを通して西洋的な知のアーカイブがどのようにつくられてきたかについて述べる。まず，次のニュートンが言った

とされる言葉から始めよう。

> 「もし私が彼方まで見通せていたとしたら，それは巨人たちの肩の上に
> 立っていたからだ」(「ロバート・フックへの書簡」1675)
>
> ——アイザック・ニュートン（1643-1727）

これは，科学が先人の業績を踏まえて累積的に発展していることを示すものとして知られている。ニュートンは言うまでもなく，17 世紀後半の自然科学者で，万有引力の発見者，微分法の開発者，プリズムによる分光原理の発見者として知られる。いわゆるニュートン力学と呼ばれる現在の物理学の基礎をつくった人物である。彼の三大発見と呼ばれるこれらの業績の最初の着想は，ペストの大流行があって一時的に故郷に帰っていた 1665 年からの 18 カ月余りの時期に得られたといわれる。彼が 22〜23 歳くらいの時である。ただし，彼のそうした業績がすぐに公表されたわけではなく，その後の長い学究生活のなかで議論し，論争し，書物に書くことで，徐々に認められていった。主著『自然哲学の数学的諸原理（*Philosophiæ Naturalis Principia Mathematica*)』（以下「プリンキピア」とする）が出版されたのは 40 歳代半ばの 1687 年であった。また，彼の死後にその正しさが証明されたものも少なくない[14]。

ところで，自分が巨人たちの肩の上に立っているといったときの巨人とは何を指すのだろうか。一般的にはニュートンの画期的な研究が彼一人によるものではなく，先人の考察，観察，著作などがあったから可能であったと受け止められている。つまり，古代ギリシア以来の自然哲学者がまずいて，それらの考え方を集約したアリストテレスの自然学があった。そしてルネサンス以降の近代科学の先達として，地動説を唱えたコペルニクス（1473-1543），落体運動の実験をしたガリレオ（1564-1642）や惑星の運動に関する業績を上げたケプラー（1571-1630），機械論的な自然哲学を説いたルネ・デカルト（1596-1650）などの先人たちの存在がある。さらに同時代の彗星の研究で知られているエドモンド・ハリー（1656-1742），グリニッジ天文台の初代天文台長ジョン・フラムスティード（1646-1719），大陸における微分積分の発見者ライプニッツ（1646-1716）などの研究があり，そうした巨人たちの肩の上に乗ってニュートン力学を完成させた成果が『プリンキピア』

だったというように，一般化して捉えられている。

　だが，この文言は『プリンキピア』が発表される前に，ニュートンから同時代のやはり有名な科学者ロバート・フック（1635-1703）への書簡（1675）で書かれたものである。この1節の前後を含めて見ておこう[15]。

　　あなたはこの主題について研究する私の能力にあまりにも多くのものを期待しています。デカルトがしたことは素晴らしい一歩でした。あなたは多くの方法を追加しました。特に薄いプレートの色をより深く検証することにおいても。もし私が彼方まで見通せていたとしたら，それは巨人たちの肩の上に立っていたからです。しかし，疑問の余地はありませんが，あなたのお手元にはすでに発表されたもの以外に多くの実験結果が残されています。そしていくつかは私の最近の論文の結論と同じである可能性が非常に高いです。少なくとも二つはあなたが観察したことを私が知っている可能性があります。（筆者訳，下線は95頁引用部分）

　ニュートンとフックは同じ時期に自然界の物理現象を説明する理論について研究していた。両者の関係は親密で協力的な時代が続いた後は敵対的なものに転じた。この書簡は光学研究について比較的協力的だった時代のものである。ここでは敬意を込めて年長のフックを研究にあたって助言してくれる同時代の巨人候補の一人として扱っている。だがこの引用の最後の部分からも想像できるが，その後，光の性質をめぐってニュートンは波動説を述べ，フックは粒子説を主張した頃から険悪になった。ニュートンが『プリンキピア』を出した後に，フックはそこで展開している万有引力の理論は自分が先に学会で提出したものだと主張してから関係は決定的に悪くなった。フックが亡くなった後にニュートンが王立協会の頂点に立ったときに，彼はフックの業績を無視し，肖像画等を隠蔽したといわれる[16]。同時代の巨人は同時に研究の先取権を争うライバルでもあったことを示すものである。

　実はこの「巨人たちの肩」の比喩はニュートンが最初に使ったわけではなく，それ以前に多くの人が使っていたものの請け売りである[17]。とくに知られているのは12世紀ルネサンス期の人文主義者ソールズベリのジョン（1115？-1180）が紹介しているものである。「シャルトルのベルナルドゥス（？-1130）はわれわれをよく巨人の肩の上に乗っている矮人に準えたもので

あった。われわれは彼らよりも，より多く，より遠くまで見ることができる。しかし，それはわれわれの視力が鋭いからでもなく，あるいは，われわれの背丈が高いからでもなく，われわれが巨人の身体で上に高く持ち上げられているからだ，とベルナルドゥスは指摘していた。私もまったくその通りだと思う。」（*Metalogicon*, III, 4)[18]

　巨人の肩という表現で考慮すべきは，ニュートンが自然や世界についての新しい発見の系譜だけでなく，そうした理論を支える方法的なものを意識していたことである。とくに彼に先行する理論家としてデカルト（1596-1650）を挙げているが，デカルトは自然科学者としての実績があると同時に，『方法序説』（1637）を書き，それ以前のキリスト教的な自然観に基づく説明原理に対して経験と理性的判断を基にした方法論を提示し哲学上の大きな転換をもたらした。また，ニュートンがプレートの色の検証といっているのは当時光学上の新しい発見について議論していたことを指している。観測や実験のための道具の開発も重要であり，望遠鏡や顕微鏡，ここで話題に出している分光器（プリズム）のような道具によって得られるデータの精緻化が新しい理論をもたらす前提としてあった。

　さらに，先人たちの業績を知るためのコミュニケーションの場としての学会や学術雑誌の刊行，書物の出版，書簡のやり取りがあったことにも注意を向ける必要がある。この時代，書物は国際語であったラテン語で書かれ，書簡はラテン語を使う場合と同国人であれば自国語を用いることがあった。学術コミュニケーション上，書物と書簡は重要なメディアであった。最初の学会の一つ王立協会（Royal Society）は 1660 年に出発し，その機関誌『ロンドン王立協会紀要（*Philosophical Transaction of Royal Society of London*)』は 1665 年からの刊行であったが，これらの運営にあたり科学者のアドバイザーを務めた人に王立協会事務局長ヘンリー・オルデンバーグ（1618-1677）がいた。オルデンバーグ自身が卓越した科学者であり，ニュートンの研究の相談役を務めたことが残された書簡から知られている[19]。この時代は，学術コミュニケーションの仕組みとして学術雑誌の形式や先取権の扱い，引用や参照のルールなどが定められた時期である。

　要するにニュートンはフックとのやり取りのなかで「巨人たちの肩」という表現を用いたが，その際にも先人の研究成果を踏まえているだけでなく，研究の態度や方法なども含めて自らの知見があることを言っているのであ

る。そしてこれはニュートン自身の業績の後世の評価にも当てはまる。巨人が後世の人に高い識見を与えることが可能なのは同時代人あるいは後世の人がその識見を評価し，自らの規準ないしは規範として取り込もうとするからである。知識の伝達はそのようにして起こる。その際の現在に至るまでの評価プロセスについて考えてみる。これはニュートンの知的遺産を後世の人たちがどのように現在まで保持してきたかということである。

ニュートンが残したもの

　ニュートンが万有引力の法則の発見者であることは今，小学校の理科の教科書にすら掲載されている。それだけこれが近代科学において画期的な事件であったことを示すと同時に，これが科学の前提であるから今では重力や天体の運行，光の性質などについて論じるときにいちいちニュートンを引用したり，参照したりすることはない。たとえば，定評ある『ファインマン物理学』（原著 1963-1965）という教科書だと「力学」（Ⅰ巻）や「光 熱 波動」（Ⅱ巻）の歴史的記述があるところで簡単に触れられるだけである[20]。ニュートン力学は 20 世紀になってアインシュタインの相対性理論やハイゼンベルク，シュレーディンガーらの量子力学が現れて，そのなかに取り込まれたかたちになっている。

　だからといってニュートンの業績は科学史の一コマとして位置付けられるにとどまっているかといえばそうではない。科学史においても，17 世紀に先に上げたような一連の科学者の業績が一気に現れて科学革命と呼ばれる現象が起こったのがなぜなのかという関心は継続している。さらに，ニュートンが後年，金融行政の担当者として贋金づくりの摘発をしたことが知られているが，彼自身は中世的な神秘主義思想を強く抱いていたことも分かっており，彼が中世と近代の両面をもつという点から思想史的な研究も行われている[21]。

　このように大きな業績を上げた人への関心はずっと継続している。彼が残した知的所産の全体像とその後の影響を把握するためのアーカイブ活動が継続してきたことを検討してみる。その際に，ニュートンの著作，およびニュートンについて書かれたものによってアーカイブが形成される状況を見ておきたい。ここでアーカイブとは，先に定義したように，後から振り返るために知を蓄積して利用可能にすることである。つまり，ニュートンが書い

た著作や書簡などの記録物，そしてニュートンについて書かれたものが膨大に残されているのだが，これらが知の蓄積としてどのように利用できるようになっているのかを確認しようということである。

ニュートンのアーカイブズ

ニュートンの『プリンキピア』は近代物理学の基礎を築いた科学革命の最も重要な著書であるとされる。そうした評価がどのようになされたのか，その後，20 世紀になると相対性理論や量子力学が現れることによってニュートン物理学自体は科学研究において後景に退くことになるわけだが，そのなかでニュートンに対する評価はどのように変化しているのか。こういったことはニュートンをアーカイブ的な視点で見ることによって初めて明らかになることである。

ニュートンの時代まで学術コミュニケーションは自宅ないし研究室に書物を集め，研究について個人的サロンでの講話や書簡のやり取りによって情報交換を行い，なされた成果が多くの人の注目を浴びればそれがまとめられて書物として出版された。王立協会のような学会ができるのはちょうどニュートンが活躍していた時代であった。科学的発見の先取権や剽窃が問題となり，学術論文の形式をどうするのかといったことが議論された。その後は学会での報告や学術雑誌が学術コミュニケーションの標準的手段になる。ニュートンの業績は，先に述べたように，ケンブリッジ大学の学生時代（1660 年代）に着想を得てその後，部分的に他の研究者との書簡によるやり取りや講義ノートのようなかたちで外部の一部の人たちに知られていたに過ぎない。1669 年に母校の教授に迎えられた後，しばらくしてからそうした研究成果を公表することを周りの人から勧められて，彼の二大著書といわれる『光学（*Optiks*)』(1704) および『プリンキピア』（初版 1687）が執筆されるまでにずいぶん時間が過ぎている。

『プリンキピア』はその後彼自身によって改訂されて 1713 年に第 2 版が出され，協力者を得て逝去直前の 1726 年に第 3 版が刊行されている。改訂にあたっては前の版の余白に書き込まれたメモ書きが使われている。図 6-2 は初版にニュートンがケプラーについてのメモを書き込んだもので，現在ケンブリッジ大学図書館のニュートン・ペーパーズに置かれている。刊行された書物に記されたものは最終的な結果であるが，改訂版の書物に現れない途中

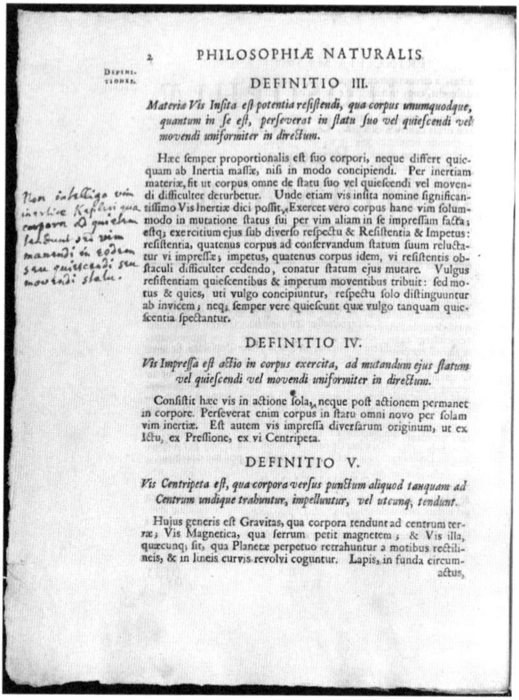

2　PHILOSOPHIÆ NATURALIS

DEFINI-
TIONES.

DEFINITIO III.

Materiæ Vis Inſita eſt potentia reſiſtendi, qua corpus unumquodque, quantum in ſe eſt, perſeverat in ſtatu ſuo vel quieſcendi vel movendi uniformiter in directum.

Hæc ſemper proportionalis eſt ſuo corpori, neque differt quicquam ab Inertia maſſæ, niſi in modo concipiendi. Per inertiam materiæ, fit ut corpus omne de ſtatu ſuo vel quieſcendi vel movendi difficulter deturbetur. Unde etiam vis inſita nomine ſignificantiſſimo Vis Inertiæ dici poſſit. Exercet vero corpus hanc vim ſolummodo in mutatione ſtatus ſui per vim aliam in ſe impreſſam facta; eſtq; exercitium ejus ſub diverſo reſpectu & Reſiſtentia & Impetus: reſiſtentia, quatenus corpus ad conſervandum ſtatum ſuum reluctatur vi impreſſæ; impetus, quatenus corpus idem, vi reſiſtentis obſtaculi difficulter cedendo, conatur ſtatum ejus mutare. Vulgus reſiſtentiam quieſcentibus & impetum moventibus tribuit: ſed motus & quies, uti vulgo concipiuntur, reſpectu ſolo diſtinguuntur ab invicem; neq; ſemper vere quieſcunt quæ vulgo tanquam quieſcentia ſpectantur.

DEFINITIO IV.

Vis Impreſſa eſt actio in corpus exercita, ad mutandum ejus ſtatum vel quieſcendi vel movendi uniformiter in directum.

Conſiſtit hæc vis in actione ſola, neque poſt actionem permanet in corpore. Perſeverat enim corpus in ſtatu omni novo per ſolam vim inertiæ. Eſt autem vis impreſſa diverſarum originum, ut ex Ictu, ex Preſſione, ex vi Centripeta.

DEFINITIO V.

Vis Centripeta eſt, qua corpora verſus punctum aliquod tanquam ad Centrum undique trahuntur, impelluntur, vel utcunq; tendunt.

Hujus generis eſt Gravitas, qua corpora tendunt ad centrum terræ; Vis Magnetica, qua ferrum petit magnetem; & Vis illa, quæcunq; ſit, qua Planetæ perpetuo retrahuntur a motibus rectilineis, & in lineis curvis revolvi coguntur. Lapis, in funda circumactus,

図6-2　プリンキピア初版へのニュートンの書き込み（ニュートン・プロジェクトより）

の過程を知るには，こうした校閲した際のメモ，やり取りした書簡や講義ノートのようなアーカイブズが重要である。また，彼が所蔵していた蔵書は彼の関心が知識のどの分野にあったかを知る上で重要である[22]。

彼の生前に刊行された書物は『プリンキピア』と『光学』以外に数点があるのみである。彼の名声を確立させた2書がその後，科学革命の体現者としての地位を揺らぎないものにしてきた。しかしながら，現在，物理学の基礎をつくった科学者としてのニュートンに対する科学史的関心は，その思想がどのように形成されたのか，また，他の科学者との交流がどうだったのかといったところに移行している。さらに，彼が錬金術や中世の魔術に関心を寄せたことに対する注目や彼の物理学がキリスト教神学を肯定する立場から行われたのかどうかといったところにある。さらには，後年，政府の造幣局の責任者として贋金づくりの摘発をしたことも含めて，科学革命の主役として

のニュートン像から中世から近代への移行期に揺れる人間としてのニュートン像へと変化しつつあるところである[23]。

それが可能になったのは彼のアーカイブズが利用可能になったことが大きい。彼の没後に蔵書を含めたアーカイブズ類がどうなったのかであるが，彼が晩年に長官を務めた造幣局関係のものは英国政府の公記録庁（Public Record Office）に入り，21世紀初頭の機関統合で現在は国立公文書館（The National Archives）のコレクションとなった。また，遺族が重要なものをケンブリッジ大学や王立協会に寄贈したりしながらも保持していたが（これはハーストボーン・コレクションと呼ばれる），20世紀前半に残されていた蔵書および手書きのアーカイブズ類の一部はサザビーの競売にかけられて外部に流出した。その後，買い戻すなどのことが行われたが，ニュートン・アーカイブズコレクションは国内外のいくつかの機関に分散的に置かれている。

【蔵書】

ニュートンが1727年に亡くなったときに残した蔵書が2,100巻（vols）あったとされる。それらは彼がどのような知的背景のもとに研究を行ったかを知る上で欠かすことができない。この蔵書の簡単なリストはつくられていたが，1931年に蔵書の半分以上がオークションにかけられて行方が分からなくなって，実際の蔵書の全体像が不明であった。今世紀になってジョン・ハリソンの目録がつくられて，ようやく全貌を把握できるようになった。1,763点がエントリーされていて，分かる範囲で現在の個々のコレクションがどこに所在しているのかを示している。半数ほどはケンブリッジ大学トリニティカレッジ図書館が所蔵している。興味深いのはおそらくニュートンがつけたであろう角折り（dog-ears）があるものにはその旨の記入があることだ。

John Harrison, *The Library of Isaac Newton*, Cambridge University Press, 2009.

なお，この目録リストは後述のニュートン・プロジェクトがデジタル公開をしている[24]。

【原稿・ノート・書簡】

今日，ニュートンは英国の学術・思想・文化においてきわめて重要な位置

付けになるので，英国国内の図書館や文書館，博物館はニュートンの一次資
料を収集しようとしているが，歴史的には必ずしもそうしたアーカイブの事
業はナショナルな規模で行われたわけではない。彼の蔵書がオークションに
かけられたというのはそれを示すものである。英国国立公文書館はニュート
ンの一次資料のまとまったコレクションとして全部で32を挙げている[25]。

　この場合の一次資料とはニュートンの著作の初期の版本・原稿，彼が日常
的な考察の過程を記述したノート，また他の知識人とやり取りした書簡の類
を指す。所蔵機関の内訳は表 6-1 に示した通りである。ニュートンが所属し
ていたケンブリッジ大学を抜き出し，あとはイングランド，スコットラン
ド，米国，イスラエルと地域で分類した。機関の種類は図書館，文書館，博
物館，その他に分けたが，その分類は機関名に基づいている。複数のコレク
ションを所蔵するのは，ケンブリッジ大学図書館手稿・大学アーカイブズが
5 コレクション（これは図書館に分類している），オックスフォード大学
ボードリアン図書館特殊コレクション部 4，英国国立公文書館 3，王立協会
2 となっている。図書館が多いのは，中世以来，大学に図書館がつくられて
いたのに対し，近代的な文書館が始まるのは 18 世紀以降であるし，とくに，
このような学術的コレクションは大学図書館が管理することが一般的に行わ
れてきたからである。

　まとまったコレクションをもつこれらの機関以外にもニュートンの一次資
料は世界の機関で分散的に所蔵されている。これはこうした稀覯資料が世界
中のコレクターによって収集され，また投資対象にもなるからである。た
とえば，冒頭に示したフック宛の書簡は現在，米国ペンシルバニア州のペンシ
ルバニア歴史協会のサイモン・グラーツ自筆原稿コレクションのなかで保存されている[26]。サイモン・グラーツ（1840-1925）は父親が東海岸の鉄道建設で財をなした人で，彼自身は事業家，慈善家として生涯を送り，その間に収集した有名人の自筆資料コレクションは晩年に彼が理事を務めていた同協会に寄贈

表 6-1　ニュートンの一次資料コレクション提供機関
の内訳

	図書館	文書館	博物館	その他	計
ケンブリッジ大学	7	1	1		9
イングランド	6	6		2	14
スコットランド	1	1			2
米国	5	1			6
イスラエル	1				1
計	20	9	1	2	32

された。そのなかにこの書簡も含まれている。

　ニュートン・アーカイブズの変遷過程で興味深いのは，彼に対する評価とアーカイブズの在り方が密接に関わることである[27]。20 世紀半ばまでニュートンの業績は公刊された書物で知られており，その意味で科学革命を主導した人物というイメージであった。それは 18 世紀末に彼の全集が編集された際に，ニュートンの錬金術的関心の証拠を公表することを避けて，キリスト教的に異端的性質をもったテキストが入らないようにしたからである[28]。その後もニュートン・アーカイブズの利用は限定された人にしか許されず，ニュートンの伝記もこのラテン語の全集および限られた一次資料に基づいていた。また，19 世紀後半に遺族がケンブリッジ大学にアーカイブズ資料を寄贈しようとしたときに，大学側は資料を精査して錬金術ほかの関係資料は返却された。そのときに造幣局にあった資料の錬金術やキリスト教神学に関する資料も遺族のもとに戻された。だから 1934 年に競売にかけられたニュートン・アーカイブズの中心はそうした異端的とされた分野のものであった。ケンブリッジ大学の経済学者ジョン・メイナード・ケインズは彼自身の関心から錬金術に関する資料を購入し，それは彼の死後ケンブリッジ大学のキングズカレッジに寄贈された。また，ユダヤ系実業家のアブラハム・ヤフダは旧約聖書についての彼自身の関心からニュートン・アーカイブズの古代キリスト教神学に関わる部分を購入し，それは後にイスラエル国立図書館に移された。

　20 世紀になってから，ニュートンがきわめて多面的な貌をもった人物として再評価されるようになるのは，アーカイブズが整備され一次資料を使った研究がようやく可能になったからである。その際に，競売にかける過程で資料目録がつくられたために従来注目されていなかった分野の資料があることが発見されたことがあった。ケインズやヤフダの関わりはそれを示している。

　ケンブリッジ大学図書館はニュートンの科学的業績の最も重要なアーカイブズ・コレクションを所蔵している。初期の論文の原稿や大学の講義ノートから，研究日誌（Waste Book）や『プリンキピア』の初版の彼自身の注釈付きのコピー（100 頁，図 6-2）といったものである。ここにあるものは，ニュートンが 1669〜1701 年までケンブリッジのルーカシアン数学講座教授のポストにあったときの講義録と先に述べた 19 世紀末に遺族が寄付した科

学や数学関係の資料を中心とする。これら文書資料は，ケンブリッジ大学トリニティ・カレッジとキングス・カレッジ，そしてフィッツウィリアム博物館，王立協会，イスラエル国立図書館に所蔵されているものとともに，ユネスコ世界記憶遺産に登録されている。そして，その一部が現在ニュートン・ペーパーズとしてデジタルアーカイブで提供されている。その詳細はネットで見ることができる[29]。ニュートン・アーカイブズを提供している機関はどこもデジタルアーカイブを提供している。

ドキュメントに見るニュートン研究

　ニュートンが所属していたケンブリッジ大学はニュートンについて最も力を入れてアーカイブ活動をしてきた。ケンブリッジ大学図書館は図書や雑誌他のドキュメントを収集保存する以外に，アーカイブズのセクションをもち，またデジタルアーカイブによる情報発信を行っている。同館の OPACを検索するとニュートンを著者（責任表示）とする書物 523 点，ニュートンを主題（人物件名）とする書物 944 点が所蔵されている[30]。ニュートンについて書かれた雑誌記事や新聞記事などを含めたらそれをはるかに凌駕する量になるものと考えられる[31]。それらがニュートン関係のドキュメントである。

　ところで，重要な業績を上げた思想家や研究者について後世，著作集や全集が編纂されることが一般的である。その編集過程はまさにアーカイブズを整備しそれをドキュメントに変換する過程そのものである。そこでは，先に見たような歴史方法学的，文献学的な視点をどのように含めるのかが問われることになる。とくに 17 世紀までの研究は書物として公表することは多くなかったから，思想の全容を解明するにはアーカイブズ類を編集することが必要となる。ニュートンの同時代人であるクリスティアーン・ホイヘンス，ヨハネス・ケプラー，ルネ・デカルト，ガリレオ・ガリレイ，ゴットフリート・ライプニッツ，ロバート・ボイル，レオンハルト・オイラーらと同様にニュートンについても著作集の編纂が続いている。ニュートンについては 18 世紀末に先に述べたホースリー編の全集が発行された。

【ニュートンの著作の出版】

　ニュートンの業績の中心にある主要著作の出版は継続的に行われてい

る[32]。先にも述べたが，『プリンキピア』の主要な版の出版歴は次のように
なっている。彼自身が初版に書き込みを入れて改訂版を用意し，第3版は協
力者の手で亡くなる前年に出版された。

Philosophiae Naturalis Principia Mathematica, London, 1687; 2nd ed.,
Cambridge, 1713; 3rd ed., London, 1726.

ラテン語で書かれ，難解とされた古典はさまざまな解釈が可能である。ラ
テン語から英語に翻訳する際にも解釈が問題になる。そのために注釈書や翻
訳書が多数出されている。次はその例である。

Isaac Newton's Philosophiae Naturalis Principia Mathematica, the Third
Edition with Variant Readings, A. Koyré and I. B. Cohen, ed., 2 vols.,
Cambridge: Harvard University Press and Cambridge: Cambridge University
Press, 1972.

*The Principia: Mathematical Principles of Natural Philosophy: A New
Translation*, tr. I. B. Cohen and Anne Whitman, preceded by "A Guide to
Newton's Principia" by I. B. Cohen, Berkeley: University of California Press,
1999.

20世紀中頃から，ニュートン・アーカイブズから発見された原稿，書簡，
ノート類の出版が行われている。個々のアーカイブズから編者が編集し，ラ
テン語で書かれていたものを英訳するプロジェクトが行われている。次は比
較的新しいものである。

The Correspondence of Isaac Newton, H. W. Turnbull et al., eds., Cambridge
University Press, 1959–77, 7 vols.

The Mathematical Papers of Isaac Newton, D. T. Whiteside, ed., Cambridge
University Press, 1967–81, 8 vols.

Isaac Newton's Letters and Papers on Natural Philosophy, 2nd ed., I. B. Cohen
and R. S. Schofield, eds., Harvard University Press, 1978, 1Bd.

The Optical Lectures (*1670–72*), A. Shapiro, ed., vol. 1: Cambridge Univer-
sity Press, 1984–2021, 2 vols.

一次資料のコレクションを所蔵する機関は資料のデジタルアーカイブ化を
進めているところが多く，主要な資料はネット上で見ることが可能になって
いる。たとえば最大のコレクションをもつケンブリッジ大学は Cambridge
Digital Library を推進しているが，そのなかに Newton Papers があり，王立

協会の所蔵資料も含めて，『プリンキピア』の原稿や書簡コレクションのデジタルアーカイブを公開している[33]。

【ニュートン・プロジェクト】

　ニュートン・プロジェクトは，インターネット上でニュートンの業績の書誌学的なものものも含めて全体像を再現することを目標に，1998年から始まった非営利のプロジェクトである[34]。オックスフォード大学歴史学部のスタッフを中心とし，英，米，カナダ，イスラエルの研究者も共同して推進されている[35]。このプロジェクトではニュートンの著作（1,723点），彼のノートブック（7点），書簡（663点）のフルテキスト版を見ることができる。デジタル画像ではなく，数学や物理学の数式が入ったテキスト化しにくいものや，ラテン語テキストを英訳したものも含めてテキストを作成していることが特徴である。テキスト化することにより，全文検索，テキスト・マイニング，自動翻訳などの対象とすることが可能になり，研究が進むことが期待される。

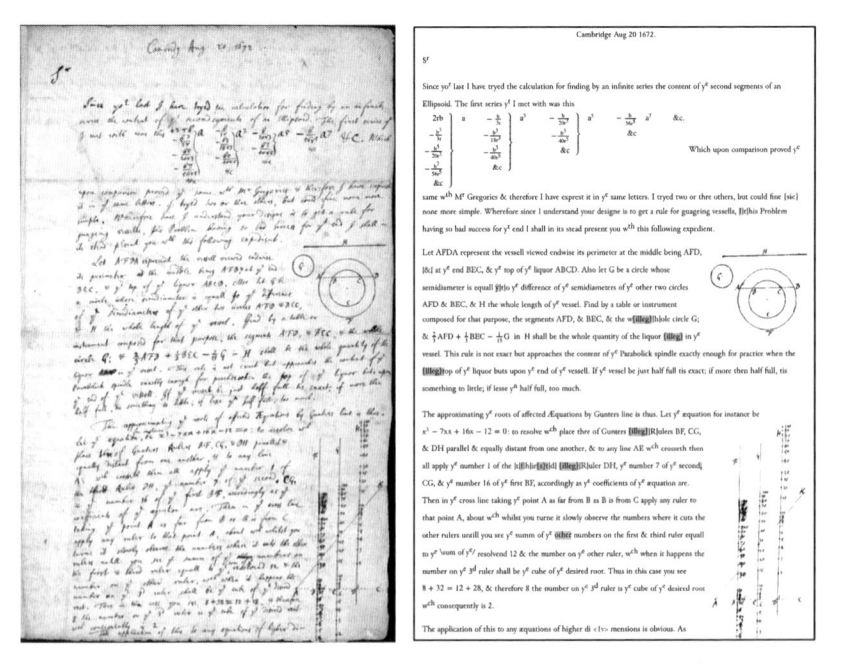

図6-3　ニュートン書簡とそのテキスト版（ニュートン・プロジェクト）

　図6-3は，1672年8月20日にニュートンから数学者ジョン・コリンズに宛てられた書簡で，ケンブリッジ大学図書館のアーカイブズにあったもの（MS Add. 3977.10, Cambridge University Library）を2012年9月にニュートン・プロジェクトとして公開したものである[36]。元の書簡（図左）にある図はそのままだが，手書き文字をテキスト化し数式を記号化して全体をテキストとして利用可能にしている（図右）。網掛け部分はテキスト版作成者の注記である。

　ニュートン・プロジェクトのテキストデータを使った研究がないかを調べてみたところ，現在のところ本格的な計量データ分析よりは，テキストレベルでの言説の確認といった利用が多いようである[37]。今後，こうしたテキストを使用するためのツールの開発を含めた本格的なデジタル・ヒューマニティーズ研究が進むものと考えられる。

【ニュートンの評伝・研究・事典】

　ニュートンについて書かれた評伝や研究書は数多い。先に見たように，ケンブリッジ大学図書館のOPACで件名（主題）のフィールドを"Newton, Isaac, 1642-1727"で検索（exact match）すると，ニュートンについて書かれた図書が1,000点近くあることが分かる。そのために書誌は多数つくられているが，これまでのニュートン研究の上で欠かすことができないものとして，次の2点がある。19世紀までのニュートン研究をまとめたGrayの書誌がつくられ，それから70年後にWallis & Wallisが出た。これが過去に編纂された最も包括的なニュートン書誌である。著作集・全集，プリンキピア，光学，流体学，代数学，年代記・神学，貨幣鋳造，伝記・研究に分類して，18世紀から20世紀までのニュートン研究がどのようなものであったのかをまとめている。

　George J. Gray, *A Bibliography of the works of Sir Isaac Newton, together with a list of books illustrating his works*, 2nd ed., Revised and Enlarged, Cambridge, Bowes and Bowes, 1907.

　Peter Wallis and Ruth Wallis, *Newton and Newtoniana*, 1672-1975: *A Bibliography*, Cannon House Folkestone, Kent : William Dawson & Sons Ltd. 1977. 電子版あり[38]

　その後のものを含め現時点での研究成果を反映したニュートン像を手短に

知るための図書として次のものがある。これらは，ニュートン研究の権威とされる人たちによって書かれた入門書，研究の手引書である。これらを最初に参照することによって，われわれはニュートン研究について最初から巨人の肩に乗ることができるかもしれない。

I. B. Cohen, and R. S. Westfall, *Newton: Texts, Backgrounds, and Commentaries*, A Norton Critical Edition, Norton, 1995.

I. B. Cohen, and G. E, Smith, *The Cambridge Companion to Newton*, Cambridge: Cambridge University Press, 2002.

Rob Iliffe, *Newton: A Very Short Introduction*, Oxford University Press, 2007.

Zev Bechler, *Contemporary Newtonian Research* (Studies in the History of Modern Science) (Volume 9), Springer, 2013.

簡便に調べられる定番の英国の事典として『オックスフォード英国人名辞典』[39]および『ブリタニカ百科事典』[40]があり，現在はオンラインで提供されている。ちなみに二つの事典におけるニュートンの項目（といっても5,000語程度の量がある）の著者は同じ人物である。さらにさまざまな分野の専門事典にも項目が立てられているのはニュートンの影響力の大きさを示す。たとえばヨーロッパ近代史[41]，哲学[42]，物理学[43]，科学・宗教・社会[44]の事典を挙げておく。さらにオープンになった事典項目として，Wikipedia の当該ページ（英語版に限る）[45]と『スタンフォード哲学百科事典』Stanford Encyclopedia of Philosophy の当該ページ[46]を見れば概要は把握できる。2019年に，米国のカーネギーメロン大学図書館が『科学史百科事典』The Encyclopedia of the History of Science[47]をオープンアクセスの専門事典として発信し始めた。まだニュートンについての項目はないが，いずれ書かれると思われる。

アーカイブは過去を振り返る行為であるから，すでに行われている研究を整理してまとめて知見を提供してくれるレファレンス書が重要である。そのなかでオンライン百科事典である Wikipedia（英語版）ないし Stanford Encyclopedia of Philosophy を見るのは手っ取り早い方法である。ネット上のオープン情報であっても軽視できないのは，文献を多数参照して情報を整理し最新の研究状況を提供してくれるからである。Wikipedia（英語版）のニュートン項目は1万5,000語の記述量があり，他に『プリンキピア』についての項目があって 2,200 語で記述される[48]。Stanford Encyclopedia of

Philosophy だとニュートンの伝記 (6,000 語)，プリンキピア（1 万 3,000 語），ニュートンの哲学（2 万 6,000 語）と 3 項目に分かれ記述量もかなり多い[49]。

　これらのなかで一番見やすい Wikipedia（英語版）のニュートン項目の目次を見ておこう（図 6-4）。これで分かるのは，1 から 4 は伝記事項，そして，5 から 7 までは分野毎の業績の紹介であり，科学的業績に加えて神学や錬金術の項目が立てられている。さらに 8 が彼の著作の概要，10〜12 には注と引用・参照文献の一覧がある。参照文

1 若いころ	7.3 記念碑・記念物
1.1 キングス・スクール	7.4 啓蒙思想
1.2 ケンブリッジ大学	8 作品
2 中年期	8.1 生前出版
2.1 微積分	8.2 死後出版
2.2 光学	9 関連項目
2.3 重力	10 参照文献
3 その後の人生	10.1 注
3.1 王立造幣局	10.2 引用文献
3.2 ナイト爵位	10.3 基本文献
3.3 死	11 さらに知りたい人のために
4 パーソナリティ	
5 神学	11.1 主要著作
5.1 宗教的見解	11.2 錬金術
5.2 宗教思想	11.3 宗教
6 錬金術	11.4 科学
7 遺産	12 外部リンク
7.1 名声	12.1 ニュートンの著作
7.2 ニュートンの林檎	

図 6-4　Wikipedia の "Newton, Isaac" 目次

献数は 189 あり，それ以外にニュートンに関する書誌として 12 の研究書，さらに分野毎の文献案内（Further reading）24，インターネットのリンクが 3，ニュートン著作の電子書籍のリンクが 7 付いている。記述の 3 分の 1 はそうした他の情報源への参照情報で構成されている。このことは他の事典や研究入門書でも同じである。Wikipedia を取り上げたのは一番身近と思われるからである。このオンライン事典の編集方針に，記述のためには必ず文献的な根拠を挙げることを要求していることは知られているが，このように実現されていることが分かる。寄稿の手引きのページでは "Documenting sources" という用語が使用されているが，Wikipedia はドキュメント行為の成果物なのである[50]。

6.4　ニュートン関係アーカイブの特徴

　本章はアーカイブの起源を示すことで権威，権力の源泉になるという議論から始めた。それは通常，歴史的なアーカイブに当てはまると考えられてき

たが，ニュートンのアーカイブのような学術的，知的なものについても当てはまるのだろうか。

　彼は若い頃に，万有引力を始めとするその後の業績につながる着想をもっており，その後，先人の研究，思考方法や先人が開発した観測・実験などを基に研究を重ね，また同時代の科学者との議論を経て，『プリンキピア』をはじめとする研究成果を挙げることができた。その時点で卓越した科学者であることは認められており，ケンブリッジ大学教授や下院議員，王立造幣局長官などの職を得てナイト（男爵）の称号も獲得している。アカデミズムだけでなく世俗的な成功も収めた人物と評価される。

　彼に対して，単なる科学史的な関心にとどまらない思想史的な関心が継続してある。それは時代を画する業績がどのような背景のもとに生まれたのか，近代科学が生まれる時代的な背景は何なのかといったものであり，だからこそ，彼が錬金術やオカルト的な研究，聖書研究なども行ったことも含めて彼の人生で生み出された全資料が関心の対象になる。

　彼の原稿やノートブック，書簡のような私的な性格をもつ一次資料のかなりのものが分散的にではあれ現在に至るまで保存されてきたことは，西洋社会のアーカイブ思想が連綿と継続していることを示すものと考えられる。もちろんそれが可能だったのは，彼がケンブリッジ大学に職を得たことが大きい。現在でも主要なコレクションはケンブリッジ大学図書館に置かれている。大学は中世に発足して以来，新しい知の拠点でありまた集積地としての役割を果たしていた。その際に，知識人が交流するのはもちろんのこと，知識資源としての書物を蓄積する図書館は必ずつくられた。中世にできた大学は神学や法律，医学の専門家の養成が目的であったが，同時に，それらの専門の前提として広い範囲の知（三学四科）を教授し展開することを目的としていた。そのような知的な雰囲気が，重要な業績のあった人に対する関心を持続させるためのアーカイブをつくり，図書館に集約して継続させることにつながったということができる。

　また，たとえコレクションが途中で途絶えたり分散したりしても，時間が過ぎれば再度図書館に集約されるように，図書館は時間を超えて知を伝える役割を担ってきたということができる。フックへの書簡が一旦はコレクターの手に渡ったが最終的にはペンシルベニア歴史協会という公的機関で保存することになった。歴史協会という名であるが，ここの中心は，アメリカ歴史

図書館（American Historical Library）という歴史関係の一次資料を多数集め
た図書館である[51]。

　最後に挙げたニュートンの評伝や研究は一次資料の蓄積を基にした研究が
あって初めて書けるものであり，アーカイブの産物ということができる。一
般向けに要約したり解説したりすることは高い識見をもって新しい知を再提
示することであり，アーカイブ行為の典型であるともいえる。これらは便利
なツールだが，とりあえず肩からの見通しを得るために参照すべきであり，
引用されている個々の文献に移って検討する必要があるだろう。それは，西
洋の学問はすでにある業績を常に批判的に検証することによって新しい知を
つくり出すことにあるからである。このように考えれば情報リテラシーと
アーカイブは切っても切れない関係があるし，それを可能にするための装置
として図書館がある。カーネギーメロン大学図書館がオープンアクセスの専
門事典の発信を始めたのは，図書館がアーカイブと切っても切れない関係に
あると同時に学術情報流通の拠点であり続ける決意をもつことを示してい
る。

　アーカイブズとドキュメントの双方がベクトルを異にするにせよ，知を保
存し共有するための基本的な役割を果たすことを確認することができた。両
者があいまってアーカイブとして基本資料を構成するのである。

コラム 2

図解・アーカイブの創造性

博物館（ミュージアム：M），図書館（ライブラリー：L），文書館（アーカイブズ：A）の連携の重要性について日本では MLA 連携と呼ばれてきたが，欧米では順序を変えて GLAM と呼ばれることが多い。ミュージアムとギャラリー（美術館：G）を区別している。第 1 章で触れたように，これらの機関は，ルネサンス期に古代ギリシア・ローマの文化遺産のコンセプトを活かす思想である人文主義をベースにして，成立した西洋思想表現のための基本的インフラだと考えられる。ここでは，これらの機関の基本機能の違いを第 5 章と第 6 章で述べたアーカイブズとドキュメントの考え方に基づいて概括的に把握し，アーカイブの過程が創造性を促進することを見ておきたい。

アーカイブの過程

まず，図 C2-1 を参照してほしい。大きな円は世界（W1）を示している。創造は起源（アルケー）を見いだすことから始まる。自らの行為に起源の存在の表象を埋め込むことができたときに，W2 の表現(記録)世界が生み出される。たとえば，歴史資料や考古学資料を用いる研究者，化石の発見者，さらには世界を読み解き言葉で表現する作家や詩人，実験によって新し

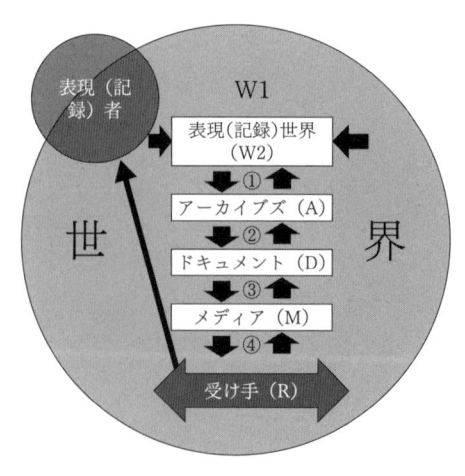

図 C2-1　アーカイブの過程と創造性

い発見をする科学者といった人である。場合によっては，オーラルヒストリーの記録者であったり，家に眠っている先祖が残した古文書の解読者だったり，深海で新種の魚類を発見する水中カメラマンだったりするかもしれない。ただし，そうした人たちがその「発見」を自らのものとするだけなら，以下のアーカイブ過程は発動しない。そのまま知られないままになる。

　社会的な創造が行われるために，W1 から W2 以下の A→D→M→R のアーカイブ過程が必要となる。過程①はそうした原アーカイブズである W2 を評価・選別して必要なものの保管を決定することを意味する。通常，アーキビストは自ら歴史研究や公文書管理により W2 の表現世界ないし記録世界に関わることがあるが，同時に自らないしは他者が見いだした W2 を選別してアーカイブズに入れるかどうかを判断する過程①に関わる人でもある。アーカイブズ（A）は W2 から保存に値するものとして価値付けられ，一定の保存期間の後に請求に応じて開示されたり，展示されたりすると，ドキュメント（D）となる。ドキュメントは世界において開かれ，誰もがアクセス可能になるものである。この過程②は機関としてのアーカイブズのアーカイブズ資料管理方法を示すものでもある。それをどのような単位で管理し，さらには個々のアーカイブズをどのように記録するか，記録されたものに対してどのように組織化し検索可能にするのか。これらによって，保管されたアーカイブズのなかでどれがドキュメントとして世界に示されるのかが変わってくる。

　次に，ドキュメント（D）を用いて研究を行ったり，ノンフィクションを書いたり，それらを資料として出版したりという過程が③である。これによって，ドキュメントはメディアに変換されることになる。この変換を行うのは研究者や専門家が中心だが，すでにドキュメント化されたものを使用すれば誰もがこの過程に加わることができる。また，アーカイブズ機関自体が資料集を出版したり，デジタルアーカイブ化することにより，このメディア化の過程を担うことも一般的に行われている。また，この場合のメディアは歴史書や研究書のような形をとることも多い。そして④は受け手（R）がそうしたメディア（M）を読むことによって，何らかの知見を得ることを意味している。

　受け手（R）から左斜め上に向かう矢印が最初の表現（記録）者に向けられているのは，アーカイブの過程において受け手は同時に表現者になりうるこ

とを意味している。たとえば，政治的決定に関わる人が歴史的教訓を得よう
と，書かれたメディア（M）の歴史書を読んで何らかの決定を行い W1 の世
界に働きかけた結果，その原アーカイブズ W2 に痕跡が残れば，再度この過
程は繰り返されることになる。この過程は政治や歴史的過程に限定されるわ
けではない。科学者が行った新しい発見 W2 をアーカイブ過程に沿って残
し，ドキュメント化，メディア化されれば，その発見の過程が次の科学者が
研究を行うヒントとなり新しい発見を導くかもしれない。

　アーカイブに関わる専門機関について見てみると，文書館，博物館は原
アーカイブズである歴史資料や原資料，作品世界からの評価・選別①以下の
過程に関わる。美術館はアーティストの原作品の評価選別過程に関わること
は同様である。文書館のドキュメント利用についてはすでに述べたが，文書
館でも博物館や美術館でも，アーカイブズをドキュメント化するために展示
を行うことが一般的である。また，これらの機関では専門職員は①から③ま
での過程を担い，原資料からその機関の目的にあった評価・選別・展示・解
説などの仕事を行うことが基本的な任務となる。これを行うためには専門知
識が必要である。また，美術館でキュレーターと呼ばれる人が，機関に所属
するだけでなく独立して仕事することで脚光を浴びることがある。これは美
術という領域がもつ特性によるものかもしれないが，どんな領域でも潜在的
にそうした専門家は成り立ちうる。

ライブラリーの過程

　では，図書館はどうなのだろうか。図書館が関わるアーカイブには，1 点
しかない稿本や写本の場合とそれらを基に印刷出版した印刷本とがある。稿
本や写本は博物館や文書館が扱う原アーカイブズと同様のものと考えるべき
だろう。稀覯書もそれに準じると考えられる場合もある。それらを発掘し，
アーカイブズ化とドキュメント化する過程が存在するが，書誌学や文献学は
原アーカイブズに向けてこの過程を遡り明らかにする分野である。他方，印
刷本はすでにアーカイブズとドキュメントの過程を経た上でさらにメディア
化されたものである。これは，近代的図書館が活版印刷術以降の複製物の扱
いを中心としてきたことと関わる。つまり最初の過程は著者，編集者，出版
者のようなディストリビュータ（仲介者）が扱うという分業が行われてい
る。この分業において図書館員が関わる部分をライブラリーの過程と呼んで

おこう。

　ライブラリー過程にも創造性が含まれる。分業化した理由を考えれば理解できるが，活版印刷術は知の流通を促進し，同じ内容のものの複製を多数つくるということだけでなく，新たな知を生み出す働きをした。図C2-2を参照すると，ライブラリー過程は，メディア化された作品をコレクション（C）し，受け手に媒介する過程である。図書館はメディアを評価・選別

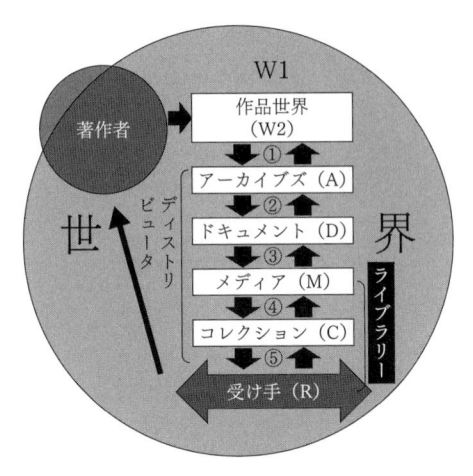

図C2-2　ライブラリーの創造性

することで独自のコレクションとなる。そして，その独自性が受け手（R）が次の作品（知的著作物）を生み出す基となる。ここでライブラリーと呼ぶものは，メディアを評価・選別したコレクションを提示する過程であるが，そこに，書誌コントロール（知識組織化）やレファレンスサービスなどがこの過程を媒介するものとして加わるわけである。

　以上の説明においては，作品世界（原アーカイブズ）W2から下に降りてくる過程を中心に論じ，受け手から作品世界の創造者へのフィードバックを中心に見てきた。しかしながら，二つの図には下から段階的に昇る上向きの矢印を描いている。これはそれぞれの過程が個別にフィードバックを受ける過程を伴うことを示している。図C2-2で説明すると，受け手はコレクション（C）を利用することで，その利用行動をコレクション（図書館）側に伝え，コレクションはメディアから選択・購入することで出版市場に影響し，メディアはドキュメントのどれをメディア化するのかを選択し，ドキュメントはアーカイブズのうちのどれを提示するのかの基準となる。これらの過程は最初のアーカイブズをどのようにつくるのかに影響するという具合である。

　最終の受け手は以上のような過程を経て得られたメディアなりコレクションなりからアーカイブ的知を得るわけだが，その過程は直接的に著作者にフィードバックされるだけでなく，すべての過程で上向きの評価が働くこと

が創造性の源となる。なぜなら，アーカイブの過程とはアーキビストや編集者や出版者，ライブラリアンなどの知の選別と関係付けを行うディストリビュータが介入して成立しているからであり，これらは常に逆方向の評価過程を伴うことで相互の関係をもつことになる。新しい知とは決してオリジナルなものではなくて，こうした過程全体によって生み出されるものである。

ニュートン研究における創造性

第6章で述べたニュートン研究におけるアーカイブズやドキュメントの位置付けを再度，振り返ってみよう。17世紀のニュートンの時代には先人が書いた書物と同時代のヨーロッパの知識人，研究者間の書簡のやり取りが主たる情報源だった。まだ，印刷のコストは高く，印刷本はそれほど普及していなかった。ちょうどこの時代に，王立協会のような学会ができたり，そこから『ロンドン王立協会紀要』のような学術雑誌の発行が始まり，科学研究の情報交換の場になったりした。ニュートンが光学研究をめぐってフックとやり取りした書簡において「巨人たちの肩」の比喩が用いられていたことは，彼らが先人および同時代の研究者の業績を参考にしながら研究していたことを示している。

彼の主著である『プリンキピア』の出版が1687年と若い頃の万有引力の着想があった時期から20年後であるのは，それだけ着想を理論化するのに時間がかかったことを意味する。彼がケンブリッジ大学の学生時代にペストの流行があって郷里に帰っているときに，その後の大発見につながる自然界の現象への着想があった。彼はその後，数学の才能を認められて母校ケンブリッジ大学の数学担当教授の職に就いた。この間に，自らの着想を理論化するノートを書き，ケプラーの法則を説明する原理を必要に応じて国内外の研究者と書簡でのやり取りをしていた。

同時代にニュートンより先行して同分野での研究業績を上げていて，万有引力についても自分に先取権があることを主張したロバート・フックという科学者がいたことについて，第6章で触れた。フックとはライバルとして決して良い関係にあったわけではなかったが，王立協会という場において研究分野を同じくすることが互いに刺戟になり研究を促進したといえる。中島秀人『ニュートンに消された男：ロバート・フック』[1]によると，フックとの間では光学に関するやり取りがあり，それは必ずしもニュートンにとって満

足の行くものではなかったこともあり，新しい理論的展開については自らの
ノートに記すだけにとどまっていた。力学に関する理論を書物にして出版す
ることは，科学者エドモンド・ハリーの勧めがあってのもので，こうして世
に出たのが『プリンキピア』である。新発見が重要であることに科学者の間
でも気付かれるのに時間がかかったことを示している。

　ただし，一旦これが出版されると急速にその重要性が広く知られるように
なり，彼自身の名声は高まり，王立協会の会長を長年務める地位にまで上り
詰めることができた。ニュートンは科学革命のちょうど移行期にあって最も
重要な科学的発見を行ったことで，科学者コミュニティの覇者ともなった。
中島は，フックとニュートンを比較してなぜニュートンの業績が科学史にお
いて評価されてきたのかを考察し，フックが年長で観測機器に頼る実験科学
的な方法をとっていたのに対して，ニュートンは科学的方法や数学理論まで
含めた科学理論に通じていて，フックよりも視野が広く理論を深めたことが
統合理論の構築につながったことを挙げている。当時はここでいうアーカイ
ブの過程はプリミティブなものしかなかったわけだが，ニュートンは，ケプ
ラーやデカルトなどの先人の著作を読み，同時代のフックやライプニッツ，
ハリーらとのやり取りでそうした知見を得ることができた。とくにフックと
は書簡でのやり取りから始まり，王立協会での直接の対話などの場で真剣な
議論があったことも，きっかけとしては重要だった。

　近代的な学術コミュニケーションのはしりの時期に，その恩恵を存分に受
けて新しい理論は成立した。そして，ニュートンは王立協会やその『紀要』
のようなコミュニケーションの場の確立に貢献したということができる。科
学革命は他方では学術コミュニケーションの手法の革命であった。これは同
時代的に重要であったが，これによってその記録を後世に残すことが慣例化
されることになった。こうして，後世の歴史家が科学史的な実証に用いるこ
とができるようになった。ニュートンが科学革命の先導者であったと同時
に，中世的な思想を保持していた思想家でもあったという別の人物像も含め
て，ニュートン研究がインテレクチュアルヒストリーにおいていまだホット
な話題であり続ける理由もそこにある。

第7章
知識資源のナショナルな組織化

7.1　国立国会図書館を取り上げる理由

　本章では図書の形をとった知識資源について法定納本制度とそれに基づく全国書誌作成の仕組みとデジタル時代における変化を検討する。図書館のための資料の組織化やレファレンスサービスを実現するための仕組みであるが，同時に，社会にとっては，どのような知識資源が存在しているのかを明らかにし，それにアクセスする方法を指示するための仕組みでもある[1]。

　19世紀から20世紀にかけて，商業的な出版流通と出版書誌，国立図書館の納本制度と全国書誌，図書館の目録規則の整備や総合目録をつくる過程を通じてこの仕組みは精緻化されてきた。20世紀後半になるとコンピュータ処理が始まり，出版情報システムや図書館システムが構築され，MARCと書誌ユーティリティによる集中と分散を組み合わせた書誌情報流通が始まる。さらに20世紀末になるとデジタルネットワーク社会に入るにつれて，それが新たな形を取り始めている。これらの書誌情報のやり取りを総合的に考察することは書誌コントロールと呼ばれ，図書館情報学において中心的な概念として論じられてきた[2]。その理論的考察は第9章で行うこととして，ここでは国レベルでとくに「図書」という著作単位の扱いを中心に論ずる。これは，図書が文献資料の独立の流通単位として，少なくとも活版印刷術の発明以来の歴史をもったものであり，デジタルネットワークにおいて，それがどのような位置付けになるのかを考えることが全国書誌の在り様を考えることにつながるからである。なお，出版関係では「書籍」と呼ばれる。

　ここ20年ほどでこの制度や仕組みは大きな変貌を遂げた。まず2009年

（平成 21 年）の国立国会図書館法の一部改正により，ネットワーク系電子出版物のうち，国・地方公共団体，独立行政法人等が発信するインターネット資料を国立国会図書館が複製して収集・保存することが可能となり，翌年から収集が開始された。これは WARP と呼ばれる。そして，2012 年（平成24 年）の同法改正で，民間のネットワーク系電子出版物のうち，いわゆる電子書籍や電子雑誌等（オンライン資料）を国立国会図書館が収集・保存することが可能となり，翌年 7 月から無償かつ DRM（デジタル著作権管理）のないオンライン資料の収集が開始されていたが，さらに 2022 年（令和 4年）の国立国会図書館法改正により，有償または DRM のあるオンライン資料も収集の対象とすることとなり，翌 2023 年 1 月から収集を開始した。重要なのは，これらの新しい制度が納本制度とは別だがそれに準じて，国立国会図書館（以下 NDL とする）を法的にこれらの情報を収集保存する機関として位置付けたことである。

7.2 ナショナルな知識資源プラットフォームの形成

日本全国書誌と NDL サーチ

　NDL は日本で唯一の納本図書館として，国立国会図書館法に基づき，国内で発行されたすべての出版物を納入させる権限をもつ。国立国会図書館法第 24 条は国の機関の出版物を，第 24 条の 2 は地方公共団体の機関の出版物を，第 25 条はその他の者の出版物を納入の対象として規定している。また第 7 条で「館長は，1 年を超えない期間ごとに，前期間中に日本国内で刊行された出版物の目録又は索引を作成し，国民が利用しやすい方法により提供するものとする」となっていて，納本資料の書誌データを公開することになっている。ここで「出版物」というのは同法第 24 条第 1 項で第 1 号「図書」からはじまり，第 9 号「電子的方法，磁気的方法その他の人の知覚によつては認識することができない方法により文字，映像，音又はプログラムを記録した物」まで 9 種類が規定されている。いわゆるパッケージ系出版物であるが，「楽譜」「地図」「映画フィルム」「蓄音機レコード」などが最初から含まれていたように，冊子体の印刷物に限られていなかったことにも注意を要する。

　なお，上記第7条による作成物を全国書誌と呼ぶ。「目録又は索引」とは出版物の書誌事項（メタデータ）を記述し，検索できるようにしたものである。「目録」は出版物として独立したものを対象とするのに対して，「索引」とは出版物に含まれる内容単位のもの（論文や記事）を対象とするもので，通常は雑誌や年鑑などの定期刊行物で複数の内容単位を含むものに対して作成する。両者の関係についてはこのあと述べる。

　NDL の蔵書統計を見て，全国書誌の資料種別ごとの大きさを把握しておこう（表7-1)[3]。2022 年（令和4年）度末の同館受け入れ・所蔵統計によると，所蔵数は重複等も含んで 4,685 万点となっている。同年度の納本制度による納入資料数は第 24 条，第 24 条の 2 関係（国，地方公共団体）11 万3,000 点，第 25 条関係（その他）で有償分 13 万 6,000 点，無償分 26 万6,000 点であった。このうち，逐次刊行物の納入数は発行のパッケージ単位（月刊誌なら年間 12 点）なので点数が多くなっている。

表 7-1　NDL 蔵書数と納入数（令和 4 年度）

（単位：点）

	蔵書数	納入数
図書：和書	918 万 9,354	13 万 3,283
図書：洋書	292 万 4,000	1,669
逐次刊行物：雑誌	1,345 万 6,981	21 万 8,628
逐次刊行物：新聞	690 万 4,107	12 万 4,803
マイクロ資料	916 万 7,880	414
映像資料	28 万 1,359	9,104
録音資料	81 万 3,300	1 万　939
機械可読資料	18 万 2,830	8,299
地図資料	59 万 6,759	3,479
楽譜資料	3 万 1,840	2,577
カード式資料	4 万　831	36
静止画像資料	16 万 2,310	154
博士論文	60 万 1,664	0
文書類	43 万 8,370	0
点字・大活字資料	5 万　220	1,665
その他	201 万 4,193	0
計	4,685 万 5,998	51 万 5,484

　全国書誌の対象資料には表にあるようにさまざまな形態の資料が含まれている。蔵書のうち和漢書が918万点で，これが全国書誌の中核を構成すると考えることができる[4]。以下，この図書資料を中心に考察を進めることにする。

　かつてパッケージ系の納入資料を報知する全国書誌にあたるものとして，印刷版の『納本週報』や『日本全国書誌』が発行されていた。現在 NDL 納入資料の書誌情報提供は，「国立国会図書館サーチ（NDL サーチ）」や「全国書誌データ検索」から可能である。また，システムそのものがオープンになっているので，API（Application Programming Interface）で他の検索システムからの検索も可能である。図書，雑誌，新聞，電子資料，和古書・漢籍，博士論文，地図，録音資料・映像資料，などの種類に分けての検索が可能になっている。NDL サーチは NDL の情報資源コレクションを検索するための蔵書目録である。国立国会図書館をはじめ，全国の公共図書館，公文書館，美術館や学術研究機関等が提供する資料，雑誌記事論文，レファレンス情報，デジタルコンテンツ等を統合的に検索するためのものとなっている[5]。後に述べるオンラインの電子書籍等はこちらで検索することになる。NDL サーチから全国書誌の概念に合致する資料をのみを対象にしたのが「全国書誌データ検索」である。ここからは，国立国会図書館が収集した有形の資料のうち，国内出版物および外国で刊行された日本語出版物の標準的な書誌データを検索し，ダウンロードすることができる[6]。

　NDL の全国書誌システムは納入資料を基にしているから，どうしても出版から書誌データ作成提供までのタイムラグが生じることが問題であるとされた。刊行前や刊行直後の書誌情報が含まれず，図書館にとっては使いづらいとされた。しかしながら，NDL 内での書誌データ作成の基本方針に基づいて，書誌データ作成の迅速化が図られ，オープンデータとしてダウンロード可能にすることや，データベースが API の機能を通して他のデータベースと連携して検索可能になることで，利用しやすい高い質の書誌データを提供することが目指されている。迅速化と典拠コントロールによるデータの質の向上を両立させることは難しいが，他の機関とも連携することによって，質の高い全国書誌と情報提供しやすいシステム環境を構築しようとしているように見える。

出版流通の情報 DB

　次に，出版物の書誌情報作成に関わる仕組みについて触れておこう。

　新刊書の基本的な書誌情報は出版社が提供するものを基にしている。これを集約して取次や書店，図書館に情報を流すための仕組みとして日本出版インフラセンター（JPO）がある。JPO は ISBN コードや書籍 JAN コード，雑誌コード，書店情報の管理を行っている非営利団体（一般社団法人）で，出版社と取次，書店とをつなぐ役割を果たしている。業務の一つに出版情報登録センター（JPRO）があって，約 2,700 社の出版社から出版時にタイトル，ISBN，価格，著者，内容紹介（目次を含む），書影（表紙画像），販売促進情報（書評や受賞情報など）を受け取り，それらを取次や大手書店，ネット書店，図書館向け流通機関（図書館流通センター（TRC）等）に流している。そのうち，出版前の近刊情報と呼ばれるものは，あとで触れる日本書籍出版協会（書協）の『これから出る本』にも掲載されていたが，2018年の業務統合によって，JPRO への登録によって『これから出る本』にも自動的に掲載されることになった。

　日本書籍出版協会は主要な出版社 390 社が参加している一般社団法人で，1976 年より近刊情報誌『これから出る本』（月 2 回刊），1977 年より流通書籍の書誌である『日本書籍総目録』（年刊）を出していた。『これから出る本』は書協加盟の出版社の出版物の基本情報をリスト化して，書店や図書館で無料配布されている紙媒体の情報誌であったが，2023 年 12 月下期号をもって休刊している。『日本書籍総目録』は，書協加盟に限らないすべての流通書籍を網羅した販売書誌を目指して出発して，日本版のブックスインプリント（販売中書籍リスト）といわれた。これが紙媒体で出ていたのは 2004年版までで，その後，書籍検索サイト「Books」（Books.or.jp）としてデータベース公開され，2019 年より JPO のデータベースと統合されて，同センターから「Books」として提供されている。これにともない，かつての 2 倍以上の 246 万点（2020 年 6 月末現在）の出版書誌が提供されているが，販売書誌という意味でのブックスインプリントという性格はなくなっている。

　書誌情報を流通させる仕組みは他にもある。「版元ドットコム」は中小出版社，地方出版社 540 社（2024 年 2 月）が共同でつくるシステムで，ウェブサイトでデータベースを提供するだけでなく，JPO への新刊情報提供や

各種の電子書籍ストアサービスや TRC への掲載依頼，前出「Books」への情報提供を行っている。地方・小出版流通センターは，1976 年から事業をスタートさせている企業で，中小規模の出版社や地方出版社の出版物を流通させている。かつては東京に「書肆アクセス」という書店を置いていたが今は閉店し，基本的には物流と出版情報の提供を行っている。新刊情報をネットで配信するのと『アクセス』という月刊誌で報知する。3 カ月遅れでウェブ版も公開されている。

現在，出版社からは基本的な書誌情報だけではなくて，書影（表紙画像）や著者紹介，内容紹介，目次のような情報に加えて，「試し読み」というコンテンツの一部を読めるサービスもあって，さまざまなデータベースで利用できるようになっている。また，Books は出版社サイトで独自に発信している情報とリンクさせて閲覧できるようになっている。しかし，すべての出版社からそうした情報が提供されているわけではない。取次のトーハン，日本出版販売（日販），小売りの紀伊國屋書店，そして書誌索引作成の日外アソシエーツの 4 社が共同構築している「Book」は，本の要旨（帯，ジャケット掲載文）や目次を採録し，複数著者による論文集や短編小説集なども個々の細目の著者，タイトルを入れて，Books で不足する情報を補っている。さらに，日外アソシエーツが単独で提供している「BookPlus」は 1926 年まで遡及して書籍の書誌情報 573 万件（2024 年 7 月現在）を収録し，1986 年以降の書籍には，要旨，目次情報，小説のあらすじなどを収録し，2000 年以降の書籍には書影を掲載している。これらは，書店の検索データベースや図書館の OPAC と API で連結し，書籍概要の付加的情報を参照できるようになっているし，Amazon 他の書籍データベースにも導入されている。

出版流通と図書館のデータベース

ここまでを整理すると次のようになる。商業出版物の新刊書の基本データは出版前に JPO が受け取り，ISBN を付与するとともに近刊情報として流通が可能になる。その後 JPRO が販売促進データを付与して，取次や書店，図書館関連企業に送る。JPO が扱っていない中小出版社や地方出版社のものについては版元ドットコムや地方・小出版物流通センターがデータを作成して，JPRO に送る。「Book」や「BookPlus」は JPRO の「Books」データを補完し，書籍についての内容や目次，細目情報を提供してくれる。取次，

書店，図書館はいずれも流通に関わるので，基本的な書誌データや付加的な
データは共有しているが，それをどのように用いるのかは異なっており，そ
れぞれが独自の情報システムを構成する。

　図書館用情報システムのためには，TRC が JPRO から受け取ったデータ
を加工編集して MARC データを作成してきた。図書館で用いるために，目
録規則に準拠したフィールド入力や典拠コントロール，分類記号付与や件名
標目付与を行っている。この作業が新刊書の出版後間もないタイミングで行
われるために，図書館は早いタイミングで選書，発注から受入れ，目録，分
類までを行うことが可能である[7]。先に NDL が書誌データを作成している
ことについて述べたが，納本という手間を経て行うので時間がかかる。多く
の図書館で TRC MARC を使用するのはそういう理由である。

　出版流通においては，流通しているか（近刊か，在庫有りか，絶版か），
流通しているとすれば書店，取次，出版社のいずれに在庫があるのかが重要
で，また，定価も販売情報として重要である。要するに，すでに特定化され
ている書籍の書誌情報を確認し，それが当該書店，取次，出版社から入手で
きるのかを確認できればよかった。流通データベースは客が出版物を探すの
にも用いることができるから，大手書店にはその端末が置かれるようになっ
ている。また，通信販売あるいはネット販売も盛んになるにつれて，流通
データベースが販売のツールとされるようになる。こうなれば，書籍を探す
という行為において図書館のデータベースと大きく変わるところがない。と
いうわけで，現在，主要なネット販売サイト（honto（大日本印刷），
Amazon，e-hon（トーハン），Honya Club（日販），紀伊國屋書店，楽天
ブックスなど）を見ると，展開されているデータベースはキーワード検索を
中心とするが，多くの場合に詳細検索のページが用意され，書名，著者名，
出版社名，出版年月，NDC，ISBN からの検索が可能になっている。図書館
関係のデータベースと違うのは，「分類」ないし「ジャンル」として，「コ
ミック」「文学・評論」「実用書」「教育・学参・受験」「新書・文庫」のよう
な販売カテゴリーが用いられるのと，「対象年齢」「判型」「価格」などの
データ要素があることである。図書館用と出版流通用で基本的な書誌的要素
は同じであるが，図書館用が著作物の書誌的な関係を中心にした展開が行わ
れるのに対して，流通用は書籍の販売面の要素を中心にしているということ
ができる。

CiNii Books とカーリル

　ここまでは，新刊書を中心に全国的に商業流通している書籍を中心に見てきた。これ以外に政府刊行物，自治体刊行物，学術出版物，各種団体が非商業的に発行して流通させている図書が存在する。そのうち，国立国会図書館法に基づく納本制度によって，一定範囲のものは NDL で収集されて，NDL サーチで検索することが可能になっている。しかしながら，納本制度は万能ではなく，カバーできていないものが大量に存在している。これらはかつて灰色文献（gray literature）と呼ばれてアクセス方法の改善が主張されたこともあり，20 世紀においても，個別の図書館が収集したローカルな資料の目録情報をベースにした総合目録（union catalog）を構築することによって国立図書館や全国書誌の限界を超えるという考え方があった。

　一つは，CiNii Books である。2011 年 11 月に国立情報学研究所（NII）は，目録・所在情報サービス（NACSIS-CAT）で運用してきた全国の大学図書館等の書誌・所蔵情報を公開データベースとした。ひと言でいえば大学図書館の所蔵資料の総合目録である。NACSISIS-CAT は学術機関のための目録作成・相互貸借システムとして，著者名や書名典拠を行うなど国際的な基準に則った書誌データ作成を行ってきた。その書誌・所蔵データを公開するシステムとして Webcat と呼ばれてきたシステムが現在では CiNii Books と呼ばれている。1,300 館の参加機関が所蔵する 1,000 万件の書籍（延べ 1 億冊分）情報や 150 万件の著者情報を検索可能にしている。前身である Webcat にはなかった新しい機能として，書誌情報の拡張が図られている。「Book」の内容説明や目次情報が付加され，また，一部の電子化またはボーンデジタルの資料についてはそれがリンクされて入手できるものとなっている。

　もう一つは，図書館蔵書の横断検索サイト「カーリル」である。各図書館が WebOPAC として公開している個別の蔵書に対して，API を通じて，横断的に検索をかけることを可能にしている。NACSIS-CAT は分担してそれぞれが一つのシステムのもとで作業を行うのに対して，カーリルは個々の目録作業は個別に行ってネット上に示し，それに外部から横断的な検索を可能にする。最初の検索画面は Amazon を使用しており，Amazon で提供されている書影や内容解説・目次が表示される。個々の図書館の蔵書検索のために

は，ISBN をキーにしている。公共図書館，大学図書館，専門図書館などさまざまな図書館の所蔵がわかるが，CiNii Books で対象となっていない公共図書館や専門図書館の蔵書検索に威力を発揮するだろう。

知識資源プラットフォームの現在

　以上をまとめてみると，図 7-1 のようになる。きわめて多様な流通の仕組みがあり，また，出版情報をカバーするデータの流れが存在していることがわかる。ここに挙げた書誌情報データベース（黒地に白文字で示す）は，いずれもナショナルビブリオグラフィに準ずる機能をもつものと考えることができるが，どれをとっても国内で刊行された図書形態の知識資源全体をカバーすることはできていない。あくまでも民間出版物で全国ベースで流通するものを中心にしている。また，NDL は国際的書誌コントロールの水準を意識した知識資源の書誌データ，メタデータ流通を進めようとしているが，商業ベースのプラットフォームでは，とりあえず流通や検索が可能であるレベルのものが追求されている。図書館が提供するものはその中間にあり，それぞれの方針によって，書誌コントロールに対する取組みの態度は異なっている。

　なお，国レベルでの図書の書誌コントロールを取り上げるときに，商業出

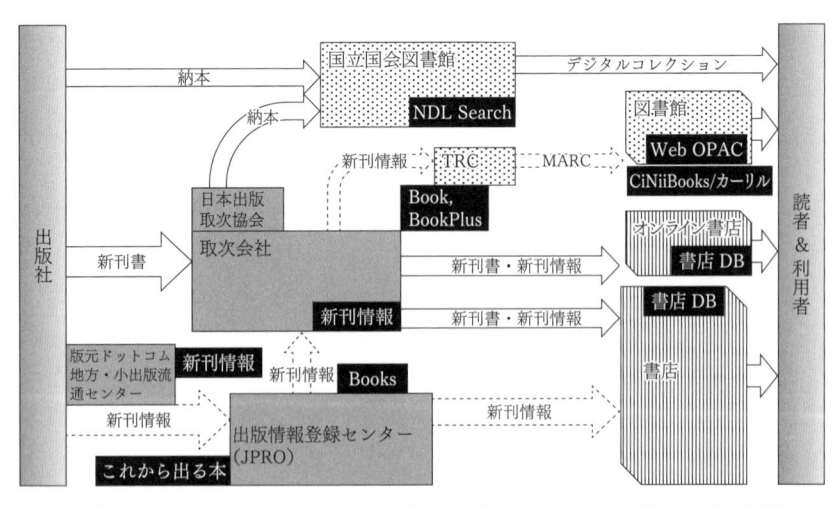

図 7-1　新刊書とその情報の流通システム（実線矢印は物流，コンテンツの流れ，点線矢印は書誌情報の流れ，黒地に白文字は本文中で述べた書誌情報データベース）

版物流通を考えるだけでも，再販制（再販売価格維持制度）と新刊書配本，取次の役割，書店の規模と地理的分布，書店での棚揃え，書評の役割，電子書籍の登場等を検討する必要がある。これらについては，他の研究を参照するのみにしたい[8]。

7.3　知識資源プラットフォームの拡張

Google Books の衝撃

　近未来にネットを通じてデジタル化された書籍が容易に入手できるようになるとは多くの人が漠然と考えていたことであったが，今のところ実現されているのは一部にすぎない。その理由としては，20 世紀末からの急速なデジタルネットワーク環境以前から紙の書籍になじんでいる世代とそれ以降のメディア環境において書籍を考える世代とのギャップを前提として，出版社や著者が先の世代を重視する戦略をとってきたことによる部分が大きい。それ以外の要因として，著作権（この場合は主として複製権と公衆送信権）がその実現を阻んでいることがある。著作権を基準に書籍を分類すると次のようになる。

- A　著作権保護期間中の書籍
- B　著作権保護期間終了後の書籍
- C　著作権保護期間中かどうか不明の書籍

　著作権保護期間は長らく著作者の死後 50 年とされていたが，2018 年の環太平洋パートナーシップ協定（TPP11）の締結により，著作権法が改正されて 70 年に延長された。そのために，1969 年以降に死去した著者の著作権保護期間が 20 年延びることになった。また，著者没年が不明等の理由で保護期間中かどうか不明の著作物（C）が多数あって，Bを確定することが難しいという問題がある。これらの理由で，著作物を利用するための障害は大きくなっている。

　著作権法を専門とする松田政行らは，Google Books の訴訟過程の分析を通じて，著作物全般の自由な流通環境を整えるにあたって壁になる著作権問題をクリアするのに，米国ではフェアユースという著作権規定の解釈が中心になったと述べている[9]。米国の著作権法のフェアユース規定は，著作物の

正当な範囲での利用については著作権侵害にはあたらないとするもので，日本の著作権法の「著作権の制限」と似ている。しかし，米国は原則的に利用可とするが，日本は原則的に利用不可であるところが異なる。米国にはこの規定があるから，ネット上のコンテンツを収集して検索可能にするような著作物利用の公共的なサービスが発達しやすかった。

　Google 社はフェアユース規定を利用して，2004 年から公共図書館や大学図書館の蔵書をデジタル化し，インターネットで検索・閲覧可能にしたサービス Google Books を始めた。紙の書籍からのデータ読み取りは，ブックスキャナーと呼ばれる自動書籍スキャン装置を使用することで大量のデータ入手が可能になる。読み取った画像データから文字を取得するのは OCR ソフトを用いる。こうして，書籍の全文データベースをつくって検索サービスを提供するものである。検索された著作物について著作権保護期間中のものは一部だけが読める（スニペット表示）ようにし，販売サイトにリンクを貼って購入できるようにする。著作権保護期間が終わったものについては全文を公開する。Google Search のビジネス戦略に基づいて，リンクを使って購入したものについては一定の手数料を徴収するなどを行っている。

　米国作家組合（Authors Guild）等は Google Books のサービスが著作権侵害にあたるとして，2005 年 9 月に Google 社を相手どってクラスアクション（集団訴訟）として連邦地裁に提訴した。松田らの著作の 3 分の 2 は，この訴訟が 2016 年に連邦最高裁判所の判決が出て終了するまでの過程を詳細に記述したものである。訴訟において，Google 社は一貫して，著作物が評論，ニュースレポート，授業，研究などに引用される場合にフェアユースが認められているのと同様に，フェアユースの範囲にあると主張していた。2013 年に 7 月に連邦地方裁判所は，「Google Books は公衆に多大な恩恵をもたらしている」と判断し，Google 社側の勝利としたが，作家側がさらに控訴した。

　2015 年 10 月にニューヨーク連邦高裁が「同サービスでの検索は全文が対象であるが，閲覧できるのは書籍の一部で，すべての内容を参照する手段は提供していないことなどから，フェアユースの範囲で，著作権法に違反しない」と結論付け，作家側は上告したが 2016 年 4 月に連邦最高裁はこれを不受理としたために，Google 社側の勝利で終結している。これにより Google Books のサービスが継続することが確定した。

デジタル化を睨んだ書籍のナショナルアーカイブ構想

松田らの著作で興味深いのは，これが英語圏の書籍のナショナルアーカイブ構築を可能にするものだとしている点である。確かに，現在のフェアユース規定で可能なのは電子書籍の蓄積と全文検索サービスを可能にし，あとはスニペットで一部を見せるだけで，それを直接提供することはできない。提供するためには，著作権者と別の契約を結ぶ必要がある。しかし，現在，ベルヌ条約的な著作権法の限界がいわれ，新たな著作物利用の国際的な法制度をつくっていくべきことが議論されている。松田らは，Google 社はこの制度のインフラとなる「アーカイブズ」をすでにつくっているということを指摘し，この訴訟は利用を可能にする次の段階に向けての準備過程だとしている。

他方，この訴訟は米国の出版物だけに関わるわけではない。米国はベルヌ条約に加盟していて国内での著作権解釈は外国にも適用されていたために，当初，日本の著作物も対象になっており，実際にデジタル化が行われていたことは記憶に新しい[10]。また，フランスではこれが米国の経済資本が自国文化ないし自国語を侵略しようとする行為だという告発が行われた[11]。その後，Google 社はこの措置を英語圏 4 カ国（米国，英国，カナダ，オーストラリア）の著作物に絞るとする和解案を提出したので，日本を含む他の国の著作物はこの対象にはならなくなった。

しかしながら，Google 社の一極集中に危機感を覚えた日本政府は，NDL を拠点とした国内出版物のデジタル保存と利用のための一連の法改正を行った。2009 年と 2012 年に，著作権法第 31 条を改訂し，NDL に納本された資料を直ちにデジタル化することを可能にし（同条第 2 項），また，絶版等の資料については国内の図書館に公衆送信することができるようにした（同条第 3 項）。松田はこれについて，日本における「書籍のナショナルアーカイブを構築することを可能にする改訂」であるとしている[12]。

松田の主張は，米国のフェアユースのように著作物の自由な流通を前提とした原則に基づいた法制度を日本でもつくる必要があるというところにあった。書籍のナショナルアーカイブの制度構築がすでに行われていることが指摘され，さらに，今後は，それをベースにした書籍利用のシステムがつくられる可能性が主張されている。その際に，図書館は流通のための重要なセン

ターになることにもっと自覚的になるべきこと主張している。

　実際にこの 10 年で，米国のフェアユースの概念を日本でも導入しようという考え方が検討されている。「権利制限規定の柔軟性」と呼ばれている。これは文化審議会著作権分科会で審議されてきたが 2018 年の通常国会で成立した[13]。これによって，日本でもデジタル化とそれに対する検索データベースの作成が許諾なしで可能になり，Google Books と類似のサービスが民間事業者によって実施されることもありうるということだ。

　デジタル資料を梃子にして NDL の現代化を図るというのは，かつて 2007 年から 2012 年に NDL 館長を務めた長尾真が取り組んだものである。長尾館長時代に NDL は資料のデジタル化，電子出版物やオンライン資料の納入制度，そしてインターネット資料の自動収集制度を始めた。これらは従来の図書館が対象とする資料の範囲をデジタル資料の方向に大幅に拡張することになっただけではない。国立国会図書館法改正だけでなく著作権法の改正も行っているように，官庁，自治体，出版社，著作者を巻き込んだかなり大きな制度改革に取り組んだのである。

　長尾は，館長就任後間もない 2008 年に私案として「電子出版物流通センター」構想を発表した。それは図 7-2 に示したもので，ここには少々修正したかたちで 2015 年に再度提示されたものを掲げている[14]。これは，日本で電子書籍や電子雑誌の開発が遅れているから NDL が率先して納本制度を梃子にして国民への安価な提供システムをつくろうという趣旨で提案されたものである。出版社から納本された出版物を NDL がデジタルのまま受け取り「デジタルアーカイブ」に置かれる。カッコ付きの納本制度としてあるのは当時法制度が整っていなかったからである。紙のものはデジタル化されて「デジタルアーカイブ」に納められる。これは館内の利用者が利用できるし，公共図書館等を通じて館外の利用者にも利用できるようになる。また，デジタルアーカイブから新たにつくられる「電子出版物流通センター（仮称）」にデータが「無料貸し出し」されて，ここが「販売」「有償貸出」「権利者へのアクセス料金の配分」の業務を行うことになる。要するに，NDL の外側にできる電子出版物流通の拠点が，納本制度によって集められた電子出版物をもとにビジネスを行うことである。

　立法府に所属する一見地味な図書館がこのようなデジタルコンテンツの収集・提供を行うという発想が型破りでありインパクトはあった。だがこれは

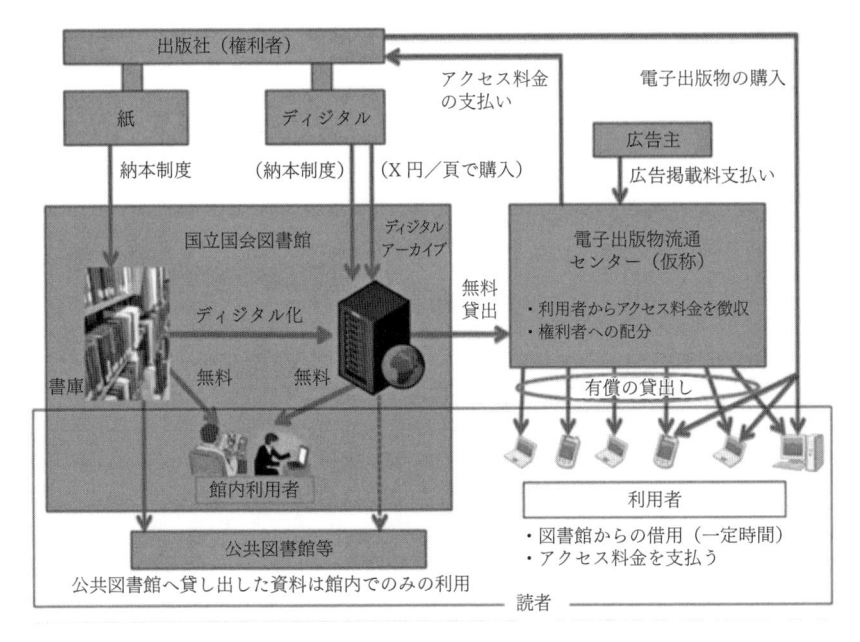

図 7-2　長尾の「電子出版物流通センター」構想の概要

館長の私的な構想であって，実際にこの図のように事が進展したわけではない。

NDL のデジタル化戦略

　NDL は新しいネット社会の到来に向けて，知的資源を蓄積利用するための国立図書館としてあるいは国の全国書誌作成機関としての戦略を策定し，それに向けて長期的な計画のもとに法整備を行った。従来のパッケージ資料の保存提供機関としてのノウハウをはるかに超えた緻密な計画が必要であったといえる。これは図書館電子化が進んだ 20 世紀後半から部分的には実施されてきたことであったが，インターネットが新しい可能性を明確にし始めた 1998 年に「国立国会図書館電子図書館構想」が発表され，翌年に電子図書館推進室が設置されて一連の活動が動き始めた。その後の活動については，中井万知子『夢見る「電子図書館」』(2023) にまとめて記されている[15]。この著作では，その実現に大きな力があった人物として，先の長尾真とともに事務方で支えた田屋裕之の名前を挙げている。田屋は 1980 年代に，

米国で話題だった F. W. ランカスターの『紙からエレクトロニクスへ：図書館・本の行方』を翻訳し，『電子メディアと図書館』という著作で電子図書館の考え方を紹介した[16]。欧米で自然言語処理の研究者として電子図書館の構想についての著作もあった長尾は京都大学総長を務めたあと，同館館長に就任して一連の制度改革を進める原動力になった。電子図書館を構想し実現するためには制度改正を進めるための緻密な事務的検討が必要であり，それを，田屋をはじめとする人たちが支えていたということができる。

　長尾は館長就任の翌 2008 年にその構想を発表し，それに続いて NDL は 2009 年に二つの大きな制度改革を行った。一つは著作権法を改正して（31 条 2 項），同館が納本直後の良好な状態で文化的遺産として出版物が保存されるよう，所蔵資料を，納本直後であっても権利者の許諾なくデジタル化ができることとした。同館はそもそも資料保存を目的とするところであるから保存目的を掲げれば書籍のデジタル化を進める推進力になることを目指した。図書館は紙資料の提供を前面に掲げる考え方が強かった時代であるからこそ，電子図書館を掲げる NDL の長期的な戦略には新鮮味があり，その実行者を得て可能性をもったということができる。

　2009 年には WARP を実現するための国立国会図書館法（第 25 条の 3），著作権法（第 42 条の 3，第 49 条，第 102 条）の改正が行われた。NDL は従来から政府刊行物の納本制度をもっていたわけだが，すでにネット上にオープンドキュメントとして作成される資料類が増えだしており，これらを自動収集することで納本制度を支えるというものである。

　続いて 2012 年の著作権法改正は，保存のためのデジタル化だけではなくて，絶版等の資料を図書館等に自動公衆送信することを可能にした（同法第 31 条，第 43 条）。これは，NDL が資料保存や絶版等の資料の提供のために資料をデジタル化し，絶版等資料のデジタル化したものを図書館に公衆送信して利用者に利用させることができるということである。さらに，2021 年に自動送信の対象が図書館等だけでなく，国内の登録利用者と外国の図書館等が利用可能になるための著作権法改正が行われた（第 31 条 8 〜11 項）。

　NDL が実際にこれをどう実現させたかについて見ておこう[17]。NDL のホームページには「資料収集保存」「電子図書館事業」のページがあるが，そこには「資料のデジタル化」「インターネット収集（WARP）」があり，さらに「オンライン資料収集（e デポ）」の説明がある。これらの相互関係

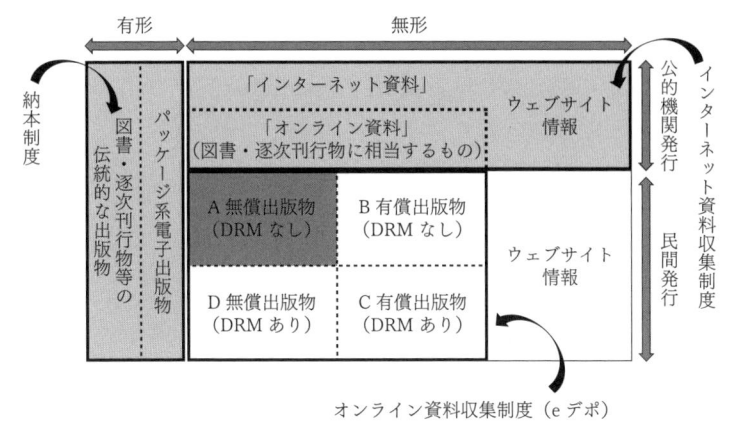

図7-3　NDL納入制度の対象資料・情報の全体図

を確認するために，ここ10年で著作権法や国立国会図書館法が立て続けに改正された結果の現状を見ておこう。

　図7-3は現行の納本制度，電子資料の納入制度が三つの部分から成り立っていることを示している[18]。このうち従来の納本制度は，NDLが法に基づいて出版物の発行者に出版物の納入を義務付けることのできる制度である。左側に示された従来型の納本資料（有形資料）に加えて，右側にデジタルの無形資料を示している。有形資料はすべてが納入対象であるのに対して，無形の資料には対象になるものとならないものがある。インターネット資料収集制度は，国会図書館法第25条の3に基づいて，無形のインターネット資料のうち中央の横線より上の公的機関発行のものを収集するものである。ここに示されたオンライン資料とはネット上にある書籍や雑誌のことであり，公的機関のものはインターネット自動収集（WARP）で収集することができるようになっている。

　オンライン資料収集制度（eデポ）は，国立国会図書館法第25条の4に基づいて民間発行のオンライン資料の納入を義務付けるものである。通常，オンライン資料と呼んでいるが，これは図にあるように「無形」であって，物としての実体はない。図書や雑誌に相当するネット上の情報ということであって国等のものと民間のものとに分かれる。国等のものはWARPを通じて納入されることになる。民間のものは「無償／有償」「DRMあり／なし」によって四つのパターン（AからD）に分かれている。

> 出版（公開）日に関する要件
> - 無償かつ DRM なしの資料：平成 25 年（2013 年）7 月 1 日以降に出版・公開したもの
> - 有償または DRM ありの資料：令和 5 年（2023 年）1 月 1 日以降に出版・公開したもの
>
> ファイルに関する要件（以下のいずれかに当てはまるもの）
> - 特定のコード（ISBN, ISSN, DOI）が付与されたもの
> - 特定のフォーマット（PDF, EPUB, DAISY）で作成されたもの

　DRM とは Digital Rights Management の略で，利用にあたって何らかの制限措置を施すもののことである（119 頁参照）。「DRM あり」とはネット上での自由な閲覧や複写はできず，利用にあたって登録や契約が必要となるものである。このうち，Aの無償で「DRM なし」のものが 2013 年 7 月 1 日から収集対象になり，その後，2023 年 1 月 1 日より「有償で DRM なし」（B）と「有償で DRM あり」（C），「無償で DRM あり」（D）の 3 種類のものが遅れて対象となった。つまり，現在，オンライン資料はすべて（広義の）納本制度の対象になっているということができる。

　もう少しオンライン資料について考察を進めてみると，「ファイルに関する要件」にあるように，インターネット等で出版（公開）した電子書籍・電子雑誌等のうち，

- （1）特定のコード（ISBN, ISSN, DOI）が付与されたもの
- （2）特定のフォーマット（PDF, EPUB, DAISY）で作成されたもの

のいずれかということである。特定のコードはいずれも国際的な標準として使われているコンテンツを特定化するもので，ISBN は図書，ISSN は逐次刊行物，そして DOI は論文や資料を特定化するコードである。これが意味するのは，誰かがこうしたコードを付与したものであり，図書，逐次刊行物，論文・資料として配布することを意図したものと考えられる。しかしながら，（2）で EPUB, DAISY はともかく，PDF が入っているので，ここで一気に範囲は広がることになる。というのは，PDF ファイルは誰でも作成してネットにアップできるからである。

　これに関わり NDL の担当事務局が作成している「オンライン資料の納

入」に関する「Q&A」ページを参照する。"Q：オンライン資料のうち，どのようなものが納入義務対象外となりますか？"の回答として「以下のものが納入義務対象外となります。」とあり，

> 機密扱いのもの
> 書式，ひな型その他簡易なもの（各種案内，ブログ，短文投稿サイト，商品カタログ等）
> 内容に増減・変更がないもの
> 申込み・承諾等の事務が目的であるもの（電子商取引等）
> 収集済みの紙の図書・雑誌と同一版面である旨の申出があり，当館が確認したもの
> 長期利用目的でかつ消去されないもの（J-STAGE，大学の機関リポジトリ等に収録されている資料）
> 技術的に収集が困難なもの
> 「国立国会図書館インターネット資料収集保存事業（WARP）」により当館が収集したインターネット資料に含まれるオンライン資料

の8点が列挙されている[19]。

　とくに下線を引いた項目が議論すべきものである。たとえば「機密扱いのもの」は外部公開とどのような関係になるのかが問われる。「簡易なもの」には，各種案内，ブログ，X（旧 Twitter），商品カタログ，学級通信，日記等を想定しているとあり，学会の報告などは別として，基本的に会議資料や講演会資料は簡易なものとして対象外となる。DRM とファイル形式という外形的基準によっていたものが，「電子図書・電子雑誌」の全貌が見えてくるにつれて，内容的基準も適用されて限定されたり排除されたりして対象が狭まってきていることがわかる。ここではネットにおいてあらゆる情報がやり取りされているなかで，何が「図書」や「雑誌」に相当するものなのかという難しい問題が提起されている。

　また，民間のリポジトリにあることは知的所産の保存を保証することになるのかという問題も残される。納本制度は紙からデジタルへの移行へという大きな技術革新を背景にして，大きな変貌を遂げようとしている。今まで以上に，何を納本制度の対象にすべきかを判断することが難しくなる。だから

他機関との分担体制はオープンデータ時代において自然な流れとなっていることではあるが、それで、国内で刊行された出版物の納本制度による、収集保存とその記録化（全国書誌作成）の機能が果たせるのか、再度問いかける必要があるだろう。

オンライン資料の納入と館外送信

NDL が提供するデジタル化資料の総数は表 7-2 に示した通りである[20]。総数 370 万点の資料のうち、インターネットに公開された資料が 16.7%、個人および図書館向けの送信可能資料が 48.3%、NDL 内での閲覧資料が 34.8% となっている。登録すれば個人でも全体の 65% の資料に遠隔アクセスできるようになったことのインパクトは大きい。さらには、2023 年からはデジタルコレクションにある資料の一定部分を全文検索可能にする技術的改良が行われ、現在コレクションの 68% に当たる 252 万点が検索可能になっている。さらにデジタルコレクションの 68% に当たる 252 万点が、すでにデジタルに刊行され、1987 年までに刊行された図書に加えて、1968 年までに刊行された図書も含めてデジタルコレクションが拡張され、全文検索可能なものは

表 7-2　NDL デジタルコレクションの提供数（2023 年 12 月末現在）

資料種別	デジタル化資料提供数（概数）			合計	うち、全文検索可能な資料概数（点）
	インターネット公開資料	図書館・個人送信資料	国立国会図書館館内提供資料		
図書	36 万点	80 万点	50 万点	167 万点	102 万点
雑誌	2 万点	82 万点	54 万点	137 万点	132 万点
古典籍	8 万点	2 万点	—	9 万点	—
博士論文	1 万点	14 万点	3 万点	18 万点	14.9 万点
新聞	—	—	11 万点	11 万点	—
官報	2 万点	—	—	2 万点	2.1 万点
憲政資料	1 万点	—	0.2 万点	2 万点	—
録音・映像関係資料	—	—	1 万点	1 万点	—
地図	—	—	0.2 万点	0.2 万点	—
その他	11 万点	2 万点	10 万点	22 万点	—
合計	62 万点	179 万点	129 万点	370 万点	252 万点

322 万点にまで増えることが報知されている。

　民間オンライン資料の納本制度については 2022 年の制度改革でカバーされるようになった。図 7-2 の長尾構想の国立国会図書館の部分については構想後 13 年目にして実現されようとしているといえる。また，(1)で述べたように著作権法改正の議論が進んでいて，デジタル資料の国民への無料での直接送信や公共図書館等を経由しての提供はこの図が示すもの以上に進展した。構想にあった「電子出版物流通センター（仮称）」は，NDL に納入された電子書籍を有料で貸し出す電子図書館となることを想定していたが，電子書籍市場の開拓は民間主導で行われ，NDL への電子書籍納入を回避した日本電子書籍出版社協会の機関リポジトリ「電子文庫パブリ」がつくられている。長尾構想は出版市場の構造や商習慣を十分に考慮せずに提案されたので，このままいくと電子出版中心の出版事業となったときに NDL での保存と全国書誌掲載ができなくなるおそれがあることを指摘しなければならない。

　出版関係者は電子書籍や電子雑誌の納入制度については警戒的だった。というのは，紙のものなら 1 部納本してそれが NDL 内で利用されてもあまり販売に影響がない。むしろ確実に保存してくれるというメリットがある。しかし，電子的なものは納入されればそれが容易に外部に発信可能になる。電子書籍は公衆送信権を含んだ著作権にもまして，それをどのように使うかの技術的コントロールの権限が重要なのだが，DRM を外すということはそれを他者に与えることに等しいからである。

　オンライン資料の館外送信は，著作権が切れているか絶版になったものが対象である。2009 年の著作権法改正で NDL は納本された紙資料をすぐにでもデジタル化することが可能になっているが，現在のところ，同館は，館外送信対象に含めるかの判断を出版者の意思を確認しながら慎重に行っている。だが，電子書籍への移行により，「絶版」という概念がなくなりつつある。かつてなら印刷された部数が売れて在庫がなくなった段階で増刷しなければ絶版とされたが，それでもどれが絶版なのかは曖昧だった。ところが電子書籍はデータがあればいつでも販売可能だから絶版という状態はないことになる。紙資料でもデータがあればオンデマンド出版が可能であるので同様である。デジタルデータが版元に存在している出版物については絶版状態にはならず，それ故，外部送信の対象にならないことになる。

　NDL は図書については 20 世紀中の刊行資料のデジタル化を目標にしていることがアナウンスされている[21]。著作権保護期間延長があり，電子書籍やオンデマンド出版によって絶版がない状況がつくられると 20 世紀末くらいが館外送信が可能な資料の範囲と考えられる。逆にいえば，いずれ 20 世紀中刊行の図書は NDL デジタルコレクションで提供され，それ以降のものは著作権法の範囲内で利用されることになるだろう。今後，紙の書籍と電子書籍はどちらかで刊行されるものと両方の形態で刊行されるものが継続されるものと予想される。

　そのときでも，図 7-1（126 頁）に掲げた現状について，大きな変更はないものと考えられる。

7.4　知識資源と図書館

デジタル環境の知識資源

　NDL が国内の各種の資料や情報を納本制度や電子資料納入制度によって収集保存提供している仕組みについて，再度，考察してみたい。納本制度は多くの出版者に納入を促す効果をもつ。かつてそれは全国書誌に記録されることで知識資源の存在を報知する機能として現れた。そして，その効果は NDL の蔵書の網羅性として示されたが，あくまでも来館利用や相互貸借（ILL）での利用にとどまるものだった。それが，書誌情報は相互にリンクされて（オンライン）書店でのデータベースや棚揃えに反映される。また，図書館蔵書としても身近なところで利用可能になる。さらには，NDL デジタルコレクションは来館せずとも 20 世紀中葉までの資料の多くが遠隔で閲覧可能になっている。以前に比べてこれらの資料の存在報知と利用可能性について向上が見られる。

　それをもたらしたものとして，NDL の取組み以外にも，先に図 7-1 で見たような JPRO 他の機関との共同作業による部分が大きい。図に示した知識資源のデータベースは互いに連携し合い，とくに民間で書影や内容紹介，目次などの付加価値を付けることで書誌情報流通に新たな可能性がもたらした。今後の知識資源の組織化を考えるにあたっていくつかの注目すべき要素を検討しておく。

　第一に，オンライン資料の範囲の問題である。先に指摘したように，「民間」の機関リポジトリに提供されていた電子書籍や論文類は納入対象になっていない。NDL サーチで併せて検索できるから全国書誌の機能は果たしうるとしても，永久保存の機能が保証されているといえるのかどうかには不安がある。

　2023 年 1 月に新しいオンライン資料収集制度がスタートし 7 月末日までの制度の運用状況について資料が納本制度審議会に提出されている[22]。これを見ると，7 カ月間の有償オンライン資料（図 7-3 の B，C）の納入は 58 の提供者から 634 点であった。このうち，出版社が 11 提供者からの 465 点であった。それとは別にすでに納本されていた紙資料と同一版面のものが 295 点ということである。他方，同じ資料で先に触れた「電子文庫パブリ」で納入対象外とされるものが 9,300 点だったと報告されているから，かなり少ない。まだ制度が始まって間もないから十分に周知されていないことがあるだろうが，これをどのように考えるべきだろうか。

　ネット上で誰でもが情報発信できる時代である。ネット小説とかネットコミックに容易にアクセスすることができる。ブログでの情報発信も盛んである。ネット上の小説，コミック，記事などから，紙の出版物となるものがある。紙の出版物になれば納入され，ならなければ納入対象にならない。逆に，紙の雑誌が休刊・廃刊になって，出していた出版社はブログサイトで情報発信を行うようになっている。衰退気味の雑誌に代わって，雑誌記事として発信されていたものの一部が，ネット上のニュースサイトやビジネスコラムサイトに移行したといわれる。かつて，NDL に雑誌形態で入っていた情報は納本資料だったのに移行後はオンライン資料扱いにはならないので，こうした情報の保存体制が問題になる。

　紙メディアの時代から，自費出版物や同人誌，ミニコミ，運動系メディアのような狭い範囲で流通するメディアが存在した。NDL はそうしたものを排除していたわけではないが，積極的に収集していたわけでもないので，入っていないものが多かった。また，郷土資料・地域資料についても収集には限界があった。つまり，NDL はあくまでも東京中心でかつ商業出版物や学術系資料中心の機関であり，このために，公立図書館や専門図書館，博物館や資料館，文書館と分担し合う関係にあったということができる。

　まして，パッケージ系資料のうち図書は取次との関係で流通資料が NDL

に入りやすかったが，民間のオンライン資料のなかで，機関リポジトリに入るものを手放すことになると今後，紙の資料が出なくなったときに問題が大きくなる可能性がある。ナショナルな知識資源の管理機関としてはそのことへの配慮が必要だろう。

　第二に，知識資源の組織化の手法である。図書館情報学では，IFLA の LRM のように構造化されたメタデータを操作する方向の議論が中心になっている。書誌レベルの関係付けや著者や機関名，件名の典拠コントロール，「読み」の統一などである。これは知識資源を構造的分析的に捉える方法である。伝統的に出版流通の仕組みのなかではそうした構造化についてはあまり考慮されていなかったが，出版流通の過程で付加される著者紹介，解説や目次のような情報に加えることも増えている。これらをできるだけ統一的に扱うことも重要になる。

　たとえば，論文集や年鑑，事典，ハンドブックなど複数の著者がいる著作物の個々の記事，章・論文を著作とみて検索可能にすることは，日本目録規則 2018 年版では書誌階層構造における下位書誌の記述として表現される。NDL ではかつては「雑誌記事索引」という手法で行われていたが，これも統一的な書誌コントロールとして行うことが可能になりつつある。NDL デジタルコレクションでもかつて基礎書誌単位しか検索できなかったものが，下位の書誌が分析的に記述されるようになった。

　NDL では MARC データにも下位書誌の記述が始まっている。他方，JPRO の Books データベースでも目次の記述が行われているが，章のタイトルだけで著者名の記述が省略されていることが多い。商業的なデータベースの特徴はタイトルやジャンルといったものに注力されがちで，作家専業者以外の著者名については無視されやすい。知識資源の扱いのためには，図書タイトルや雑誌タイトルのような基礎書誌だけでなく，それを構成する章や論文，記事を著作として扱い，その著者を記述することが必要になるだろう。

　つまり，ネット時代の知識組織化は図書（ないし書物・書籍）よりもさらに下位レベルのものを単位に行われるということである。海外では，電子書籍の事典やハンドブックを項目単位で販売することも盛んになっており，雑誌記事の販売とともに新しい出版市場をつくり出す仕掛けになるかもしれない。

　第三に，組織化の手法としての Google Books のようなテキストの全文検

索サービスの可能性である。NDL デジタルコレクションは下位書誌レベルでの検索が可能なだけでなく，さらに全文テキストを対象にした検索の威力が大きく示されることになった。2018 年に著作権法改正による「柔軟な権利制限規定」が実現し，「検索情報の特定・所在検索サービス」（著作権法第 47 条の 5 の第 1 項第 1 号）のために，著作権者の許諾なく著作物利用が可能になった。これにより，日本でも印刷著作物のスキャニング，テキスト抽出および検索データベース構築をして，Google Books と同様の検索サービスをすることが可能になった[23]。

　NDL のデジタルコレクションの全文検索システムを例にとってみると，その開発のためには，まず，デジタルコレクションの画像データから OCR によってテキストデータに変換する。そして，テキストデータを処理できるようにするために，これを n-gram と呼ばれる文字列を分割処理する方法を用いて検索可能にする。その際に，異体字の処理や送り仮名の違いなど日本語表記特有の問題に対応できるようにし，NDL が扱うすべての分野の図書の本文に対応できるようなシステム（NDL n-gram viewer）を構築した[24]。これらの技術開発は NDL ラボで公開されている[25]。日本語の大規模自然言語処理の応用例として注目すべきものである[26]。

　表 7-2 に示したように，デジタルコレクションに本文検索ができるものが 252 万点含まれて，その範囲はさらに拡がろうとしている。任意の語を検索語とすれば，本文中からその語を含む前後の 100 文字の結果が出力される。これにより，従来，検索して本文を読まなければ見つけられなかったものを得ることができるようになった。人名，地名，機関名，組織名などヒットしやすいものだけでなく，本文中で使われている専門用語も検索し，閲覧することができる。これによって 20 世紀までのテキスト対象のレファレンス環境は一気に向上することになった。

コレクションを知識資源に変える

　知識資源という言葉に戻ると，何をもって知識とするのかは立場や人によって異なるわけだが，国の機関がナショナルな知識資源アーカイブをつくろうとするなら，一定の基準が必要になるだろう。NDL がオンライン資料の定義で重視しているのは ISBN や ISSN といったコードである。ISBN は先に挙げたように日本出版インフラセンター（JPO）が管理しており，

ISSN は NDL 自身が日本センターとして管理している。どちらも一定の手数料を払えば誰でも登録できる仕組みである。著者ないし編集者が単なるネット上の書き込みではなく，積極的に知識資源として扱われることを望んでいるかどうかはコードへの登録を済ませているかで決まるという考え方をとっている。つまり，NDL は，知識資源を，時間の経過に抗して安定してアクセス可能なものとして扱うことを指す概念として捉えているということができる。

ISBN をリンクコードとして CiNii Books などの総合目録やカーリルの仕組みがつくられていることから分かるように，こうした識別コードの重要性は言うまでもない。しかしながら，ISBN などのコードがどこまで安定した仕組みでありうるのかについては留保が必要である。これらも"book"という概念や"serial"という概念の存在が前提となっていて，それは印刷媒体が前提になっておりその消長とともに動的に変化する可能性があるからだ。15 世紀から続いた印刷文化が 21 世紀に大きく変貌するかどうかが問われている。その点で，DOI（Digital Object Identifier）はさまざまなコンテンツに登録される，永続的な識別子（PID）の一つで，ISO により国際的に標準化された規格として用いられている。学術論文や学術報告書，学術データの国際的な流通に用いられているが，とくに学術論文を雑誌という書誌単位からその構成単位である個々の論文に対して与えられ広く用いられている。

NDL は，科学技術振興機構（JST）が事務局となっている DOI のジャパンリンクセンター（JaLC）を構成する機関の一つとして，デジタルコンテンツの 1 点ごとに DOI を割り振っている。これにより国際的に DOI という個別コンテンツの識別情報の下で使用するメリットがある。ネット空間の存在を前提とした知識資源管理は，最終的にはコンテンツ単位で行うことが目指されている。とはいえ，先ほど見たようにデジタルコンテンツでは構成書誌単位での検索が可能になっているが，その単位自体に DOI を割り振るところまではしていない。NDL で扱うメタデータは多様であり，URI という形で使用しているコンテンツ識別子は DOI に加えて，国立国会図書館書誌 ID，デジタルコンテンツのメタデータ ID，全国書誌番号，国立国会図書館永続的識別子（info:ndljp/pid/）の 5 種類がある[27]。これらは目的に応じて付与され，重複して付けられている場合が多い。何をコンテンツ単位とするのか，今のところ流動的なのだろう。

　最後に，ナショナルな組織化にこだわる理由について述べておこう。これを考えるには，Google が世界中の書籍の全文データベースを作成したときに，とくにフランスと日本で大きな反発があったことを重ね合わせて考える必要がある。かつて 19 世紀末に「世界書誌コントロール」を夢想したポール・オトレとアンリ・ラフォンテーヌは目録カードを集中させることでこれを実現しようとした。また 1970 年代以降，IFLA は Universal Bibliographic Control（UBC）構想を打ち立てて，各国で作成される全国書誌を同一の枠組みで統合することで世界書誌コントロールが実現できるとしていた。どちらにしても，書誌データレベルでのユニバーサル化を目指すものであった[28]。Google Books 構想はたしかに近い将来，コンテンツレベルでアクセス可能な世界書誌コントロールが実現することを予感させるものであった。それも単なる書誌データや所在データの提供ではなく，全文テキストが集中化されているのが最大の特徴である。ここからは，契約によっては全文テキストを提供することも，他の出版物販売業者へとリンクすることも，所在図書館へとリンクすることもできる。

　Google に対する反発は，一民間企業が世界中の知識資源を集中的に集めてコントロールできる状況をつくってよいのかというものであった。そこには，検索アルゴリズムが公表されていないように商業的な企図が前面にあるものだし，民間企業には倒産の可能性がないわけでもないといった不信感がある。さらには英語帝国主義への反発も手伝い，フランスと日本は政府主導でナショナルな知識資源の組織化の仕組みをつくることになる。Google が後に戦略を英語圏 4 カ国の出版物に限定することしたのはこうした反発に配慮したからだろう。ナショナリズムに言語の果たす役割が大きいとすれば，とくに英語圏以外の文化圏において言語の資料たる知識資源の組織化が国単位で行われるのは自然であるだろう。

　2020 年代の知識資源管理は，このようにデジタルネットワークの存在を前提にしたグローバルな文脈の中で，知識や学術をどのように再定義し，それを公共セクターと民間セクターの相互性においてそれぞれがどのような戦略によって実現していくのかが課題になる。長尾構想は，従来の公私の関係について一歩踏み込んだ再構築を提言した。それをどう生かすのかが問われている。

函館図書館，天理図書館，興風図書館
：地域アーカイブの原点

コラム 2 でアーカイブのプロセスにおいて，ライブラリーが果たす役割について触れた。ここでは，近年訪ねた私設図書館 3 館に通底する，日本の近代図書館の論理の可能性について述べる。本書では公共図書館の在り方について論じていないが，こうした原点にある図書館を見ることで参考になる点が多い。

函館・天理・興風

2023 年 5 月下旬に函館市立中央図書館と旧市立函館図書館を訪ねた（図 C3-1）。ここの初代館長岡田健蔵（1883-1944）は，明治末期にできた私立函館図書館の設立者で市立図書館となってから長らく館長を務め，市会議員もしていた地元の有名人である[1]。彼が北方資料にこだわり，その方面で有数のコレクションをつくったことは図書館史家の間では知られていたが，全国的に有名というわけではない。同図書館は現在，図書館流通センター（TRC）と地元企業との共同で指定管理になっている。やはり民間になじみやすいところなのかもしれない。

同年 6 月に関西旅行をしたときに，天理図書館を訪ねた（図 C3-2）。天理

図 C3-1　旧市立函館図書館（現中央図書館とは別の建物）

図 C3-2　現在の天理図書館

教2代目真柱で同教発展の立役者中山正善（1905-1967）の事績に関心があったためである[2]。正善は，東京帝国大学文学部宗教学科の卒業で国際的な宗教学者姉崎正治の下で研究を行い，宗教活動を行うのに文献的根拠が必要と考え世界中の宗教の教典や宗教書から始め，貴重な文献資料を集め始めた。そうして集められた蔵書が発展して天理図書館となった。彼は文献資料のみならず歴史，民俗，考古学資料の稀代のコレクターとして知られ，天理教が国際的な布教活動をしていた時期に各国支部から送られてきたコレクションは現在，天理参考館と呼ばれる博物館で展示されている。

　大正から昭和初期にかけて，函館図書館と天理図書館は古書店から古文献の出物があると競争するように購入し続けた図書館として，古書店業界では有名な存在だった。近年，この両図書館と関係がある第三の図書館があったことを知った。それが千葉県野田市の興風会図書館である（図 C3-3）[3]。もともと野田醤油（現キッコーマン）系

図 C3-3　旧興風会図書館

列の社会事業組織興風会が運営する私設図書館であった。これも現在は野田市立興風図書館となっている。先の両館との関係というのは，かつてここの主任として活動した図書館員として仙田正雄（在職 1941-1943）と佐藤真（在職 1943-1967）がいたことである。

　この二人は自己主張のある図書館員だった。仙田はもともと奈良の出身で若い頃に天理図書館に務め，一時は米国議会図書館の東洋室にもいた。戦争の間際に帰国して興風図書館に務め，戦後に再度，天理図書館に入ってその後天理大学教授も務めた。興風図書館で仙田の後を継いだ佐藤だが，それ以前には長らく函館図書館で働き岡田の下で仕事をしたこともあった（在職 1930-1943）。興風図書館では図書館員，図書館長，郷土史家として活動した。

　筆者にとって仙田正雄は，戦前は関西の青年図書館員聯盟（一旦解散して，戦後は日本図書館研究会として再結成）の活動家で，米国議会図書館東洋部でライブラリアンを務めたあと，戦争開始とともに帰国して関西で活動した人というイメージであった。短いとはいえ興風会図書館で働いたことが

あったとは意外だった。仙田は資料組織論を中心に，図書館に関することについてさまざまなことに関心をもち発言をした人である。それは，彼の『楢の落葉』（1968）というエッセイ集によく現れている。また，記憶に残るのは，戦後の学校図書館導入期にいち早く文部省の『学校図書館の手引』の伝達講習会（1949）に手をあげ，率先して学校図書館振興に寄与しようとしたことである。彼は分類や目録，件名目録が利用者あるいは学習者と資料とをつなぐ重要なツールであるという本質的なことを見抜いていた人だった。

「舌なめずりする図書館員」

佐藤については，「舌なめずりする図書館員」という言葉で記憶されている。これは戦後公共図書館振興の手引書となった『中小都市における図書館の運営』（日本図書館協会，1963，通称「中小レポート」）の関係者が『図書館雑誌』上の座談会で，郷土資料を扱う郷土史家的な図書館員が古文書を読む態度について，この皮肉な表現で批判していたのに対して，逆手にとって郷土資料こそが地域住民とのつながりを保持するための重要な契機になることを強調した意見であった[4]。

> 奉仕といっても，今日，明日生きている人々，または，生きるであろう人々に図書館資料を利用して頂くことと，将来（五〇年或は一〇〇年後も考えて）生まれてくるであろう人たちのことも考慮に入れながら，現在の図書館員が奉仕するということは，二通りの意味があると思う。そしてこの考え方は何時の時代の図書館員でも必ず堅持していなくてはならないものと私は考えている。特に，常に末端の民衆と深いつながりを持たなくてはならない中小図書館こそ，郷土資料を以上のような考えに立って集め，その職にある図書館員が，能力に応じて（勉強して）解読し，解説し，いい古された言葉であるが，"温故知新"の為に奉仕してあげるのだろうと考える。従って，その経過にあって，たまたまよろいびつの中の虫くい本（文書）があって，それを解き明かすことによって，地域住民の郷土に対する認識を改めさせ，今日の産業や生活姿勢を正すに役立つことがあるならば，舌なめずりしながら悦ぶのは当然すぎるほど当然なことではないだろうか。（傍点は原著者）

　筆者はかつて2度この文章の一部を参照したことがあるが，今回改めて長めに引用してみて以前とは異なった感想をもった。岡田や仙田と同じ系譜の図書館員としての確固とした信念と，さらにそれを支える知識やスキルがあったことへの自負を感じる。

戦後図書館の隘路

　人によっては，佐藤の考えは独りよがりのように聞こえるかもしれない。「中小レポート」とその後の『市民の図書館』が「資料提供」の方針を打ち出したときに，日本図書館協会に関わる図書館員らは，「市民」「住民」の要求という絶対的な存在に寄り添ってサービスをするべきであり，「奉仕してあげる」というような尊大な精神は捨てるべきだとした。公務員という枠のなかで仕事をしようとすれば，ここに示されるような民衆を導くというような考えは成立せず，民衆の読書欲に賭けようと考えたのだ。これが日本図書館協会事務局長有山崧と日野市立図書館長前川恒雄が先導した戦後公共図書館の論理である。それは的中し1970年代以降の躍進があった。だが，それは高度成長とバブル経済という時代の好調な財政に依存して成立したものである。これが1990年代以降の公共経営論においては評価指標として突きつけられ，「来館者数」や「貸出数」にがんじがらめになって，四苦八苦する原因にもなった。自縄自縛に陥ったのである。

　今挙げた三つの図書館はいずれも私設図書館としてスタートした。岡田の個人的な考え方が強く作用した函館図書館，そして宗教教団における布教活動との関係でスタートしている天理図書館はいずれも創設者の意向が強く作用してできている。興風会図書館長の佐藤は，東北帝国大学図書館から函館図書館に移った人で，戦後図書館の論理とは別の考えを保持していた人である。私設図書館は，日本の官の論理に対抗する論理をつくろうとするころから出発した「資料提供論」とは別の論理を保持することができていた。私立函館図書館は1907年（明治40年）に設立され1928年（昭和3年）に市立図書館となり，2015年（平成27年）に指定管理制を導入した。天理図書館は一貫して天理教の聖地天理にあり，現在は天理大学付属図書館という位置付けであるが，一般への開放も行っている。興風図書館はずっと興風会図書館という図書館法上の私立図書館であったが，1979年（昭和54年）に市に無償譲渡され，現在の市立興風図書館となった。

　私設図書館に公立図書館と異なる論理があるとすれば，創設者の創設の理念が強く作用することである。図書館は営利事業にはなりにくい。ある種の民衆奉仕の精神が働き，その裏側には何かの訴えたい理念がある。函館図書館の場合は岡田の北方資料に対する強い関心があり，天理図書館の場合は布教活動に伴う真柱正善自らがもつ主知主義があり，興風会図書館の場合は醤油醸造業創業者のもつ社会奉仕精神と社会改良主義があった。目的が明確だからそれにふさわしいコレクションとそれにふさわしい手法があった。手法の重要な柱に目録や分類，書誌，などの資料組織活動があった。だからこれら３館には，資料のことが分かりそれを自在に操ることができる個性豊かな図書館員がいたのである。

　公共図書館は「全体への奉仕者」としての図書館員が「図書，記録その他必要な資料を収集し，整理し，保存して，一般公衆の利用に供し，その教養，調査研究，レクリエーション等に資することを目的とする施設」（図書館法第２条）というような曖昧な目的を掲げざるをえない。だから図書館関係者は「資料提供」と言い換えることで無難な範囲でのサービスにとどまらざるをえなかった。そこでは，図書館員が本来もつ資料収集，組織化，排架，展示，レファレンスといったコレクション自体の価値を見極めて提供することをしにくくなった。1970 年代以降，地方の時代が叫ばれ，一方で郷土資料，地域資料の重要性が示されていたにもかかわらず，地域社会へのコミットメントが浅くなったのはそれを意味する。せいぜいが，子ども読書とか障害者サービスのような国の政策に寄り添う部分でしか踏み込めない状況となった。

図書館の地域性（ローカリティ）

　「舌なめずりする図書館員」は不要とされたのであるが，それで失ったものは資料についての専門知識と扱うためのスキル，そして図書館員としての気概ではなかっただろうか。少なくとも以上に挙げた３人にはそれらがあった。図書館員が全体としての奉仕者たらんとするためにも，それを裏打ちするものが必要である。とくに，MARC と図書館システムが導入されたことで，図書館員の専門性を発揮する局面が見えにくくなった。地域における図書館員の活動の源泉が地域におけるオリジナルな資料収集とその提供にあることは言うまでもないが，それをどのように提供するかが問われる。入って

きたものを分類し目録をとって書架に並べれば済むわけではない。市販資料を提供している限り，書店の棚揃えや広告マーケティングなどが適用しやすいがローカルな資料はそうはいかないから，どのように見せるかが大事なのである[5]。

補　記

　このエッセイは筆者が若い頃に書いた次の論文を下敷きにして書いた。併せてご覧いただきたい。

　根本彰「戦後公共図書館と地域資料：その歴史的素描」日本図書館協会図書館の自由に関する調査委員会編『情報公開制度と図書館の自由』日本図書館協会，1987，p. 62-93.

第III部
知識資源システムへの図書館情報学の射程

第8章
書誌コントロール論から社会認識論へ

8.1　書誌コントロールとは何か

　第2章の冒頭で認識論の議論が拡張されて，科学技術や教育，法，政治の領域での知識の役割についての議論があることについて述べた。また，そこでは論文，教材，法令・判例，政策文書などの形をした言説としてのドキュメントが知識資源としての位置付けをもっていることを示唆しておいた。科学哲学者戸田山和久は，科学という営為における認識問題を論じた後で，生命科学系の論文を例にとってそこに書かれた文字列は科学者個人の信念内容であることを超えていると述べ，学術論文，データベース，図書館のように，誰の信念としても実現しようもない知識に満ちた集団的知識の領域があると主張している[1]。これらについては，図書館情報学では学術情報流通論として長らく研究対象にしてきたところである。

　第7章で扱ったのは，全国レベルで流通しているドキュメントで，それも納本対象資料とされているものであった。専門情報や専門資料は納本対象資料であっても，国立国会図書館に納入されないものも少なくない。NDLはあくまでもナショナルレベルの管理機関ではあるが，現実的にすべてのドキュメントを扱うことはできない。ドキュメントとは要するに管理されているメディアであり，個々の領域ごとに情報検索やコレクションの仕組みがあって図書館はそれらを管理するシステムということになる。

　図書館情報学ではそれぞれの領域毎のドキュメントの扱いについて，専門情報論で扱ってきた。『図書館情報学事典』(2023) 第7部門「専門情報」は，映画，写真，地図・地理，アート，医学，法，文学，音楽，西洋古典

籍，和古書・漢籍，政府，立法，公文書，文書・記録，地域・郷土，社会調査，統計，スポーツ演劇，外国語，放送番組，産業財産権，ビジネスといった領域の専門情報・資料を解説している[2]。

　書誌コントロールは，ドキュメントを記述することでドキュメント利用を通じた知の作用を活性化させることをいう。通常は，図書館において資料分類を行ったり目録を作成すること，そして何らかのテーマでドキュメントを集めてリスト（書誌）をつくったりすることを指す。こうした資料の書誌データを編纂・編集する仕事は標準化が進み 20 世紀前半に図書館の中心的業務となった。それが 20 世紀後半になると，コンピュータによって書誌データの交換が容易になるとともに，これを分散的に実行することが可能になった。目録データや書誌・索引・抄録を作成するための仕事もまた分業化し，図書館は集中的に作成される MARC データを購入し，自館の都合に合わせて加工したり，書誌や索引・抄録データベースをレファレンスのために導入し，それを利用者サービスに利用することが一般化した。

　日本では NDL が提供するナショナルな書誌コントロールが，国際図書館連盟（IFLA）をはじめとする国際的な書誌コントロールの考え方をベースにして，日本の国立情報学研究所（NII）や大学図書館，日本図書館協会（JLA）目録委員会などを横につないで新しい動向を導入することで，日本で唯一無二の水準を誇っている。20 世紀後半の書誌コントロールは，書誌フィールドが構造化されているものとして扱い，その関係に沿っての検索が可能なことが最大の特徴である。書誌フィールドの構造化とは，著作物が学術，文芸，ジャーナリズム等の知のパッケージであるとの考え方を前提にして，知的コンテンツの表現のあり方，他の知との関係，パッケージの生産のしかた，パッケージの包含関係を記述し，それを構造に基づいて検索可能にすることである[3]。

　これに加えて，図書館自体の資料を収集し提供する機能やレファレンスのためのデータベースの編纂も含めた広義の書誌コントロールを論じることもある。筆者は『文献世界の構造』（1998）でこの問題を取り上げて，イーガンとシェラの書誌コントロール論とパトリック・ウィルソンの書誌コントロール論を論じた。また，日本全国書誌の存在を前提として，国と地域の書誌コントロールの範囲とその効果について論じた[4]。本章では，そのときの議論を承けて，書誌コントロールと社会認識論との関係を再度整理し，その

後に欧米の図書館情報学での展開をみながら広義の書誌コントロールが社会認識論に展開することについて考察する。

　まず，書誌コントロールに第3章で取り上げたレファレンス理論を当てはめてみよう。書誌は案内指示的ツールの典型である。つまり書物を中心としたドキュメントからメタデータ（この後はドキュメントを対象と考えるためにこの用語を用いる）を取り出してリスト化するのが書誌であるが，ドキュメント・コンテンツの検索や発見のためのツールであって，それ自体ではコンテンツをもたない。国立図書館が納本制度で網羅的にドキュメントを集めることができるなら，それは一国内のドキュメントに対して著者やタイトルからアクセス可能な全国書誌という直接指示ツールとなる。もちろん，全国書誌はドキュメントに分類記号や主題標目のような間接指示の手法も提供してくれる。だが，全国書誌の第一の役割は全体のなかで特定ドキュメントの存在を確定させることにあるから，直接指示に重点がある。

　これに対して，全国書誌以外の個別の書誌や図書館目録はドキュメントの選択や排列，分類や主題標目の付け方のいずれにおいても編纂者（図書館員）のスキルが重要となるという意味で，間接指示のツールである。そして，イーガンやシェラが書誌コントロールという用語を使用して，個々の書誌編纂や図書館の資料組織の結果が集合的に社会に対してもたらす作用を社会認識論と呼んだのは，こうした間接指示のスキルの重要性を強調したかったからにほかならない。つまり，書誌コントロールとはレファレンスの案内指示的な機能を通じて，図書館や書誌，索引，抄録，目録編纂などの分野が知識組織化に貢献していることの表明であった。

8.2　イーガンとシェラの理論

　20世紀後半の米国の図書館情報学を導いた指導者の一人にジェシー・シェラがいた。彼は公共図書館史に残る研究成果である『パブリックライブラリーの成立』(1949)を執筆し公刊した直後に，専門図書館や情報検索，ドキュメンテーションなどへの強い関心を示した。これは第2次世界大戦時に戦時情報局でインテリジェンス業務についたことがきっかけとされる。戦後は先の論文を書いて職を得たシカゴ大学図書館学大学院（GLS）が人文系のピアス・バトラーや社会調査論のダグラス・ウェイプルズのような多彩な

研究者を抱えており，それらの方法をベースにしながら新しい時代のライブ
ラリアンシップ理論の必要性を考えていた。その頃のシカゴ大学の同僚に
マーガレット・イーガンがいた。二人はこのときに共著で書誌の理論として
2本の論文書き，この領域にとって重要な理論的貢献をした。それは一つに
は書誌コントロール（bibliographic control)[5]，もう一つは社会認識論（so-
cial epistemology）である[6]。

　どちらの論文のタイトルにも書誌（bibliography）の用語が入っているが，
これが意味するのは，書物を典型的なメディアとして書かれたものを記録す
ることが知を組織化したり取り出したりすることだという主張である。彼ら
が最初の論文で言っているのは，ヨーロッパのドキュメンテーションに相当
するものがこの書誌コントロールという概念であり，広範囲で網羅的な書誌
作成や目録作成を行うことで必要な知をとりだすための基盤がつくられると
する。ちょうど成立したばかりのユネスコとアメリカ議会図書館が共同で国
際的な書誌サービス調査を実施し，その担当者になった二人がその成果とし
て，書誌の理論的な意義を示したものである。

　第2論文では，社会認識論を「社会が全体として物質的，心理的，知的な
全環境との関係について把握あるいは理解にいたるプロセスの研究」と定義
して，外部からの知識が人にどのような作用をもたらすのかに関心をもつ分
野とし，そこに図書館が果たす役割を位置付ける。それは，人は自らの環境
で認識の関係をつくりあげ，そしてコミュニケーションメディアを通じて，
自ら体験できないことについても含んだ知識を得ることができる。そして，
個人の認識を相互に媒介する二次的なコミュニケーション手段として，グラ
フィック・コミュニケーションを挙げる。この場合のグラフィックとは文字
や図像，写真で記録されたものという意味でオーラル・コミュニケーション
と対になった言葉である。シェラは終生，グラフィック・レコーズ
（graphic records）の用語を使い続けた。彼は20世紀後半には，書き言葉に
よる書物や雑誌，新聞などのグラフィック・レコーズがさまざまな知を運ん
でくれるから，それを効果的に入手する手段として，図書館があり，書誌コ
ントロールはそれを可能にする装置だという理論を提唱した。

　ここでは二つの論文の第一著者がイーガンであることに注意したい。シェ
ラが人文系のトレーニングを受けた人であったのに対して，イーガンは政治
学や社会学に対する造詣が深いライブラリアンだった。二人の共著論文の貢

献度について調査したジョナサン・ファーナーは，これらの論文は基本的には イーガンのアイディアから始まって書かれたものだったが，彼女が 1959 年に 53 歳で亡くなったのに対して，シェラはその後 1982 年に 78 歳で亡くなるまで長くこの分野の代表的研究者とされたこと，また，1960 年代のシェラの個人論文集[7]に上記の 2 本の論文が（共著である旨の注記があるとはいえ）自らの名義で掲載されたこと，の二つの理由で，これらの業績がシェラのものとの誤解を生んだと述べている[8]。シェラはイーガンのアイディアから始まったことを隠していたわけではなかったが，イーガンが亡くなった後は生涯にわたりその考え方を発展させ図書館の社会的役割について啓発活動を続けたということもできる[9]。

　1950 年前後にイーガンとシェラが主張した社会認識論の考え方であるが，ケネス・ボールディングの『イメージ：生活と社会における知識』（1962，邦訳書名『ザ・イメージ』）[10]とかフリッツ・マハラップの『合衆国における知識の生産と流通』（1962，邦訳書名『知識産業』）[11]といった著作との類似性もあり一緒に議論されたこともあった。「知識へのアクセスの基盤」をテーマとした 1968 年のシラキューズ大学でのシンポジウムにおいて，ボールディング，マハラップらとともにシェラが登壇して社会認識論について述べた[12]。ボールディングはより文明史的な議論を行うなかで社会が世代から世代へと渡される知の在り様（イメージ）について論じ，マハラップはコンピュータ通信技術の可能性が開かれた時代であることを踏まえて，情報や知識という概念をより経済的な視点から分析対象にできるものとした。両名とも経済学者であり，情報や知識を社会科学的な研究対象としようという知識産業論あるいは情報社会論の議論が行われた時期であった。だが，情報社会論はその後盛んになっていくが，社会認識論はそうした流れには乗れずにまもなく忘れられていった。それが再度注目されることになるのは，社会学者や哲学者が知の流通をテーマにした新しい研究領域として「社会認識論」の用語を使い始め，すでにこの用語が使われていたことに気が付いたからである。

8.3　新しい社会認識論

　1980 年代にスティーヴ・フラーやアルヴィン・ゴールドマンらが使い始

めた社会認識論の概念は，人文系アカデミズムのなかで徐々に定着しつつある[13]。社会認識論は，個人の認識から始まって知識が共有され，社会的に真であるとして正当化されるための条件を探る研究領域で，認識論や倫理学，歴史学，科学哲学，心理学，社会学などにまたがる学際的な領域である。その背景に二つの連続した流れがある。一つは，先ほどの知識産業論などが典型的なように情報や知識を対象化し経済的な財として扱うことができるような情報通信技術の発展があり，これが社会の成り立ちに大きな影響をもつとしたことである。ダニエル・ベル『脱工業社会の到来』(1973)[14]，マーク・ポラト『情報経済入門』(1977)[15]，アルビン・トフラー『第三の波』(1980)[16]のような議論があって受け入れられた。もう一つは，従来のマスメディアや出版産業に加えて新しいメディアが多様な情報を提供するようになったときに，ちょうどケインズ派経済学から新自由主義への経済思想の大きな転換があり，情報や知識が商品として流通するようになり，知識生産や伝達，消費といった認知行動に大きな変化があることが明らかになったことによる。

　社会認識論はそうした社会的変化のもとで，人が行動する際の規範とすべき情報や知識の根拠がどのように得られるのかをテーマにして始まった。1987 年から季刊誌 *Social Epistemology* の刊行が始まり，翌年にフラーの同名の概説書の刊行があり，その改訂版は 2002 年に出ている[17]。1999 年にゴールドマンの『社会的世界における知識』が出て[18]，2004 年にはゴールドマンらが中心になった季刊誌 *Episteme: A Journal of Social Epistemology*（現誌名 *Episteme: A Journal of Individual and Social Epistemology*）の刊行が始まり，社会認識論の新しいパラダイムが明らかになった。フラーが知識の社会学的なアプローチから，知識が政治的社会的なコンテキストで生成されることを前提にどのようにして真理が担保されるのかを明らかにしようとするのに対し，ゴールドマンは真なる知がいかに獲得できるのかという規範的な性格を強調する立場にあるというアプローチの違いがある。日本ではフラーが社会認識論を論じた著作の翻訳書が 2 冊出ており[19]，またゴールドマン他の規範的議論を紹介した伊勢田哲治『認識論を社会化する』がある[20]。

　イーガン，シェラの社会認識論が新しく成立した社会認識論の関係者によって認知されるようになった背景にはいくつかの要因がある。米国の図書館情報学は，シェラらが推進したライブラリアンシップないし図書館学（library science）が情報産業化の流れのなかで，データベース産業や情報検索技術の発展と結び付いて生まれてきた。これはあくまでも，図書館や関連のデータベース産業に関わる実学的な領域である。ところが，その源流にあるヨーロッパのドキュメンテーションは図書館にとどまらない多様な拡がりをもった領域だった。第2章で述べたように，20世紀末にマイケル・バックランドらがヨーロッパのドキュメンテーションを再評価して，ドキュメントやドキュメンテーションの原理的意義を示したことが，図書館情報学を情報学として再定位することにつながった。

　そうした情報学を背景にして，そもそも1950年代に社会認識論を広い意味で用いた論者がいたことについて複数の論者が指摘した。たとえば，ドン・ファリスは *Social Epistemology* 誌でゴールドマンの真理論的社会認識論に対して図書館情報学がいくつかの点で貢献することが可能であることを論じ[21]，また，ゴールドマンもこれに応じて好意的メッセージを寄せた[22]。これをきっかけにして，2002年に *Social Epistemology* 誌に社会認識論と情報学の関係についての特集号が組まれて，ここではフラーがシェラらの論が最初に社会認識論を主張したものであることを認めた上で，こうした図書館情報学の論が社会認識論の応用領域として有効であることを述べている。他にも，ルチアーノ・フロリディが自らの情報哲学の有効性とそれに図書館情報学が寄与することについて述べているように，他分野と図書館情報学の横断的特性を示す議論があった[23]。その後は図書館情報学事典でフラーが社会認識論の項目を書いたり[24]，社会認識論のハンドブック等で図書館情報学についての言及があったりして，相互の交流がある[25]。

　図書館情報学内部においてこうした外部の動きに対応する議論はかなり限定されていた。イーガンやシェラは大きなビジョンを示し，それは確かに社会認識論といえるものだったが，もちろん図書館情報学だけでそれを解決できない。ジョン・バッドは，彼らの議論，とくにシェラに認識論的批判の要素がほとんど見られず，実証主義を前面に出していることから来る限界があったという[26]。近年，ビアウア・ヤアランは，イーガンとシェラの社会認識論には認識論の部分と社会過程の部分があり，両者を区別して議論すべきだと述べている[27]。彼はファーナーやバッドらの議論を批判し，イーガンとシェラの2本の共著論文の前にシェラが書いた分類論の論文があり[28]，これこそがドキュメントの組織論において分類が認識論的なツールとして歴史的

に構築されてきたことを示す重要な貢献であったと論じている[29]。ヤアランは，図書館情報学の論者もフラーやフロリディのような外部の論者も，シェラの業績のうち社会的過程の部分を強調してきたが，シェラは知識組織論において認識論面での貢献をしていることが忘れられていたと述べている。

8.4　LISにおける社会認識論の展開：ドン・スワンソン

　筆者は研究生活に入るときの出発点に，分析概念としての書誌コントロールの重要性に着目して以来，この問題について考えてきた[30]。図書館情報学をプラグマティズムに基づく道具主義的な立場から考えたときに，イーガンとシェラが書誌の重要性を説いたことを再認識する必要がある。書誌コントロールは，ドキュメントを利用者の立場から操作可能な状態に置くための条件として，メタデータを利用する方法を対象にする。筆者は，第3章でレファレンス（reference）概念の重要性について述べたが，レファレンスこそが書誌コントロールの基盤にある捉え方である。レファレンスは，資料を収集し分類し目録を作成すること，何らかの知的作業を行うときに他のドキュメントを参照しそのことを表明すること（参照・引用），特定の著作家・研究者の著作他の一次資料を集めて編集して全集・著作集とすること，研究者が資料を集めてそれを元に研究をし，書誌をつくること，一定期間に現れた重要研究の文献レビューを行うことなど多様な場面で行っている行為である。つまり論文を書くのに，こうしたレファレンス行為は常についてまわるのである。

　新しい社会認識論においてイーガンやシェラが再評価された頃，LISにおいても社会認識論的な手法が展開されていた。フラーは，図書館情報学が社会認識論に対して果たした貢献として，初期のシェラら人文学的普遍主義の思想が新自由主義市場経済における情報消費に対して一つのアンチテーゼになりうるものだったと述べている[31]。そのなかで1980年代にシカゴ大学GLSのドン・スワンソンが発表した「未発見の公共知」という論文を高く評価した[32]。情報が消費され急速に陳腐化していく状況のなかで，アクセスされずにあった情報が次の時代に知の源泉になる可能性を保持するという論理は，そうした知の普遍主義のなかから生み出されるのではないかとした。

　スワンソンはもともと物理学の研究者であったが，1950年代のコン

ピュータによる情報処理技術の初期段階に参加して自然言語処理の研究を行い，1960 年代に GLS に移ってから情報検索の研究者となった。そうした理系的な背景をもちながら，図書館員養成を行い，人文社会系の研究者が多い職場に移ったことによって新たな発想が生まれた。彼が 1979 年に *Library Quarterly* に発表した「図書館と知識の成長」と題する論文は，図書館学と彼の出自である自然科学の知見を統合してこの領域の可能性を発見しようという意欲に満ちたものだった[33]。彼は自らがカール・ポパーの客観的知識論の立場に立つことを宣言し，それまで図書館学が蓄積してきた図書館蔵書をもとに知識へのアクセスツールを提供するという手法の可能性と限界を示そうとする。研究者が図書館蔵書や情報検索ツールを使おうとするときには，図書館学が提示する方法は意識しながらも，常にトライアル・アンド・エラーの過程を経る。その意味で書誌的なツールは万能ではない。彼は，研究者は研究過程でツールを補いながら研究を進めている。情報検索ツールを含んだ書誌コントロールは固定的に捉えられるべきではなく，常に微調整をしながら進展させていくものだと主張した。

　彼の業績で一番知られているのが，二つの異なる研究分野の間の目に見えないつながりを発見する方法について述べた「未発見の公共知」である。科学において専門化が過度に進行することで創造性が阻害される可能性があることに対して，既存の研究を利用して新しい知識を生み出す文献調査方法を開拓したものである[34]。これはその後スワンソン・リンキングと呼ばれるものに展開されることになる。彼は医学の専門記事索引データベース Medline の仕組みを研究して，一方で，レイノー病（寒さや緊張によって手足の指先の動脈が発作的に収縮して血液の流れが悪くなる症状）の患者の血液粘性が高いことを示す多数の論文を見つけた。他方，食事に魚油を摂ることで血液の粘性を低下させる一連の研究があることを発見した。両者はまったく別の領域の研究であったが何らかの手法でつなぐことで，魚油を摂ることがレイノー病に効果があるという仮説を立てて，3 年間協力者とともに臨床試験を実施してそれを示した。また，情報系の協力者と，文献データベースの記事間のレリヴァンス（適合性と訳されることもある。詳しくは第 9 章を参照）を検証することを支援するソフトウェア Arrowsmith を開発した[35]。それをさらに発展させたソフトウェアは多数に上っている。

　このことは情報検索におけるレリヴァンスを決定する条件は多様であるこ

とを示しているが，工夫次第で新たな知的発見に結び付くことを示している。そして，スワンソンは，互いに領域を異にする研究成果の結び付きを文献資料を基に追究する新しい研究分野 LBS（Literature-Based Survey）のパイオニアとして評価されている[36]。

Medline や引用索引をはじめとして図書館情報学の領域で開発されたツールは，学術領域の専門化，肥大化，さらには評価ツールとしての一人歩きのような問題をもたらすことが指摘されることもある。しかしながら，もともとは知の源泉が先人の業績の中長期的な再評価にあることを前提として組み込まれていたものである。図書館情報学が，外部から権威を付与された書物や論文というパッケージを取りはずしたときに現れる，生のテキストやコンテンツと直接向き合うことにより，真理と倫理，あるいは美を伴った知の本質の解明に貢献できるだろう。

8.5 パトリック・ウィルソンの社会認識論

もう一人，図書館情報学において忘れられない理論家としてカリフォルニア大学バークレー校のパトリック・ウィルソンがいた。1960 年代に発表した著書『2 種類の力：書誌コントロール論考』で，書誌コントロールにおいて記述的コントロールと同時に実効的コントロールの区別に着目していた[37]。先のスワンソンの議論も，書誌コントロールがその効果をもとにフィードバックを行うべきだとする点で，通常のツールによる記述的コントロールの限界を主張するウィルソンの影響を受けている。

従来の書誌コントロールのツールは，19 世紀から 20 世紀にかけてチャールズ・ジューエット，チャールズ・アミ・カッターやメルビル・デューイといった先覚者の手でつくられた分類や目録の基本原則に基づいていた。その後，それは分散的なデータベースの集合体によって仮想的な世界書誌を実現するまでになっている。しかしながら，それは著者や書名などの固有名からアプローチする場合にはうまくいくが，うろ覚えのキーワードだとかえって探索を阻害する[38]。一般的にドキュメントを探すときには，主題，テーマ，ジャンル，動機，思想，感性などの言葉にしにくい，また，曖昧で常に動的に変化しているものを手がかりにすることが多い。そうすると，標準的な分類法や主題件名法ではすくい取りにくい探索動機にどのようにアプローチす

るのかという大きな問題にぶつかる。

　ウィルソンは『2種類の力』で，目録や分類の規則に基づく記述的コントロール（descriptive control）には限界があるとして，対置するのが実効的コントロール（exploitative control）である。"exploit"とは悪用する，搾取するというように否定的な意味に理解されることが多いが，原義は，ラテン語ex（外へ）-plicare（折り畳む）から来ていて，畳んであったものを展開するという意味をもつ。これを「実効的」と訳すのは，彼がドキュメントに関わる世界のダイナミクスを積極的に捉えようというプラグマティックな意図をもつことを踏まえている。こうして書誌コントロールは，単に図書館の目録や分類，書誌作成，索引のようなものにとどまらず，ドキュメントが生産されてから利用者の手に渡るまでに作用するさまざまな力関係の総体を指し示す言葉であることが分かる。

　ウィルソンはその後，この議論をより深化させたかたちで繰り返している。2番目の著書『公共の知と個人の無知』[39]，3番目の著書『知の典拠性と図書館―間接的知識の探究』[40]がそれである。彼の議論は哲学者らしい含蓄のある表現をとり，それを解釈すること自体が大変困難である。『2種類の力』から始まる3冊の著書のエッセンスを取り出して，批判的に読み解く作業を行ったハワード・D・ホワイトの「パトリック・ウィルソン論」も参考にしながら[41]，ウィルソンがその後どのように議論を展開したのかについて見ておきたい。

　知の広い分野を扱っていても，小さなコレクションであればその管理者や知的媒介者である図書館員が専門知や経験的スキルで補ってくれる。図書館学はもともと王侯，貴族や資本家の個人蔵書を管理するための手法から出発しているから，コレクションの設置目的は明確である。通常は設置者から管理者に対して指示されるものであり，管理者はコレクションと利用者の間に立って両者をつなぐ仕事ができる。

　ところが，国立図書館や大学図書館，大都市の図書館など大規模なコレクションを管理する図書館は専門的に分化した知の集合体であってもそれがどのような知を体現しているのかは把握しにくい。OPACは著者，書名，主題を代替するワードによる検索を可能にしているが，これらは個々のドキュメントの限定された局面を表現するものに過ぎない。つまり記述コントロールではドキュメント全体が個々の利用者に対してもつレリヴァンスを提供す

ることは困難になる。『公共の知と個人の無知』ではそのギャップを埋める
ための実効的コントロールについて議論される。無知は ignorance の訳で潜
在的にアクセス可能でも実際にはアクセスできない状態を指している。この
議論の発想はスワンソンが公共的知識と呼ぶものと重なり合っている。スワ
ンソンが無知を解消するための手法を記述コントロールの組み合わせによっ
て開発したのに対して，ウィルソンは無知を解消する方法を一般的に議論し
ようとしたわけである。

　『知の典拠性と図書館―間接的知識の探究』で彼は個人が最良の公共知が
得られないとしても無知の状態から逃れるための方策があるという。それ
は，専門家ではない一般の人々が確実な知を得るために媒介者が支援するこ
とである。間接的知識とは，学術研究において公共知になる過程やマスメ
ディアの報道を通じて伝えられる過程，あるいは信頼できる同僚や知人，家
族などから伝えられる過程で媒介されるものである。多くの場合，間接的知
識が個人の行動の中心にある。そして，ウィルソンは媒介するものが知の典
拠性（cognitive authority）をもつとされることが，そうした行動の基本にあ
ると考える。典拠性は専門家自身の学術的業績によってつくられることもあ
るが，所属する機関や媒介するメディアなどによってもつくられる。また，
専門家だけでなく，みずから情報収集するジャーナリストはそうした専門家
の知識を検証しながら，別の典拠性を構成する場合がある。さらには，教育
課程における教員が担当する講義やクラスで伝える知識内容，当該分野に関
連する行政担当者や実務家もまたそうした情報や知識を検討しながら，自ら
意思決定を行ない行動を選択する。これらの人々は，専門家と一般人のあい
だの中間的な知の典拠となり，人々の選択や行動に影響する。

　これは，コミュニケーション論やメディア論におけるオピニオンリー
ダー，インフルエンサーと個人の意思決定の関係の議論に近いものだが，
ウィルソンが書誌コントロールから出発していることから少々異なった主張
を行う。それは実効的コントロールが記
述的コントロールに基づいているという
ことである。つまり，ドキュメントの
アーカイブ的流通過程がここにからんで
くる。

　ホワイトは，図8-1に示したように，

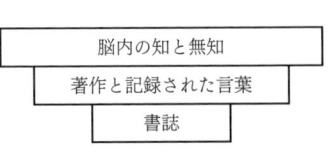

図8-1　ウィルソンの知識論
（H. D. ホワイトによる）

ウィルソンの知識論を，底辺に「書誌」，中間に「著作と記録された言葉」，そして上に「脳内の知と無知」を重ねた構造として表現した[42]。これは，底辺はドキュメントに対して書誌コントロールが行われていることを示し，それによって書かれたもの，表現されたもの，記録された言葉が得られるのが中段である。上はそれを読んだり視聴したりした人が知識として獲得する場合と，下の仕組みにもかかわらず知ることができないものがあることを示している。これもまた，階層構造をつくっているので，記述コントロールと実効的コントロールを含んだ書誌コントロールの役割を重視した考え方であることができる。

　ホワイトによるウィルソン知識論のこのモデル図は，ポール・オトレが1930年代に自らのドキュメンテーション論を概説したときに示した図（「世界，知識，学術，書物」本書第5章 図5-5）を簡略化して示したもののようにも見える。ウィルソンもホワイトもこの図を見ているかどうかは分からず偶然なのかもしれない。だが，イーガンとシェラは，書誌コントロールの考え方が19世紀末に世界書誌編纂から始まったオトレらの国際ドキュメンテーション運動を淵源とすると明言していた。書誌コントロールの動きは，図書館関係者がドキュメンテーションにおける書誌に関わる側面を強調してつくり上げた概念であった。ウィルソンやその解説者ホワイトはその意味でオトレの理論的後継者ということができるだろう。

8.6　ポストトゥルース時代の社会認識論

　インターネットが情報インフラとなり，誰もがSNSやブログで情報発信することが容易になったときに，ポストトゥルースが言われ，真理とは何かを改めて問うことが必要になっている。さらに，2019年からのCOVID-19パンデミックはそのことの現実的な問題をすべての人に突きつけた。このように情報基盤そのものが揺らぎ，それに応じてそこでやり取りされる情報が怪しいものが含まれることが分かっていながら，人々はスマートフォンやタブレットを手離すことができないという新しい情報環境が生まれている。COVID-19状況においては，医療健康サービスの図書館員を中心にして，より確実な情報を探索するための各種のツールの整備やそれらを提供するためのキュレーション活動を行うことも試みられてきた。研究誌 *Library*

Quarterly に掲載されたこの間の米国の図書館関係者の取組みをみると，利用者の求める情報を提供するという受け身の姿勢ではなくて，公正で信頼性の高い情報を提供するという情報評価者ないし情報仲介者の姿勢を強めていると言うことができる[43]。そこには，図書館員は，研究者やジャーナリストなどとともに科学コミュニケーション過程の一つの要素であるとの自己主張がある。

　社会認識論はそうしたときの真理公準を獲得する仕方自体を研究テーマとする学術領域であり，そのことに自覚的である。ゴールドマンやフロリディ，フラーも指摘しているように，図書館情報学が科学者のコミュニケーション行動を測定・評価するための引用索引をはじめとするツールの開発やデータベース開発，そしてそれらを使った研究者や学術機関の機能や影響度の実証的研究が社会認識論を論じるときの補助的な要素として貢献してきたことは確かである。

　これに関連するのは，米国の学術図書館関係者の間で継続的に行われてきた情報リテラシー（information literacy）概念の議論である。2018 年にアメリカ大学研究図書館協会（ACRL）は，「情報リテラシーの枠組み」という公式文書を発表して，情報リテラシー概念をそれ以前のものより拡張してとらえる見方を提示している。それは次の六つのコンセプトから構成されている[44]。

- 権威は状況に基づいてつくられる
- プロセスとしての情報創成
- 情報は価値を有する
- 探究行為としての研究活動
- 会話としての学術活動
- 戦略的調査活動としての探索

　最初にあるように，学術活動においても「権威」は状況次第で変化しうるものであると捉えている。だから研究や調査は情報を構築するための操作的な活動であるということになり，研究者はもとより学習者も探索者もすべて批判的思考に基づいた行為が要請されることになる。従来，図書館のような情報サービスをする部門は，研究者や教員の学術的あるいは知的権威あるいは典拠性を前提とした活動をしてきたわけだが，それだけでは十分でなくなっていて，自らの戦略を明確にするには探究行動が必要になっていること

を意味する。これは大きな転換であったが、これをもたらしたものはネット上の情報環境であり、COVID-19 はそれを白日の下にさらしたということになる。

　かつて筆者は知を媒介する図書館情報学の用語として書誌コントロールを使った。だが、欧米では 2010 年代になって書誌コントロールの用語は使われなくなりつつあり、代わって情報組織化（information organization）、知識管理（knowledge management）あるいはメタデータ管理（metadata management）などが使われているともいわれる[45]。一方、ヨーロッパでは、以前から使われているドキュメンテーション（documentation）に加えて、知識組織論（knowledge organization：KO）がある。

　特に、現在のヨーロッパの情報学においては、知識組織論が原理的な検討から実践的な研究までがカバーしていて興味深い。その研究教育に関わっている国際知識組織学会（ISKO）とその活動のなかに位置付けられるビアウアー・ヤアランらの知識組織百科事典（IEKO）は知識論の全体的な体系とコンテンツを提示している。詳しくは コラム4 を参照されたい。実のところ書誌コントロールはしっかりとそこに位置付けられている。

　イタリアの図書館員クラウディオ・ニョーリによる知識組織論の概説書では、知識組織論における存在論と認識論との関係、知の構造としてのリスト、ヒエラルキー、ファセット、知の表現方法としてのタグ付け、タクソノミー、シソーラス、分類、ドキュメントの概念的分析、そしてそのデジタル空間における応用といった分野が挙げられている[46]。そこでは学校教育のカリキュラムについても一言だけ触れられていたが、カリキュラムが学びの走路という意味から来ており、走路には複数あってそれはアリストテレス以来の学問の分類の考え方が反映されているとしている[47]。ただし、IEKO にカリキュラムの項目はないので、今のところ知識組織論においては教育学との関わりは薄いものと考えられているようだ。

　図書館情報学が外部世界に貢献しようとすれば、知をプラグマティックに捉えるためのドキュメント、レファレンス、アーカイブといった分析概念を使いこなすことによって、人を世界知に導く可能性をどれだけ示せるかが課題になる。分類理論とも密接に関わるカリキュラム論の展開が鍵となる。このことについて、第9章で日本の戦後学校図書館史を例にとって述べることにする。

知識組織論(KO)のためのオンライン専門事典

本書執筆の過程で，欧米の「知の図書館情報学」についてたびたび参照した。そのなかでひときわ重要だと思われたのが，2016年からネット上に知識組織論のための専門事典である *ISKO Encyclopedia of Knowledge Organization*（*IEKO*）がオープンデータとされたことである[1]。これは，国際知識組織論学会（ISKO）の活動の一環として行われ，デンマークの情報学者ビアウア・ヤアランを中心に編集委員会をおいて，そこで項目選定や執筆依頼，査読，校閲を行って質を維持している。副編集長はイタリアの図書館員クラウディオ・ニョーリである。専門事典は当該領域の専門家による項目執筆によって，現在の知識水準が理解できるようにするものである。この事典がネットに置かれることで，紙版の事典の量的制約を回避して十分に論旨を展開できるものになっている。

この学会は1989年にドイツの図書館情報学関係者を中心にして発足した。当初は，図書館分類法やシソーラスなどの主題分析による知識組織化に関心を寄せていたが，徐々に一般的な分類法，システム間の相互運用性，個人の情報行動，機関や組織のナレッジマネジメント，情報や知識利用の評価，個人や社会の認識論，情報検索システムなどの関連した，より広汎な学術的応用的領域をカバーするようになり，それに従いメンバーも図書館情報学だけでなく，情報知識の主題領域の専門家や哲学や経済学，心理学，社会学，システム開発，ミュージアムスタディーズ，アーカイブズなどに拡がった。現在は広い領域に跨がって世界中に会員がいる。活動は学術雑誌 *Knowledge Organization* の発行と定期的な会合を中心とするもので，2020年にカナダのトロントに拠点を移している。各国に支部が置かれているが，日本にもかつて支部があったが現在は活動していない。

学会活動のなかで *IEKO* がひときわ重要なのは，事典編集という方法自体

が知識組織化の手法であるという考え方を貫いていることである。この事典の前身にあたるものは，ヤアラン自身が公開している「認識論の救命ボート（Epistemological Lifeboat）」というサイトで，それはさらに彼がデンマークで図書館情報学を教える際の教材が基になっているという。いずれも知識組織論の重要キーワードの文献付き解説が提供されている[2]。そうした個人版の専門事典が多数の専門家を含めて拡張されたかたちで実現されたのがIEKO である。

　この事典は大項目主義をとっており，一つひとつの項目がその領域のレビュー論文として十分な質と量を備えている。2024 年 3 月時点で 113 項目あるこの事典において，一つの項目は長いものだと，数人で分担執筆され本文で 2 万 5,000 ワードからなり 100 以上の文献が引用・参照されているものがある。つまり，それだけで当該領域の十分な最新情報が得られるだけでなく，初学者にとっても十分な学習教材として成立しているということができる。また，ダブルブラインドによる査読制を実施しており，採用が決まれば，雑誌 *Knowledge Organization* の編集担当に送られ，その「知識組織論の概念レビュー」欄に掲載されている。ヤアランが執筆している項目の多くは同誌に掲載されているし，本書の第 8 章で取り上げたハワード・ホワイトのパトリック・ウィルソン論も同様である。個々の項目毎に執筆の日付けと版が示されていて，改訂が行われているものもある。このようにして，学術論文としての質を保てるようにしていることが分かる。

　また，興味深いのは本事典が知識組織論の一つの応用事例としての自己主張をしていることである。それは，項目の一つ「知識組織論の教育（Education in Knowledge Orgnization）」のなかに IEKO の役割という小項目がある。編集責任者ヤアラン自身が執筆したもので，項目排列そのものが知識組織論（KO）の内容を体系的に示し，カテゴリーに沿って読んでいけば全体的な理解が得られると述べている[3]。

　2024 年 3 月時点での体系と項目名が表 C4-1 で示したものである。この表のなかで下線があるのがすでに執筆されているものであり，下線がないのは執筆中ないし編集中（鉛筆の記号✎で示す）のものである。事典が構築途上のものであることが分かる。

　項目中最多の 27 項目をヤアランが執筆している（表 C4-2 参照）。編集委員会で作成した体系ではあるが，全体が彼の思想を強く反映するものである

表 C4-1　IEKO の項目分類表（下線はすでに項目として存在しているもの）

知識の組織化：一般的および歴史的問題
- 専門分野および関連分野：知識組織論（KO），KO の教育，KO，領域の起源，アーカイブズ学，書誌，情報検索，図書館情報学（LIS），形而上学と存在論，ターミノロジー
- 分類と KO の歴史：古代ギリシャ・ローマにおける科学の分類，図書館分類法：パート 1, 2, 3，コントの科学分類，パースの科学分類
- 運動と団体：分類研究グループ（CRG），国際知識組織論学会（ISKO）
- 伝記記事（出生順，現存者は含まない）：アリストテレス，コンラッド・ゲスナー，カール・リンネ，ジェームス・ダフ・ブラウン，ポール・オトレ，ヘンリー・エヴリン・ブリス，S. R. ランガナータン，エリック・ド・グロリエ，エリック・コーツ，ダグラス／アンソニー・フォスケット，ブライアン・C・ヴィッカリー，ジャン＝クロード・ガルダン，ジャック・マニエス，インゲトラウト・ダールベルク，パトリック・ウィルソン，スーザン・リー・スター

KO の中心となる概念
- 理論的概念：書誌コントロール，カテゴリー，コンセプト，ディシプリン，データ，ドキュメント，ファセット，ジャンル，ヒエラルキー，情報，知識ピラミッド，文献的根拠，出所（プロヴナンス），科学，意味上の関係，主題（ドキュメントの），理論，著作
- 文書のパーツと構造：パラテキスト，目次，タイトル
- ドキュメントの種類：ジャンル，メディア，データ・ドキュメント，データベース，百科事典，地名辞典，ハイパーテキスト，全国書誌，特許，総説

知識組織システム（KOS）
- KOS の一般的な問題：アルファベット順，KOS の評価，KOS の機能，KO の歴史，IFLA 図書館参照モデル（IFLA LRM），知識組織システム（KOS），表記法，主題アクセスポイント（SAP），語彙コントロール
- KOS の種類：✎分類システム，フォークソノミー→タグ付け，キーワード，オントロジー（KOS として），件名標目システム，シソーラス（情報検索用），トピックマップ
- KOS，特定的（一般／普遍）：書誌的，時系列：デューイ十進分類（DDC），✎米国議会図書館件名標目（LCSH），世界十進分類法（UDC），コロン分類法（CC），PRECIS，図書館–書誌分類（LBC, ロシア），日本十進分類法（NDC），韓国十進分類法（KDC），中国図書館分類法（CLC），ブリス分類法第 2 版（BC2），Broad System of Ordering（BSO），Integrative Levels Classification（ILC），Basic Concepts Classification（BCC）；その他：オーストラリアおよびニュージーランド標準研究分類法（ANZSRC），BISAC 件名標目表，カナダ研究開発分類法（CRDC）
- KOS，特定的（ドメイン固有）：アート & 建築シソーラス（AAT），天文学の三王国体系，精神障害の診断および統計マニュアル（DSM），INSPEC，国際疾病分類

（ICD），ホルンボステル=ザックスの楽器分類，経済ジャーナル文献コード分類システム（JEL），リンネの階層構造，医学件名標目表（MeSH），カナダ国家職業分類（NOC），博物館目録法のための命名法，物理学と化学の定期刊行物システム，物理学件名標目表（PhySH），RILM インデックス（国際音楽文献目録），STW 経済学シソーラス

- 特定の分野における KO：考古学と KO，美術研究と KO，化学と KO，色の分類，フィクション文学の分類法と索引，言語の分類，分類システムにおける数学，音楽 KO，時代区分，画像索引，心理学分類，社会科学分類，土壌分類，種
- データ表現のための標準と形式：英米図書館目録，相互運用性，マークアップ言語，メタデータ，RDA（Resource Description and Access），SKOS（Simple Knowledge Organization System），標準と標準化

知識組織プロセス（KOP）

- テキストの自動件名索引作成，引用索引，分類法，記述，インデキシング，タグ付け

方法，アプローチ，哲学

- ブール論理，引用分析，コンセンサス，ドメイン分析，ファセット分析，フェミニスト認識論，系譜的分類法，理想的言語，統合レベル，クーンの分類理論，論理学の分類，分類の数学理論，数値分類法，現象に基づく分類法，政治認識論，→出所（プロヴナンス），読者関心分類法，✎社会的，社会認識論，システムアプローチ，利用者ベースの認知的アプローチ

さまざまな状況やアプリケーションでの KO

- アーカイズ KO，コンピュータゲーム，Flickr，✎民俗分類法（フォークタクソノミー），→理想的言語，学術雑誌分類法，図書館，アーカイブズ，ミュージアム（LAM），地図資料，地理情報，ミュージアム KO，OPAC および図書館発見システム，写真組織化，✎研究分類システム，科学マッピング，✎統計的分類，ウェブアーカイブ

表 C4-2　IEKO のうちビアウア・ヤアランの執筆によるもの

書誌コントロール，引用分析，引用索引（共著者として），分類，データ，データドキュメント（共著者として），記述，ドメイン分析，KO の教育，ファセット分析，インデキシング：概念と理論，情報，情報検索，キーワード（共著者として），知識組織論（KO），図書館，アーカイブ，博物館（LAM）（共著者として），図書館情報学（LIS），政治認識論，心理学，分類，科学，社会認識論，主題アクセスポイント（SAP），（ドキュメントの）主題，目次，ターミノロジー，理論，利用者ベースの認知的アプローチ

ことは確かだろう。ヤアランが英米圏および日本の図書館情報学領域で知られるようになるのは，2012 年にボーデンとロビンソンの図書館情報学教科書（日本語訳は 2019 年）で彼の業績が紹介されてからだと思われる[4]。そのヤアランは多数の査読論文を学術誌に書いているが単著を出版せずに，このようにネット上に知を集約して発表するオープンサイエンスの手法を実行しているということができる。

　表 C4-1 を見ると，本書で扱ってきた図書館情報学の基礎的概念が IEKO のなかで一定の位置付けをもっていることが分かる。ドキュメント，DIKW ピラミッド，書誌コントロール，社会認識論，パトリック・ウィルソンは項目となっているし，他にも，知識，ジェシー・シェラ，レリヴァンスといったものはきちんと論じられている。その論じ方が図書館情報学の内部の議論にとどまらず，多様な学術領域の最新の議論を踏まえているところが ISKO の特徴である。知の組織化として図書館関係者は，目録規則やメタデータ，およびその発展形態である IFLA の FRBR や LRM のようなところに関心を向けることが多かった。ISKO ではそのあたりにも触れてはいるが，LIS がこれまで扱ってきた個々の図書館の具体的な運営や経営，政策，手法などを超えたところに見られる理論的な背景や方法にこそ関心があるといえるだろう。おそらくは，ネット社会を前提とした図書館情報学は従来のものから先に進むことが要求されており，それを探るためのヒントがここに見いだされる。

　米国で商業ベースで出ている専門事典 *Encyclopedia of Library and Information Sciences*（ELIS, 4th ed., 2017）と比較するとよいかもしれない[5]。第 3 版（2010）で情報行動論の研究者マルシア・J・ベイツを編集主幹に迎えて大きく編集方針を変え，この分野の新しい展開と周辺領域との関係を探る野心的な企画になった。さらにその一部を改訂したのが，全 7 巻で 6,000 ページある現在の第 4 版である[6]。全体としてきわめて体系的で精緻な作業に基づいて立項編集されている。その意味で IEKO は，ELIS のなかで知識組織論に関わる部分をより詳細に論じたものということもできるのだろう。ELIS は Amazon Kindle 版でも 15 万円ほどの価格になっている。項目単位での購入も可能だが，完全オープンになっている IEKO とは性格を異にする。

　オープンなネット百科事典の事例としてすでに標準的な哲学事典としての

評価を受けている Stanford Encyclopedia of Philosophy 他多数あるが[7]，編集の手間と運営コストを誰がどのように負担するのかはどこでも大きな問題になる。知の流通の在り方を考える上で，現在のオープンサイエンスの動きが経済や産業との関係を無視できなくなっていることは明らかである。ただし，ELIS も IEKO もそういう社会科学的視点が弱いことは否定できない。すでに高齢になっているヤアランを引き継いで，次の世代にどのように継承し発展させるのかが問われることになるだろう。

第9章
探究を世界知につなげる
：図書館教育のレリヴァンス

9.1 デューイと教材，学校図書館

　ジョン・デューイは 20 世紀前半の米国の哲学者・教育学者である。米国では 1960 年代末から彼の全集が刊行され始め，1970 年代末にネオプラグマティズムの哲学者リチャード・ローティが彼をハイデガー，ヴィトゲンシュタインと並ぶ偉大な先行者と呼んだ頃から再評価が始まった[1]。日本でもデューイは大正時代から教育学に大きな影響を与え続けてきたが，近年，新しい翻訳著作集が刊行され始めて，読み直しが続いている[2]。

　本章では，デューイの思想そのものを扱うのではなく，学校教育においては知が世界に向けて拡がることを彼が志向していたことを確認し，そのことが日本の戦後教育改革において取り入れられようとしたけれどもうまくいかなかったことを，一つの事例をもとに論じてみたい。その際に，現象学的社会学で用いられるレリヴァンスという方法的概念を適用し，この概念が図書館情報学でも用いられてきたことから，学校図書館政策を対象にして教育学との接点を具体的に論じてみたい。

　デューイが構想する学校では，一人ひとりが他者の経験を共有しながら自ら経験することで学ぶことが重要になる。この場合の他者は同じクラスにおける他者とは限らない。教員を含んだクラスを超えたところにある教材がうまく提示されることによって，そこに含まれる経験が共有される。ここで教材と呼ぶものの原語は "subject matter" で，学ぶ主体が認識対象とし経験するものすべてが含まれる広義の概念である。もともと subject は従属を意味するから，世界に所属していることを自ら（主体的に）理解する素材が教

材ということになる。アメリカ教育学では“educational materials”とこの言葉を区別しながらも，場合によっては同じ意味で使ってきた[3]。

　デューイが若い頃に，シカゴ大学の実験学校の責任者となって行った一連の実践報告のまとめである『学校と社会』（1900）は，彼の教育学の原点に置かれている。教育が子どもの経験から始まり，学校が家庭や近隣社会に包摂された小社会を形成しているなかで，子どもと学校，子ども同士の関係，社会の相互関係を意識した活動主義をとるという彼の考え方は，教育学において一貫して支持されてきた。その著作に学校の概念を社会との相互関係のなかでコンパクトに示した図がある[4]。

　その図で描かれた学校の中心に図書室が置かれている。彼は，「中央の部分には，図書室があるが，それはすべてが図書室に集まってくる，すなわち実際的な作業の進展に光明を投じ，それに意味と自由な教養的な価値を与えてくれるために，必要とされるあらゆる種類の知的資料を収集している図書室に，すべてのものが集まってくるような方式を表現しているのである」と述べた[5]。また，図書室をめぐる学習の場の重要性について次のように述べている[6]。

　　［図書室は］子どもたちのさまざまな経験，さまざまな問題，さまざまな疑問，子どもたちが発見してきたいろいろな具体的な事実をもち込んでくる場所になるだろう。そこでは［中略］とりわけ他者の経験からくる新しい光，集結された世界の叡知——それは図書室に象徴されているものであるが——というものからの新しい光が，投げかけられる場所である。ここには理論と実践との有機的な関連がある。子どもは，たんに物事を為すというだけではなく，子どもが為していることについての観念もまた，獲得するのである。すなわち，子どもの実践にはいり込み，その実例を豊かなものにしてくれる，ある種の知的概念を当初から獲得してかかるのである。他方，あらゆる観念は，直接的であれ間接的であれ，経験のなかでなんらかの応用を見つけ出し，生活のうえになんらかの影響を与えるものである。いうまでもないことだが，このことが教育における「書物」あるいは読書の地位を決めることになるのである。書物は経験の代用物としては有害なものであるが，経験を解釈したり拡充したりするうえでは，このうえなく貴重なものである。（強調は原著者）

　本章でこれから論じようとすることの要点はここに尽きている。書物は単なる経験の代理物ではなく，経験を拡張するための道具である。彼の時代に学校図書館は制度的に未発達ではあったが，ルネサンス以降の学びの場には理念的に必ず必要とされたものである。なぜなら，知を獲得する方法が，基本的なテキストを繰り返して学ぶ中世のレシテーションの時期から，近代のテキストを解釈して取り入れる批判的な読みの時代に移行する過程にあったからであり，知を獲得する素材としての書物を集めた場である図書館が重要であったからである。「集結された世界の叡知」の原語は "the accumulated wisdom of the world" である。このことを本稿では縮めて「世界知」と呼ぶことにしよう。図書館こそが世界知を媒介するものである。

　学習者の探究を支える拠点として学校図書館を描いた図は，学校図書館論においては頻繁に引用されてきた。また，多くの教育学者や哲学者もこの1節に注目して言及していた。たとえば，かつて教育哲学の杉浦美朗は，「実践と理論を統一する場所としての図書室，探究を飛躍させる場所としての図書室という図書室の基本性格は，高度技術社会にして高度情報社会としての現代社会においても代わる(ママ)ことはないであろう。……このあらゆる種類の学習媒体を備えた学習拠点，高性能の情報処理システムを備えた情報拠点となることにおいて，図書室は文字言語情報の低温貯蔵施設であることを止めて一人ひとりの子供が自ら探究を展開すると共に集団としての子どもが共同活動としての探究を展開する場所となることができるであろう。」と述べた[7]。最近でもアメリカ哲学の谷川嘉浩は，やはりこの図を掲げて，「中心に図書館があったことからも分かる通り，デューイにとって哲学することは，折に触れて「図書館」に頼ることを前提とする。先人が積み上げた知的遺産から学び，自分なりの「地図」をもつことで，手ぶらで知らない街を歩く心許なさを退け，状況の何に注目すればよく，どの刺戟に敏感であればよいのかを知ることができる。」と述べている[8]。いずれも，学校図書館がもつ知を反省的に媒介する役割が学習者，あるいは知的探究者にとっての道しるべになり，また，協同的な探究を可能にもすることを説いている。

9.2　探究と世界知

探究とは何か

　デューイがなぜ学校の中心に図書室を置いたのかを考えるために，彼の言う探究（inquiry）の概念が解く鍵になる。探究はチャールズ・パース以来のプラグマティズムの用語であった[9]。プラグマティズムは行動を意味するギリシャ語 πρᾶγμα（プラグマ）からイマヌエル・カントの実践哲学を経由して米国で生まれたもので，知識や価値の問題を行動の場面で捉え，有用性または有効性を基準として考える立場である。探究にどのような行動との結び付きがあるのかを考えてみる。in-quiry には踏み込んで明らかにするという意味がある。これが類義語の research（研究：仮訳以下同様），exploration（探索），examination（検査），interrogation（尋問），investigation（捜査）などとどう違うのか，語源を明らかにすれば理解しやすい。語頭の re-，ex-，inter-，in-が動作の方向を示している。re-search は探す行為を繰り返すこと，ex-ploration は狩猟者が大声を上げること，ex-amination は結果を外に示すこと，inter-rogation は手を差しのばすこと，in-vestigation は痕跡を執拗に辿ること，の意である。in-quiry の quiry は質問（query クエリは日本語にもなっている）の意味でこれに in がついて内側に踏み込むという意味になる。探究学習は以前に日本の教育現場でよく言われたアクティブラーニングとは異なり，個々の学習者の心的態度と密接に関わることが分かる。

　デューイの探究の概念が 20 世紀の教育哲学の焦点の一つであったことは確かである。デューイが探究について明示的に論じたのは 1938 年の *Logic: the Theory of Inquiry*（『論理学：探究の理論』）であった[10]。このなかで，彼は探究を「不確定な状況を確定した状況に，すなわち，状況を構成している区別や関係が確定した状況に統制され方向付けられたように転化させることで，もとの状況の諸要素をひとつの統一された全体に変えることである」と定義している[11]。彼にとって探究とは，問題解決をめざして展開される知的活動のことであるが，観察，推理，推論という思考（thinking）の過程で経験から得られた状況についての観念がすでに得られている概念と突き合わさ

れながら修正されていくものである。その際に，思考活動の結果である思想（idea）ないし思惟（thought）は思考によって連続的に変化する。そして，思考と思惟とを常に突き合わせをする過程で得られた反省的思惟（reflective thought）が，先の定義にあった統制され方向付けられた仕方で転化させることで得られる結果である。デューイは，探究の先行条件として不確定な状況を認め，問題を設定し，仮説を形成することにより問題解決法を決定し，そこで観察されたものに基づき推論を行い，観察事実と推論から得られた意味とを対照させることを行うという一連の操作を探究のパターンとしている[12]。

　このようにデューイの探究概念は，一見するとあくまでも思考活動を行う人が直接経験する認知の過程を中心とするものであるが，学校図書館をめぐる状況にこれを適用するためにはさらに外部の知的機関や図書館などが提供する外的な情報源について考察しておく必要がある。デューイの意味体系は探究ないしは生活する個人のものであることが前提だったが，先の『学校と社会』からの引用にあるように，他者の経験からくる新しい光や集結された世界の叡知を伝えるものとしての図書室を重視していることから，探究に他者の経験を共有することが必要であるとしていた。デューイはそれ以上は明示的に論じなかったが，探究という行為には自らの意味体系とともに客体化された外部の知識のストックをも同時に参照することが含まれる。

　教育哲学者早川操は『デューイの探究教育哲学』（1994）において，デューイの探究概念が「反省的思考」や「問題解決学習」という名称で米国の進歩主義教育運動の哲学的基盤を形成してきたと述べた。そして，デューイが1916年の *Essays in Experimental Logic*（「実験論理学論考」未訳）のなかで，探究の過程において，直接の観察と，過去の経験を通じて「蓄積された意味体系（a system of funded meanings）」から回憶（recollection）されたものとの双方が働いていると述べたことに触れて，それらの関係が反省的思考を生み出すとする。早川は，その理論的展開をリチャード・ローティのネオプラグマティズムやアルフレッド・シュッツの現象学的社会学，ユルゲン・ハーバーマスの批判的社会学，ドナルド・ショーンの反省的実践，パウロ・フレイレらの批判的教育学などの諸理論に照らしながら総合的に考察している[13]。そのなかでは，デューイの言う反省的思考を生み出す過程と，シュッツが，日常生活世界を当然視する自然的態度から反省的態度に変換さ

れるときに知識のストックが参照される際の有意性（relevancy）が重要だと述べているのとが類似していることを指摘する[14]。この有意性こそ，個人の探究と外部にある知識のストック（世界知）とを結び付けるキーワードである。現在の現象学的社会学において，シュッツのrelevanceは「レリヴァンス」と訳すのが普通であり，以下この用語を用いる。

　念のために付け加えておくと，知識のストックとか世界知と呼ぶものは必ずしも学術や科学のようなものだけを指すのではない。そうした言葉の論理操作によって得られるものだけでなく，倫理や価値もそうだし審美的なものも含めている。また，言語だけでなく視聴覚や皮膚，身体器官を通じて媒介されるものが含まれる。デューイが世界と呼びシュッツが生活世界と呼ぶのはそうして媒介されたものである。

人文主義のクリティックとカリキュラム

　少々周り道をして，デューイの探究概念が西洋の思想的伝統に沿っていたことを確認しておきたい。第1章で西洋の図書館ないしはアーカイブの思想が人文主義の影響を受けて発展してきたと書いた。人文主義は，ルネサンスの時期に古代ギリシア・ローマの古文献を発掘する過程で確立されたもので，要するに知の根拠を求めようとして，蓄積されている文献群の来歴を明確にし，その層の相互関係を批判的に読み解き確定する方法である。これを第5章で触れたように文献学（philology）と呼ぶこともある。17世紀以降の科学革命や18世紀の啓蒙主義，19世紀の実証主義の確立を通じて，知の確定の方法はこうした文献的なもの以外に，機器を用いた観測や観察，実験や調査，データ分析，フィールドワークなどに拡がっていった。だが，どんな学術的領域でも先行研究の批判的読みと確認という過程は避けられない。新しい方法を用いた学術領域であっても，それがその領域の文献による知の蓄積を元に展開されることには違いないから，人文主義的な文献学の思想は残されているといってよい。そしてこうした思想においては批判的に読むに足る幅をもった文献の蓄積を行う図書館がなければならない。

　ローマ法の法制史家木庭顕は，人文主義的方法の基盤をなす考え方は古代ギリシアからローマにかけて成立した政治，民主主義，法の思想を基にルネサンス期以降に体系化したものであるとし，これをクリティックと呼んだ[15]。何らかの出来事（事件，議論，現象など何でもよい）に対して，それ

が生じた要因を厳密に識別しようとする作業（ディアレクティカ）を行い，そこで見いだした対立構造の析出をさらに遡って同じ手続きで明らかにすることが，人々が自由な議論により決定をすることの基礎になるという。木庭はこれが政治，法，デモクラシーの原理であると述べる。彼のクリティックの議論のなかでは，ルネサンスに始まり 17 世紀に確立する文献学ないし考証学（彼はアンティクアリアニズムと呼ぶ）は，根拠を歴史資料ないし文献的な裏付けにより確実にしていく方法であった。こうするとクリティックとそれを可能にする文献学（考証学）により，知的探究には批判的読みを可能にするためのリテラシー教育と知を蓄積する仕組みが必要とされることになる。

　人文主義の伝統において知を確定する方法が重視される一方，この時代は世界が海を越えて一挙につながった大航海時代である。世界中から珍しいものが持ち帰られ，それに応じて博物学や人類学が盛んになった。こうして新しい知識が各段に増えたが，同時にこの時代は活版印刷術によって知の普及が一挙に進み，新しい知が書物に書かれて拡がった。これを情報爆発と呼んだり，情報革命の時代と呼んだりする近年の研究もある[16]。これらの研究が明らかにしているのは，新しい知を効果的に読者に伝えるための工夫であり，百科全書的な知のまとめ方や図版の使い方，知の分類法や配列法などである。そうしたなかに，世界中の書物を記述する書誌学の方法が現れる。コンラート・ゲスナーの世界書誌（万有書誌ないし普遍書誌ともいわれる）はそうしたなかで現れたものである[17]。こうした方法的な知の工夫はいずれも世界知の可視化を実現しようというこの時代特有のものである。

　もう少し時代が下ると，人文主義的な考え方を基にして次世代への継承を目的とした教育ツールとして教科書がつくられる。最初の近代的教科書として知られるのが，17 世紀チェコの思想家コメニウスによる『世界図絵 *Orbis sensualium pictus*』（1658）である。コメニウスはプロテスタント系の宗教家で彼が書いた『大教授学』（1657）では，「神・自然および人事に関する真知の一切」を教えるという汎知主義を主張し，言語を通じて「汎知体系に関する著述の輪郭」を伝えることの重要性が説かれる[18]。こうした教授学 Didactika の考え方は大陸ヨーロッパにその後も継承され，19 世紀ドイツのヘルバルト派教育学の確立へとつながっていく。ヘルバルト派教育学は 19 世紀末には米国や日本にも伝わり，学校教育カリキュラムにおいて基本的考

え方となる。また，学術研究の成果が知の大枠を形成するから，それ以前からあった人文主義における三学四科（文法学・修辞学・論理学，算術・幾何学・天文学・音楽）の古典的なカリキュラムと新しい学問（自然科学，社会科学など）とを整理することで，20 世紀には現在の教科につながるカリキュラムがつくられた。

　他方，近代教育学には子どもの発達に即したカリキュラムを用意すべきであるという考え方が現れる。ジャン・ジャック・ルソーは，『エミール』（1762）において子どもを小さな大人とみるのではなく，段階的に発達する自然な成長を支援すべきものであることを主張した。こうした考え方が19 世紀のヘルバルト派教育学にも流れ込んで，カリキュラムの年齢構成の考え方がつくられる。20 世紀前半の米国の進歩主義教育運動は，ヘルバルト派教育学が硬直したカリキュラムの考え方をもち込んだことに対する批判でもあり，再度，子ども視線から世界に向き合う際に子ども経験や探究的な方法の重要性を強調したものであった。

　以上の議論をまとめると，人文主義には知を析出するための批判的方法と，知の析出のための文献学的方法とが組み込まれていた。どちらも世界知に到達する道として書物あるいは書き言葉を重視していた。だからこそ母語によるリテラシー獲得は最も基本的な条件となるリテラシーを読み書き能力を超えて，知への探究を可能にするための能力と捉えるかどうかで，どちらを重視するのかが分かれてくる。西洋教育史において近代世界の知の拡張状況に対応するのに，一方ではカリキュラムを厳密に構築して発達に合わせて段階的に教えるべきものを決めていく考え方があり，他方では，子どもの成長を前提として自然な好奇心と探究心を世界知につなげていくという考え方があったのはそのためである。探究と世界知をつなげる人文主義的方法として，デューイは図書室を学校の中心に置き，知を段階的に導くための知的根拠としての書物をカリキュラムに組み込むことの重要性を説いたと考えられる。

9.3 関係概念としてのレリヴァンス

シュッツのレリヴァンス

　シュッツが没後残したノートを元にトーマス・ルックマンがまとめ直した『生活世界の構造』(原著 1975) は，現象学的方法によって個人が自らの生活において世界を認識する過程とそれを累積し，他者と関わり，社会的に累積される間主観的なものになる過程とを緻密に考察した著作である[19]。このなかで個人がもつレリヴァンス構造によって知識が集積され，それらが他者のレリヴァンスと相互作用することで社会的なレリヴァンス構造が生まれ，さらにはそれが社会的配分や歴史的な蓄積を通して「客体化された」知識になる過程を論じている。ただし気を付けなければならないのは，シュッツはあくまでも現象学から出発しているから，彼自身はあくまでも個人を中心に置いて主観的生活世界を論じているという点である。

　彼はこれが社会学的なテーマとして社会的レリヴァンスをもつこと，あるいは社会的に累積された知となることについて展開し，周到に主観的生活世界の特性がどのように間主観的なものになるのかについての考察を行っている。まず知識の集積の契機として，経験される世界が境界づけられることについて述べる。時間的，空間的，関係的な境界があることによって今の経験が別の経験との関係をもち，それをもとにして主観的経験が構造化される。そして構造にしたがって経験がルーティン化されることで，集積されて技能，習慣，生活知，経験知となる。集積された個人的な知について他者と間主観的な関係をもつことで知識の社会的な集積が結果的に生まれるのだが，その関係についてシュッツは主題的レリヴァンス，解釈的レリヴァンス，動機的レリヴァンスを区別して説明を行っている。

　以上は，シュッツとルックマンの膨大な著書の枠組みだけを取り出したものである。シュッツの著作集にある「見識ある市民」という論文は，知識の社会的累積を議論しているのでここで参照しておこう。このなかでは，レリヴァンスについて個人が直接観察できる範囲の段階から個人が関心をもたずまた影響も感じないような段階まで4段階を区別している。知識の配分を問題にしているのではなくて，生活世界がそうしたレリヴァンス構造をもつ個

人の集まりから成り立つとしている[20]。そして知の開発そのものを仕事とする専門家と日常世界の生活知，経験知を頼りに生きる一般市民との間に，見識ある市民（informed citizen）を想定する。見識ある市民とは「当面の自分の目的には関わりがないけれども，少なくとも自分には間接的に関わりがあると知っているような領野において，道理のある根拠に基づく意見に到達する」ことを目指す人である[21]。こうして，専門家によって開発された知識が社会的に共有される過程で，見識ある市民のような媒介者が重要な役割を果たすことが示される。シュッツにとってレリヴァンスはそうした立場の違う個人の主観的世界をつなぐための関係性を示す複合的な概念である。

レリヴァンス概念の展開

　レリヴァンス概念は，図書館情報学では適合性（relevance）として長らく議論されてきた。この場合の適合性は図書館をはじめとした情報システム（シュッツの用語では知識のストック）を評価する際の指標の一つであって，システムが提示する情報が求めるものなのかどうかについて論じるための概念枠組みである。適合性はシステムの機能や特性だけでなく，情報探索者の目的，社会的条件，心理的特性なども含め多義的に定義できるものであり，1960年代以降の多様な情報システム評価のために議論されてきた。つまり，当初，実験システムにおいて検索者の要求に「適合する」文献がどの程度検索できているのかを評価する指標として，精度（precision rate）とか再現率（recall rate）とかが用いられたが，そもそも，実験を離れて一般的な状況のなかで「適合する」のがどのような状態なのかは一意に規定することが困難であることが分かってきた。relevance（以下，図書館情報学の文脈でもレリヴァンスと表記する）はそのような場合の検索者と得られた（得られうる）文献群との関係を示す用語として拡張してもとらえられた。

　それは検索者を情報を求めようとする人に置き換え，文献群を何らかのデータベースあるいはどこかの図書館，インターネットのコンテンツに置き換えても同じことである。情報学者テフコ・サラセヴィックは1970年代にすでにこのことに気付き，レリヴァンス概念を総合的に考察したレビュー論文を書いた[22]。そこではシュッツが生活世界の現象学的な関係を指して用いた用語であることにも言及している。その後も情報技術的な領域での評価を論ずる際にこの用語は常に言及されてきたが，同時にこれが図書館情報学

（あるいはその発展形である情報学 information science）における基本的概念の一つであるとする議論も現れてきた[23]。そうした論者の一人であった図書館情報学のマイケル・バックランドは 2017 年の著書で次のように述べて，レリヴァンス概念をシステム評価に用いることの困難性について述べている[24]。このなかのドキュメントという言葉については，本書第 2 章ですでに述べた。

> ドキュメントがレリヴァントであるためには，実際にある人の精神活動にとって有用とされなくてはならない。そのためにレリヴァンスは主観的で，特定個人に特有の現れ方をする，予測困難で不安定的なものである。だから通常はあるドキュメントがある時点でレリヴァントかどうかを推測するしかない。

　2000 年代になってレリヴァンスが人文社会科学の複数の分野を結び付ける重要な概念としてクローズアップされることが増えてきた。それらの議論をまとめたものとして，社会学者ヤン・シュトラスハイムは，レリヴァンスが現象学的社会学，知覚や認知，言語，そして（図書館）情報学，記号論，認識論と論理学などの領域で互いに少しずつの関わり方をもちながらも独自の発展をしてきたと述べている[25]。社会学と図書館情報学についてはすでに述べた通りで，他のものについて少し触れておくと，たとえば日本でも『関連性理論：伝達と認知』という標題で翻訳が出ているダン・スペルベルとディアドレ・ウィルソンの著作（原題 *Relevance: Communication and Cognition*, 2 ed.）は，言語学の語用論（pragmatics）において，話し手と聞き手を想定した場合発話がどのような意味のものとして受け取られるのかを中心にする理論について述べたものである[26]。ある言語表現が多義的で文脈や関係でさまざまな意味になることは知られているが，この議論は言語表現の論理関係から導かれる推論的過程を重視する。その際に共有するルールがどの程度あるのかだけでなく，それが動的に変化する関係の場合も含めて論じられる。こうしたことも含めて人が周囲の世界をどのように認識するかに関する研究領域で，レリヴァンスの概念が背景や文脈の違い，知識の有無や偏見があるかないかで，ある特定の理解がなされる理由を説明しようとする。

サラセヴィックのレリヴァンス論

　図書館情報学において，メディアおよびメディアを媒介するデータベースや図書館コレクションのようなシステム評価に対して，レリヴァンス概念が用いられることが多かった。シュッツのレリヴァンス概念に戻ってみると，研究者や市民の情報行動を研究する場合の心理学や社会学的な方法にレリヴァンスが使われてもよい。実際に，サラセヴィックは先の論文でそのあたりについても把握していた。彼はそれから30年後に続篇を発表して，その間のことをレビューしている[27]。この間にICT技術は各段の進歩を遂げ，インターネットが情報基盤となる社会が出現した。その状況を見た上で彼は，レリヴァンスについて次のように述べる。

　　経済学の父とみなされるアダム・スミスは，1776年の著書『諸国民の富（国富論）』の中で，経済社会の運営原理を説明しようとした。とりわけ，彼は市場の決定がしばしば「見えざる手」によって支配されていると説明した。同じように，レリヴァンスは目に見えない手によって支配されている。場所も理由も問わず，レリヴァンスの見えざる手は，それをレリヴァンスと呼ぼうが呼ぶまいがすべての情報活動とすべての情報システムに関与している。人間に関わるものである限り，レリヴァンスは暗黙のうちに存在しており，避けることはできない。人々が情報活動にITを使用するのはそれにレリヴァンスがあるからだ。他方，何よりも情報システムは，潜在的にレリヴァントな情報や情報オブジェクトを人々に提供するように設計されている。ここにレリヴァンスの重要性がある。

　経済学において物々交換や貨幣による取引が行われる場を市場と呼んでこれを分析しようとするように，情報学におけるレリヴァンスもまた人と人が直接に，あるいは何らかのシステムを通じて互いに関係をもつような場面を記述する語であるとしている。彼は，この間，シュッツとルックマンと並んでレリヴァンスが人文学の発展形である情報学における新しい地平を切り開く概念であることを宣言し，その普及に貢献した人だということができるだろう。彼は次のようにレリヴァンスを説明する[28]。

レリヴァンスとはオブジェクト P（または複数の Ps）とオブジェクト Q（または複数の Qs）の関係として示される何らかのプロパティ R（または複数の Rs）のことである。P および Q は，無形オブジェクト（アイデア，概念，情報など），有形オブジェクト（ドキュメント，機械，プロセスなど），あるいは無形オブジェクトと有形オブジェクトの両方の組合せ（タスク，状況，責任など）のいずれかである。プロパティ R（主題性，有用性など）は，P と Q の関係を確立するためのベースとコンテキストを提供する。つまり，P と Q の間の関係は，プロパティ R で示されるレリヴァンスとして捉えられる。そのプロパティは，明示的または暗黙的な場合も，よく定式化されたものも直感的であるものも，合理的なものも合理的でないものもあり，それらの対立軸の連続体で示すことができる。

［中略］

レリヴァンスは，関係性を示す尺度としても捉えられる。コミュニケーションについて考えてみると，レリヴァンスもコミュニケーションの有効性と関係があることが直感的に理解できる。したがって，特性 Rs に伴うオブジェクト Ps と Qs の間の関係は，何らかの尺度 S（または複数の Ss）によって示すことができる。ここで，S は，強度，程度，またはその他の量や質など，さまざまな大きさのものとして表現できるものである。尺度 S は，明示的または暗黙的な場合も，よく定式化されたものも直感的であるものも，合理的なものも合理的でないものもあり，それらの対立軸の連続体で示すことができる。

最初の定義は，レリヴァンスが複数のオブジェクト（考察対象としての現象）間の関係を示す概念であるという宣言であり，それぞれのオブジェクトはさまざまなプロパティ（属性）をもつ。そしてその属性は有形なものも無形なものもある。また，レリヴァンスは主題とか有用性などの関係概念で示すことができるとしているが，その関係概念も多様な軸のどこかに示されるようなものということである。これは，ここまで見てきたような他分野のレリヴァンス概念を包括可能な定義とすることを意図して考察されている。サラセヴィックは続けて，情報学においては，情報または情報オブジェクト（P）と，認知的および情緒的な状態や状況（情報の必要性，意図，主題，

問題，タスク）（Q）を含むコンテキストとの間の関係としてレリヴァンスを捉え，その（R）は，話題性，実用性，認知的一致度といった特性に基づくものであるとしている。

　次の尺度としてのレリヴァンスは図書館情報学特有のものである。つまりこの場合には，オブジェクトの一つは何らかの評価対象となるようなシステムであることが想定されている。それは，情報検索システムかもしれないし，インターネットのサイトかもしれないし，図書館コレクションかもしれない。サラセヴィックが他の論文でいうように，図書館情報学にルーツをもつ情報学においては主たる関心が「人類の知識の世界を記録された形式で伝達すること」であるから，記録物という物的なオブジェクトを介することが重要な特徴である[29]。

　サラセヴィックはレリヴァンスの研究動向の全体像を把握した上で図書館情報学の位置付けをそこで示そうとした。彼が取り上げた研究動向は，シュトラスハイムが挙げたものとほぼ重なっていて，レリヴァンスの議論が領域横断的に進められつつあることが示唆されている。レリヴァンスという用語は，このように用いる論者や属する領域によって多様に定義されるのだが，共通点としては，知識領域で認識主体と外部世界をつなぐための用語であること，外部世界についても認識主体によって認識された世界であり，両者が相互に関連することを前提としていることを挙げることができる。社会学では認識された外部世界としているものを，図書館情報学では利用者がアクセスしうるデータとしての情報とか文献資料のような客観的な存在が伝えるものとしている。

　サラセヴィックは，情報検索におけるレリヴァンスのインタラクションの全体像を階層化モデルとして図式化することを試みている。それは，一方でコンテンツ，そのソフトウェア的処理とハードウェアと通信によるエンジニアリングを置き，他方に社会的文化的コンテキストに置かれた人がある状況のなかで，情緒的認知的な問いを発して質問をつくり出すところを想定して，両者が出会うインタフェースを含んだ情報利用全体の構図である[30]。そして過去に行われた多数のレリヴァンス評価研究をレビューした上で，先のバックランドと同様に，レリヴァンスを向上させるための実験プログラムはうまくいっていないと結論付けている。その基本的な理由は，レリヴァンス・インタラクションの前半のエンジニアリングと文化的社会的コンテキス

トから始まる人間の質問入力とが二元論的に分離されたままであるからである。これは，他分野でのレリヴァンス研究の成果と切り離されたところでシステム開発や実験が行われていることを意味する。

9.4 戦後学校図書館政策のドメイン分析

ドメイン分析とは何か

レリヴァンスは人と人との間の関係的概念であるが，図書館情報学が対象とするものは関係をもとにして，何かのシステムや制度をつくったり評価したりするプラグマティックな適用領域と考えてもよいだろう。ここではそれを，学校図書館を例にとってみておきたい。

その際に，もう一つの方法的概念として，第2章で触れたビアウア・ヤアランが提出しているドメイン分析（domain analysis）と呼ぶものを説明しておく[31]。サラセヴィックの情報検索におけるレリヴァンス・インタラクションの階層化モデルが機械検索を前提としたものであったのに対して，ヤアランのドメインとは，共通の用語を用い共通の関心や観点をもつ利用者集団とそれに関わる情報システム，情報資源，情報サービス，情報処理の過程を指している。ドメインは方法的概念として捉えることができるもので，たとえば特定の主題領域（例：医学，経済学），専門機関（例：気象台，美術館），職業集団（例：新聞記者，保育士），組織・事業所（例：NPO法人，石油掘削会社，宗教団体）など多様にありうる。ヤアランは，こうしたドメインにおいて構成員が用いる用語，もっている関心や観点とそこで生じている情報行動を把握するための11の観点を挙げている。

11の観点とは，次の表9-1に掲げたものである。

①の「資料案内とサブジェクトゲートウェイ」から⑤の「計量書誌学」まではいずれも図書館情報学で一般的に用いられて

表9-1　ドメイン分析の11の観点

①資料案内とサブジェクトゲートウェイ
②分類とシソーラス
③索引・検索の諸機能
④利用者研究
⑤計量書誌学
⑥歴史研究
⑦ドキュメントとジャンル研究
⑧認識論的・批判的研究
⑨ターミノロジー，特殊言語，ディスコース分析
⑩情報コミュニケーションの構造と制度
⑪認知，知識表現，人工知能

きた観点であり分析の手法である。⑥の「歴史研究」から⑪の「認知，知識表現，人工知能」までは隣接の人文社会領域の方法である。これらの方法を用いて，ある特定の情報領域の情報や知識の流れ，人々の情報行動，そして情報システムの設計，情報サービス手法の開発といったものを開発するという。ヤアランは，ドメイン分析の考え方は専門図書館のサービス評価が元になっていると述べている。専門図書館は特定の利用者コミュニティを対象にサービス提供をする機関であるから，コミュニティ毎に扱う主題もツールも専門用語もコミュニケーションの仕方も異なっている。このようにコミュニティの特性分析という実証的な方法が情報サービスを展開するのに有効であることが主張されている。

　ドメイン分析を美術史に適用したアンデルス・オルムの論文では，美術展，美術史関連ドキュメント，分類システム，参考文献，シソーラスの分析を通して，美術史における伝統主義的なものに対して，20 世紀に起こった三つの主要パラダイム（図像学，様式論，唯物論）が米国議会図書館分類表（LCC），デューイ十進分類法（DDC），国際十進分類法（UDC），ソビエトLBC 分類システム（Library-Bibliographical Classification, *Библиотечно-библ иографическая классификация（ББК）*）の分類にどのように組み合わされて表現されているかを明らかにする試みである[32]。ドメイン分析からは，これらのパラダイムの用語が，a）美術展，b）一次から三次のドキュメントタイプの資料，c）分類法，書誌，シソーラスといったツールにおいて，歴史的な層を形成して組み込まれていることが分かったとしている。また，LCC，DC，UDC の三つの西側の分類法とソビエト時代に使われていたLBC を比較し，LBC が唯物論パラダイムが強いのはソビエト政府の政治イデオロギーの影響が見られるとか，西側の分類法でもどのパラダイムを強く反映するが違っていると述べている。この論文は，ドメイン分析の 11 の観点中の②の分類・シソーラスや③の索引・情報検索を中心に，⑥歴史研究や⑦ドキュメントとジャンル研究を組み合わせているものである。専門分野について分類法のような知識組織の手法を分析することにより，当該領域の知の構造を反映していることが示されていて，これが新しい組織化手法のヒントになることが示唆されている。

　以下，レリヴァンス概念を基にしたドメイン分析を日本の戦後新教育における学校図書館政策に当てはめて考えてみることにしたい。これは，戦後の

学校図書館政策の大きな転換を説明するのに，当時の系統主義教育に回帰する大きな流れのなかで，文部省の担当官の考え方とその要請を受けて実験学校で学校図書館を中心に据えた実践を行おうとした現場教員のあいだのレリヴァンスのズレを記述することが有効と考えられるからである。

　ここで用いる手法はドメイン分析とレリヴァンスを組み合わせるものである。ドメイン分析の観点について，⑥歴史研究と⑧認識論的・批判的研究を用いる。限定された局面における特定の観点を取り上げて，それらに関わるアクターの（その局面についての）レリヴァンスを記述し，またレリヴァンス間の関係を考察することは可能と思われる。筆者はすでにこの分野の歴史研究を実施しているので，ここではそれを元にした二次的な分析をこの手法を適用して行うことにしたい[33]。

教育課程と学校図書館の関係

　1940年代後半から50年代の戦後新教育が実施された時期に，学校教育に米国の進歩主義教育の制度や思想が導入されて，それに基づいて教育の民主化・自由化が実施された。当初コア・カリキュラムと呼ばれる，問題解決型の学習方法が取り入れられた。そうした方法の基本的考え方は，ジョン・デューイらを淵源とする米国の教育改革運動の影響を受けていた。学校図書館もその一つであり，図書館の資料や場を利用した図書館教育（後述）が推進されようとしていた。デューイは「学校は小社会」だと捉え，子どもの自発的な活動を重視する経験主義の立場を重視し，「なすことによって学ぶ（Learning by doing）」を標榜した。教育方法的には問題解決型学習（Project based learning）が導入された。コア・カリキュラムはこれを社会科を中心に教科横断的に実施しようという教育運動であり，経験主義における「なすこと」，すなわち直接経験の部分を重視した。

　米国の公立学校も20世紀初等までは，ドイツのヘルバルト学派教育学の影響もあって，学校教育のために学問に基づいたカリキュラムを構築する考え方（エッセンシャリズム）が一般的で，教科書中心のカリキュラムだった。これに対して，デューイは学びの基盤が子どもの自らの経験を基にすることを説いた。これが進歩主義教育運動につながっていく。19世紀末に米国でプラグマティズムが開始された頃は人文主義が基盤にあったから，世界に開かれた知は探究の前提であり，とくにそのことについて言及されること

はなかった。

　本章冒頭で示したように，デューイの経験主義は子どもが直接経験だけでなく，資料や外部的な知に学ぶ代理経験の重要性への認識と結び付いた。問題解決のために，図書館が提供する図書や資料の役割が重要であるとの考え方が米国でも少しずつ理解されつつあった時期だった。進歩主義教育と結び付いて，学校図書館設置およびそれを管理する学校司書（school librarian）の配置を要求する運動が全米学校司書協会（AASL）によって活発になった[34]。

　日本の占領政策に学校図書館が取り入れられたのも，新教育が米国のいくつかの州の教育改革プランを取り入れた背景と同じ事情があった。占領軍が学校図書館振興を政策として実施するように文部省に指示を出して，図書や資料を管理する学校図書館を学校毎につくるための方針を打ち出した。だが，ほどなくして，新教育は教育現場や教育関係者によって学力低下の原因とされ，目的なく教師が指導する「はいまわる経験主義」などと批判されるようになった。1950年代になると国の政策が民主化から日米同盟の強化へと転換し，それに基づき教育課程もまた系統主義と呼ばれる教科中心のものに移行した。それに対応して，学校図書館は1953年学校図書館法が成立しても，図書館教育を担当できる司書教諭資格の制度化がうまくいかず，学校図書館は教員が片手間に管理する読書の場にしかならなかった。

　系統主義をもたらした要因として，大学で教科教育への関心が強まったことが挙げられる。新教育批判の急先鋒は数学と歴史学の大学教員であった。戦前・戦中に義務教育学校の教員（訓導と呼ばれた）は師範学校を卒業することが要求されていたのに対して，戦後，これが開放制資格となって，どの大学でも一定の要件のもとに養成課程が開けることになった。これにより，大学の研究活動や学会活動と教員養成が，教科教育養成課程の設置を通じて密接に結び付くようになった。新たに教科に関わる大学教員にとって，学校教育カリキュラムへの学術的論拠の必要性主張や大学入学者の学力確保というだけでなく，教科教育担当の教員確保と養成課程の維持に向けたディシプリン間のポリティクスが働いたということができる。大正時代の1919年に創設された日本中等教育数学会（現日本数学教育学会）は別として，1949年歴史教育者協議会，1951年日本社会科教育学会，1952年日本理科教育学会，1954年日本国語教育学会など，1950年代に教科別教育学会が多数結成された。こうして，学習指導要領や検定教科書によって国の基準をつくっ

て，それに合わせた教科別の授業を実施することになった。そこでは学校図書館は読書資料を置いてある場所にすぎないものになる。

図書館教育のレリヴァンス

　以上の動向を文部省の担当官の眼を通して見ておこう。

　1947 年に GHQ の民間情報教育局（CIE）の指示を受けて，学校図書館行政を担当することになった深川恒喜は 1961 年まで長期にわたってこれを継続した。彼は当初，学校図書館に対して次のような考えをもって行政に臨もうとしていた[35]。

> 教科書，あるいは教科の学習が基礎になって，教科書以外の図書，そのための材料を縦横に駆使し，研究に，教養に，趣味面に，一生を通して発展を続けてゆくことができるのに必要な知識・理解・態度・技能を養うこと，ここに学校教育が人間と社会との発展の基礎となる眞の意味がある。このような学校教育が行われるために，教科書以外の図書その他の資料を集め，各教科の学習に直接助けとなることはもちろん，教科のワクをはなれて，あらゆる文化の領域への目をひらき，個性のほしいままな伸張に役立ち，興味をもつて自主的に学習活動が営まれてくる楽しい場所。そして，そこでの訓練をとおして，教科書以外のあらゆる図書や材料を駆使することができ，また学校以外にも，あらゆる読書施設や知識の資源を求めて遍歴することができるような機関が必要となる。

　デューイを直接引くことはないが，狭い範囲の教科書や教材だけでなく，多様な図書や資料によって自発的な学習を促す場所としての学校図書館づくりを目標にしていた。ただし，当時はまだ米国人のアドバイザーの話しや文献を読んでの請け売りだった。1951 年に長期にわたって米国各地の学校図書館を視察し，この考え方に自信をもち，帰国後，次のように述べている[36]。

> 代理経験をできるだけ直接の経験に結びつけ，あるいは代理経験を静的な「読み」の活動から視聴覚的方法や，話しや劇化などの方法によって，よりいきいきとしたものとし，動的な生活活動の中へとけこませる方向がとられなくてはならない。［中略］このような機能を持つ図書館

での児童の活動はもはや読書一辺倒でなく，読む，聞く，書く，話す，その他見る，表現にあらわすなどのさまざまの経験を含むものとなる。したがって学校図書館は「教材センター」であると同時に「経験の実験室」であるということもできる。

当時，視聴覚教育の重要性が説かれていた頃で，子どもの直接体験とメディアによる代理経験との関係が論じられていたことから，学校図書館をメディア教育のための教材センターないし資料センターとするという構想が示された。彼が戦後の文部省時代の大半を学校図書館行政に費やしたエネルギーの源泉は，学校カリキュラムにおいて資料や教材を通じた知へのアクセスを図ろうとするところから生まれている。直接経験の重要性とともに，視聴覚教育も含めて代理経験をもってして世界知につながる契機とすることは深川にとって重要な教育の契機であった。

　深川は図書館教育を推進するための実験学校をいくつかの学校に依頼する。最初の実験学校だった東京学芸大学附属小学校で指導した同大学教授阪本一郎らは，米国の学校図書館政策をモデルとしながら，図書館利用指導と読書指導を日本の学校で実践できるようにして，これを図書館教育と名付けた。1950年代に学校図書館をテーマとする実験学校は文部省が依頼したものだけでも8校，都道府県教育委員会が指定したものを含めると多数にのぼる。この実践研究のなかから学校図書館を設置し資料を利用する場を確保するだけでなく，それを教育課程に組み込む図書館教育という実践が生み出された。これらの学校は，独立した図書館利用指導を実施する時間枠を設定し，教科のなかでも学校図書館の場で読書指導や教科における資料利用を進めようとしたが，期間が終わると学校図書館の位置付けは曖昧になり，教育課程も通常のものに戻ることになった。それは学習指導要領や検定教科書によって示される教育方法の枠組みが頑として存在し，乗り越えることが容易でなかったからである。

　系統主義の教育課程においては，学ぶ内容が学年別に系統的に示されており，段階的に学ぶ方法と内容が蓄積されて行くような漸進的な学習観が採用されていた。学ぶべきものは教科書や教員がもたらす教材資料で示され，その習得具合を試験で確認する，閉鎖的な知の体系である。ところが，図書館教育が前提とするものは知が拡がりをもって学習者自らが学校外の知と結び

付けることを意図する開放系の知である。つまり，系統主義を前提としながら図書館教育を実施しようとすることには大きな矛盾がある。図書館教育と系統主義教育課程のそれぞれのレリヴァンスは目的では重なりがあったにしても，現実的には大きなずれがあり，それは徐々に開いていったと考えられる。

9.5 世界知のためのカリキュラム

教権という桎梏

戦後新教育において，占領軍からの働きかけを基に教育課程を世界知へと開く仕掛けが行われたが，うまく行かなかったことについて，筆者は教権という概念を用いて説明した[37]。戦前から，文部省は初等教育の教育課程を自ら規定し，知の範囲および方法について師範教育を通じて養成された教員を通じて知を国民に振り分けることを行ってきた。ここで，教権とは教育課程や教育方法を統制して全国的に同じものを一斉に実施する際に，教員に与えられた権限のことである。戦後新教育においては教育の目的や実施主体は変わったが，学習指導要領や検定教科書の法的性格の解釈や大学における教員養成課程を通じて，かつての教権と同じ構造のものが残された。戦後の学校においても教員がすべての教育課程を担い，自ら教材研究や授業研究を行い，教材の準備から教授課程，評価，児童生徒指導などを行っていた。戦後の教育政策について，冷戦体制を背景にしてきわめて政治的な対立があった。だが，文部省も日教組をはじめとする教員団体も関連する学会も，利害を異にしたり政治的な立場では対立したりしていても，教員が教権をもつという前提についての認識は共通していた。そこでは，世界に開かれた知的探究の能力を獲得させることが教育の目的だという認識には立たなかったのである[38]。

ここで前提になっているのは，教科とか学問という大枠がまずあり，そこに教科の専門家が作成する学習指導要領が知の内容と学ぶ方法を明示する。これを学習者に媒介するために，教科書，解説書，問題集，その他の教材教具類がつくられる。さらに教員はこれらを用いることにより，どこにいても共通の教育効果を上げることができるということである。このことが意味す

るのは，学術的な知の体系なり構造を前提としているが，それをいきなり教育課程に結び付けるのではなくて，学習者との間にカリキュラムや教材というクッションをおいて両者をつなごうとするということである。

　田中耕治編の『戦後日本教育方法論史』によると，1950年代の経験主義から系統主義への移行の時期に，教育学者や教科教育の研究グループが教育課程の本質を，知識構造や体系性を重視する上からの学問的発想と，学び手の意欲や主体性，態度を重視する下からの現場的発想をめぐってさまざまな「理論」が提示された[39]。当時の代表的な教育課程論の研究者広岡亮蔵や柴田義松は，ジェローム・ブルーナーやレフ・ヴィゴツキーのような外国の教育学者の理論を取り入れながら二つの立場を調整するような考え方を述べたのに対して，遠山啓を中心とする数学教育協議会は，数学という学問を構造化し「水道方式」のような数や量に対する新しい指導法を提案することで学問と教育の結合を主張した。この時期の教育課程論に特徴的な概念として，教育内容を導くための材料（事実，文章，直観教具など）を教材として，その創出が教育者としての重要な課題であるとしていたことがある。

　教権は，このような教科や教材準備を行う教員の仕事の根拠にもなっていた。系統主義に基づく学習指導要領の枠のなかで，教員が行う授業研究や教材研究は，教員が行う自主的な研修としても重視された。20世紀末になると，日本の初等中等教育のレベルの高さが教員の質の高さからくるものであるとの国際的な指摘があり，教員は授業研究（lesson study）を相互研修としておこなっていることが外国に紹介されたりもした[40]。

探究から世界知へ

　米国では事情が異なる。学校図書館の制度化は1957年のスプートニクショック後に，科学教育を推進しようとした連邦政府が全米の教育政策を打ち出したなかで進められた。1959年にハーバード大学のブルーナーを議長としてウッズホール会議が開催され，科学者や教育学者，心理学者が集まって「教育内容の現代化」が議論された。従来，進歩主義の影響から多様な方法が導入されていた当時のカリキュラムに対して，学術研究と類似の知的創造性をもたらす方法を新たに導入するという試みであった。これは子どもの経験を重視するだけの素朴な進歩主義教育ではなく，科学的方法に基づく教育課程を明確にしようとしたものである。学問の本質となる構造を獲得する

ために，直観と検証，法則の適用や類推，当て推量といった力をもつことを推奨した。これは「発見学習」とも呼ばれ，生徒がそうした力を学べるように教師が支援することが推進された。米国では科学技術教育を中心にそうした考え方が注目され，全米科学財団が支援した PSSC 物理のように，最新の科学知識を実験や映像を通して学ばせるカリキュラムが用意された。日本でもそれに触発されて新しい学び方を重視しようとしたことは事実だが，日本では一部の教育関係者のなかで話題にされ，数学教育などで実践されただけで，教育方法や教育課程に大きく影響することはなかった。

　米国の新たな教育運動においては，当時重視された視聴覚教材の開発など教材を用いるものも含まれた。そして，この教材管理や資料管理を行う資料センターないしメディアセンターとしての学校図書館が政策課題に含められ，この頃から，各州で専門的な学校司書をメディアスペシャリストの呼称で配置することが制度化された。つまり，子どもと世界知を結び付ける役割について，日本では文部省による学習指導要領制定，検定教科書，教権をもつ教員のセットで完結させようとしたのに対して，米国ではそれを柔軟に扱うことができる専門家としての学校図書館員の導入へと進んだのである。

　この教育内容の現代化運動を先導したのはブルーナーであった。当時，ブルーナーが執筆した論文を集めた著書の翻訳として，日本でも 1972 年に『教育の適切性』が刊行されている[41]。その中心論文「技能の適切性ないし適切なる技能」のなかで彼が強調している概念が「教育の適切性（relevance of education）」である。シュッツへの言及はないが，ナチスに追われて米国に渡って著作活動をしていたシュッツが 1959 年に亡くなり，1960 年代に著作集が出版されていたときで，その影響下でレリヴァンスの用語を用いて，教育に関わる現実を多層的に把握しようとしたと考えられる。デューイの再評価やレリヴァンスという用語を検討する分野の拡がりも含めて考えてみると，哲学，社会学など教育学を超えて知を扱う多様な分野間の交流が当時すでに始まっていることが分かる。

　探究を保証しようとすれば，学習者を世界知へと結び付けることが必要となるというデューイの考え方は，米国では 1960 年代から 70 年代にかけてカリキュラムとして検討され，それに対応するかたちでメディアセンターやメディアスペシャリストの制度化が進められた。これは，ブルーナーが教育のレリヴァンスを考えたときに想定した状況を実践的に進めるものであったと

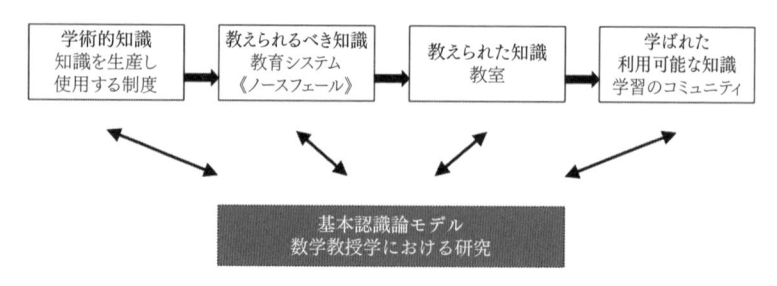

図9-1　研究コミュニティにおける教授のための知識過程

いうことができる。

　米国では教育課程について教権のような考え方は弱いから，現代化の流れのなかで学習の過程をより柔軟に捉えようとした。subject matter は学術研究の研究対象で研究資料であり，これを教育者から見れば教材・教具であり学習者から見ると学ぶための題材・素材である。この考え方に基づき，1960年代以降，J. J. シュワブの科学における探究学習論とかリー・シャルマンの教育学的内容知識（PCK），のように，学知とカリキュラムをつなぐような理論研究が盛んになっていく[42]。そうしたものの一つ，1980年代初頭から数学教育についてフランスの数学者イブ・シュバラールらが中心になった教授学的転置（didactic transposition）の理論は，図9-1のように，数学者によって生産された学術的知識と教授すべき知識（ヌースフェール noosphere. 図ではノースフェールとなっているが，英語読みだとノースフィアで人間の思考の圏域を指す）を選別し，実際に教室で教えられた知識があり，さらには学習者によって学ばれた利用可能な知識へと「転置」される過程を描く。そして，数学コミュニティ，教育システム（カリキュラムや教科書，教材，教員養成システムなど），教室という三つの対応する制度から得られる実証データからつくり上げられる「基本認識論モデル」と呼ばれる理論的モデルによってこれに働きかけるというものである[43]。このモデルは数学教育に限らずどの教科でも当てはまることは言うまでもない。

　他方，シンガポール出身の教育研究者トン・ツォンイーはこうした学術知と教科カリキュラムを密接に結び付ける考え方は「強力な知識論」powerful knowledge だとして批判している。彼は，学術コミュニティを重視するだけでなく，ドイツのビルドゥンクから学習者の認知的な学習行動の観点を重視する内部的な観点を導入するとともに，カリキュラムが広範な社会的，文化

的，制度的文脈に組み込まれていることも考慮して外部的な観点を入れることを提案している[44]。強力な知識論は教育社会学者マイケル・ヤングの議論から始まっており，当初は「権力的な知識」の意であったが，ヤング自身の転回的議論があって現在では，知識の生成過程が学術研究の専門性を媒介にしていることを指すものとの理解が一般的である[45]。

　強い知識（strong knowledge）と弱い知識の区別は第8章で扱った社会認識論における中心的テーマでもある。強い知識とは社会的に真正とされるものであるのに対して，弱い知識とは限定された範囲で真であると信じられているものである。どちらを強調するかでさまざまな立論が行われている[46]。教育学におけるこれらの一連の議論の根底に，デューイの世界知の調べが通奏低音のように流れていることは明らかである。世界知は相対的に弱い知識のレリヴァンス構造がもたらすものである。

9.6　知の図書館情報学のために

　本書全体にわたって図書館が媒介する知が，データ，情報，知識の関係，ドキュメント，客観的知識，ドメイン分析，社会認識論などの理論装置を通じて検討可能であることを示した。ここまで検討してきた諸理論のうち，シュッツの現象学的社会学やゴールドマンの真理論的社会認識論，ポパーの存在論的議論以外は，プラグマティズム哲学の影響を受けたものということができるだろう。

　プラグマティズムの創始者チャールズ・パースは観念（ideas）の意味は行為を抜きに考えられないとし，その思想的影響のもと，デューイは，科学的知識や道徳に関する知識は人間が問題を解決するための道具であるとした[47]。先に挙げた図書館情報学の諸理論はその意味で，経験や知，倫理といったものが伝わる過程をよりよくするための道具を考察するものである。図書館情報学外の論者がこの領域の貢献について言及する際には，そうした道具的な側面を強調することが多い。レリヴァンスにおいては情報検索システムという利用者とシステムが対峙するという分かりやすい場が想定されている。社会認識論においては何かの権威構造を測定するツールとしてのデータベースやそれらを用いた計量的な実証研究がある。ドメイン分析は情報サービスという場を想定したものである。

　戦後教育というドメインにおいて図書館教育が失敗した理由は，シュッツがいう意味での学校におけるレリヴァンスあるいはブルーナーがいう意味での教育レリヴァンスが成立するための前提条件が整っていなかったことにある。日本の教権に基づくカリキュラムや教科書使用の規制は強すぎるのである。1972 年まで米国の占領下にあった沖縄において，学校図書館が重視され学校司書や，司書教諭が正規職として配置されていた事実が知られている[48]。本土の学校図書館はそうした準備期間の最初の時期に挫折させられ，探究を世界知に結び付ける努力は放棄されたということができる。

　教員養成のための教育課程論の標準的な教科書に次のような記述が見られる。「日本では「カリキュラム」の研究は，例外的な時期を除いて，必ずしも活発であったとは言えません。その大きな理由は，日本ではナショナル・カリキュラムの制度が長く続き，しかも法的な拘束力をもったカリキュラムであったことから，そこに研究が立ち入ることを厳しく規制したという歴史によります。」（田中耕治執筆）[49] 行政用語としての「教育課程」と研究用語としての「カリキュラム」とを区別することが前提となり，そのために研究が低調だったというのである。確かにある種の専門職においては行政の枠組みが知の枠組みを規定することはありうるだろう。だが，こと知の流通に関わる領域においては，その枠組みを超えた議論をしなければならないことは言うまでもない。実際，本章で参照した欧米のカリキュラム論は日本の教育学では散発的に紹介されているにすぎず，全体像は不明のままである。それを用いて日本のカリキュラム論とどのように接合させるのかについての議論も，OECD の PISA 関係の議論を除くときわめて弱い[50]。

　特有の教権概念に縛られ，欧米の議論と切り離されてきたという意味で，教育学も図書館情報学も似た状況にあるともいえる。日本の現状を踏まえた教育哲学，カリキュラム論，社会認識論，情報学にまたがる知の理論を構築することが必要な所以である。強力な知識論においてはそれを伝えるドキュメントがあればそれでよくて，図書館は不要となりがちである。ドキュメントをアーカイブする過程で扱う個々の知識は弱いものであるが，探究の過程で徐々に信頼のある知識に変わっていく。それが最終的に真正の知であるかどうかの確証は得られなくとも，向かっている過程そのものの経験が重要である。探究の場にある学校図書館はそうした知識の過程を経験するためにある。

戦後学校図書館と知識組織論

　ここでは，第8章で見た書誌コントロールと社会認識論の関係について，第9章の続篇として学校図書館を取り上げて具体的な事例をもとに考察してみたい。第9章では，戦後新教育で学校図書館政策を推進しようとしたのに，それが教育政策としてうまく発動しなかった理由として，文部省の担当者深川恒喜を中心とする学校図書館政策と文部省の教育課程行政および学校関係者の教育実践の間との間の教育レリヴァンスのずれがあったことによって説明した。図書館教育プログラムの推進者は米国の学校図書館政策をモデルとして学び手の探究を世界知に結び付けることを前提として教材や教育資料を提供しようとしたのに，学校の教員や教育関係者は図書館というと読書施設と捉えて，図書を置いて管理し読めるようにする場としたところから生じるずれである。文部省実験学校に指定された学校はできるだけ教育課程との関係をつくろうとして学校図書館モデルを策定することはできたが，それを実現することはできなかった[1]。それは主導した教員がプランをつくってもそれを実現する条件が整っていなかったからである。

　ここでは視点を変えて，学校図書館をめぐるアクターとして，深川や阪本などの推進者と学校関係者のほかに，図書館関係者がいて異なる立場をとっていたことを見ておきたい。それは，学校図書館のためのレファレンスのツールの整備を目指した動きである。彼らは，図書館が基本的に世界知の存在を前提にそこに探究者をつなぐことを目的とした機関であることを理解していた。レファレンスのツールといっても，主題専門家による事実解説のツールではなくて，世界について書かれたドキュメントを案内指示するツールによって間接的な知を媒介することが目指された。図書館員や書誌・索引の作成者はこうしたツールの専門家である。

　新教育の開始によって，学校の子どもたちあるいはそれを導く教員にとっ

て新しい知の世界が開ける可能性が出てきても，実際にそれらの知と学習者を結ぶためのツールは新たにつくるほかない。こうした知識組織化の試みとして，学校図書館をつくり，資料を集めそれを学習者に提供するための目録や分類がそれである。戦後間もない時期の学校図書館の実践や運動はほとんど何もないところから図書館をスタートさせた。そのときに，設備や資料の整備と専門職員配置と並んで図書館員たちが強い関心を寄せたのが資料組織法だった。資料組織法は人と資料をつなぐために必須で，戦前から戦時中にかけてようやくできあがったものであった。青年図書館員聯盟編『日本目録規則（NCR）』（間宮商店，1942-）や森清編『日本十進分類法（NDC）』（間宮商店，1929-），加藤宗厚編『日本件名標目表（BSH）』（間宮商店，1930-）が成立した。これらが揃うことによって通常の図書館は目録を作成し資料を分類して排架するための方法が整うことになる。

　学校図書館政策が打ち出されたときに，彼らが最も関心を寄せたのは，学校教育の現場で利用可能な件名目録である。件名目録はドキュメントに含まれる「主題」を言葉で表現し，それを元にして知にアクセスする方法である。新しく開けた知の世界と学習者をつなぐためのツールとして，教育課程やそこで行われる単元学習を展開する際に，利用者（教員，児童生徒）と資料を結び付けるために件名目録を作成することが各学校で進められた[2]。そのために，日本図書館協会が上記のツールを発展させていわゆる三大ツールNCR，NDC，BSH を刊行するのと並行して，全国学校図書館協議会は学校向けのツールとして『学校図書館件名標目表』（全国学校図書館協議会，小学校用，1953；中学校用，1954；高等学校用，1954）を整備した。目録法も分類法も学校図書館向けには別のものが必要なのだが，とくに急いだのが件名目録だったのは，新教育で教科を超えた世界知への参照が必要とされたからである。小学校，中学校，高等学校と3種類つくられているのは，学年が進行するにつれて用いられる用語が増え，より専門化し複雑になるからである。

　図 C5-1 はこの時期に全国学校図書館協議会が編集した『学校図書館件名標目表』（小学校用）に掲載されているカード目録の作成例である[3]。件名としての「わく星」は「惑」が小学校教育漢字表に掲載されていないので平仮名になっている。ここに例としてある4点のカードは別々の図書に対応するが，いずれも「わく星」の件名がついていて惑星をテーマとして扱った内

容をもっていることを示す。

　図 C5-2 は件名標目表の部分である。「わく星」の右の語について記号「⇸」は「をも見よ」,「←」は「を見よあり」,「⇹」は「をも見よあり」と呼ばれる参照関係を示している。まず,「遊星」は「惑星」の同意語だがこれは使わない。つまり「惑星」に統一するという用語統制を図っている。また,「わく星」に対して「海王星」以下の惑星もみるとよいという意味で下位概念（個概念）を示す言葉を示し,「太陽系」は上位概念（全体概念）を示すことを知らせている。これらの上位下位の関係は,天文学用語の論理関係から来ている。

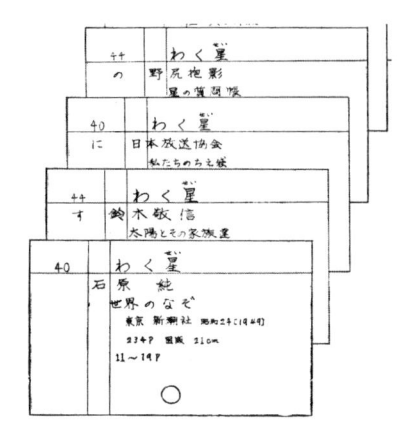

図 C5-1　小学校図書館件名標目表（1953）での作成例

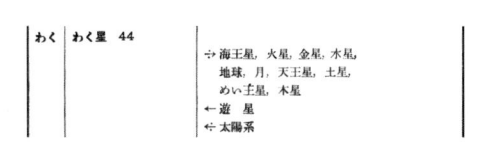

図 C5-2　小学校図書館件名標目表（1953）の標目例

　惑星について調べたいという子どもは思い付いた言葉で検索することができる。「太陽系」とか「火星」という言葉を思い付いた子どもはこの表から「わく星」との関係を知ることができる。「わく星」という件名を得ることができれば,先ほどの数冊の本を参照することが可能になる。

　件名標目表はカリキュラムと外部の知を結び付けるツールとして,学校図書館の関係者がいち早くこれをつくろうとした。特に熱心だったのは青年図書館員聯盟があった関西の図書館員たちで,先ほどの三大ツールは当初いずれも関西で取り組まれている。また,学校図書館が新たな発展の場であることにいち早く反応したのも関西の図書館員であった[4]。次の表 C5-1 にこの時期に作成された学校図書館用の件名標目表を示した[5]。私版を含めて,各地の学校や地域でつくられていたことが分かる。

　実は,図書館教育を主導した深川恒喜や阪本一郎は,図書館員がこうしたツールづくりに熱心であったことを冷ややかに見ていたところがあった。教育的な場としての図書館を整備するのに目録や分類のような技術的なものを追求するのは,教育的役割の放棄ではないかと言うのである。だが,それは

表 C5-1　1950 年代前半に作成された学校図書館用の件名標目表

香川県三豊郡小学校第一区図書館教育研究部 ： 小学校用児童件名標目表，（私版）
　　昭 26 (1951).
神戸市立神戸中学校 ： 中学校学習件名標目表，（私版）昭 27 (1952).
京都市中学校図書館研究会 ： 中学校用件名標目表，（私版）.
京都市小学校図書館研究会 ： 小学校件名標目表，（私版）昭 27 (1952).
熊野勝祥 ： 中学校件名標目表，日本図書館協会　昭 28 (1953).
三重県上野市立崇広中学校 ： 件名標目表，（私版）.
大分県立高田高等学校 ： 単元学習参考件名標目及び参考書目表，（私版）昭29(1954).
大阪市立伝法小学校 ： 小学校学習件名標目表，（私版）昭 26 (1951).
仙田正雄 ： 児童書件名標目表とその使い方，綜文館　昭 25 (1950).
滋賀県甲賀郡石部小学校 ： 小学校の件名標目表，（私版）昭 27 (1952).
富山県呉羽中学校 ： 中学校用件名標目表，体系表，（私版）昭 30 (1955).
山形市立第一小学校 ： 件名標目表，（私版）昭 26 (1951).
吉田勝治：分類順件名標目表，小学校用，昭 30 (1955).
全国学校図書館協議会 ： 学校図書館件名標目表（中学校用），明治図書　昭 29
　　(1954).
　〃　　　　　　　： 学校図書館件名標目表（高等学校用），明治図書　昭 29
　　(1954).
　〃　　　　　　　： 学校図書館件名標目表（小学校用），学芸図書　昭28(1953).

図書館関係者からすれば図書館の真の役割を理解していないことになる，

　図書館員のレファレンス機能は，基本的に広く合意できる知の参照体系を
もとにした基準となるツールをつくった上で，個々のドキュメントにアクセ
スするためのツールを作成していつでも検索可能にすること，そしてその上
で，図書館にやってくる利用者のニーズを聞いてこうしたツールを案内した
り，ツールを自ら使用したりして人とドキュメントをつなげることにある。
学校図書館用の標準的な件名標目表は戦後のこの時期に熱心に取り組まれた
が，その後は学校図書館の専門的担い手が置かれず読書センター化するにつ
れて，知の参照ツールとして使われることは少なくなり，話題にならなく
なった。書誌的ツールで媒介されるドキュメントの知は，すでに系統主義に
なり教科毎に学ぶべき知が定められているような教育課程においては必要と
されるには至らなかった。

　本書で検討してきた用語を使えば，系統主義に移行後の学校現場で学習者
が学ぶべきとされたのは，ポパーの世界 3（13 頁参照）のなかでも限定さ
れた狭い範囲の知であった。第 9 章で述べたように，これには学習者が探究
を行う際のレリヴァンス（教育レリヴァンス）が，デューイが世界知への展
開と言っているものとどのくらい隔てられていたかという見方も可能かもし
れない。

　第9章で記述した実験学校の取組みはヤアランのドメイン分析の実践であったわけだが，これに対して社会認識論の見方を適用することもできる。それは，学校における知の枠組みが，1940年代後半から50年代にかけての期間に大きく変化し，子どもの学びに影響した事例である。教育史では「逆コース」によって経験主義から系統主義に移行したことによって，教育課程が変容したと述べられることが多いが，経験主義的な学びに触れた子どもたちにどのような作用がもたらされたのか，ほとんど解明されていない。1950年代前半までは，学校図書館が一時的にでも政策として推進された結果，学校図書館が全国の学校につくられ，そこで図書館蔵書や件名目録を通じて子どもたちの探究心が世界知に導かれることになることが想定されていた。そうなったときには，図書館や書誌を通じた知的環境が整えられ，子どもたちは新しい知を獲得することができたはずである。

　これはイーガンとシェラが書誌コントロールという言葉で表現しようとしたものであるし，ウィルソンが言う，目録や書誌の記述的コントロールを超えたところに現れる実効的コントロールと捉えることができたかもしれない。件名目録などの記述的コントロールのツールは素朴なツールであっても，人が知を求める行為の最も基本的な部分を構成し，その後の知的生活に影響するものである。そのことは社会認識論の論者も認めていた。もちろん，それが実現されるためには，教育レリヴァンスのずれというだけではすまない多くの困難な問題が乗り越えられる必要があった。今回は歴史や書誌的ツールに限定して述べたがこの問題を明らかにするためには，ヤアランが挙げたドメイン分析の11の要素を一つひとつ明らかにしていく必要があるだろう[6]。

知の図書館情報学に関する文献案内

　ここでは，本書で扱えなかったことも含めて，本書のテーマを理解しさらに研究するための基本的な参考文献を紹介する。本文で何度も述べるように，日本では図書館ないし図書館情報学の本質は理解されにくい位置付けにあったが，それでもこれまでの先人および同僚の努力の成果をまず見ておくことが有効である。また西洋での議論の水準を知るための文献も挙げてある。

図書館情報学とは何か

１．日本図書館情報学会編『図書館情報学事典』丸善出版，2023, xxiii, 726p.
　本書執筆のきっかけとなった本格的な専門事典。10 部門 287 項目を見開き 2 ページにコンパクトに配置して解説している。丸善出版は明治以来日本の学術にさまざまな役割を果たしてきたが，21 世紀になってこうした事典を継続的に出版し，知の蓄積と伝達の役割を果たそうとしている。

２．デビッド・ボーデン，リン・ロビンソン『図書館情報学概論』第 2 版（田村俊作監訳，塩崎亮訳）勁草書房，2024, xxv, 444p.
　21 世紀の図書館情報学のグローバルな展開を知るためには欠かせない基本書。米国で出ている同様の教科書が図書館プロフェッション志向が強いのと比べると，本書はヨーロッパ・ドキュメンテーションと知識組織論を踏まえたアカデミズムを基盤に据えている。

３．John D. McDonald, Michael Levine-Clark eds., *Encyclopedia of Library and Information Sciences*, 4th ed., 2017, CRC Press, 7vols., 6106p.

コラム4 でも触れたが，図書館情報学の理論と実務全般にわたって網羅した大項目式の専門事典である。目次にある 550 項目をネット上で見ることができる。[https://www.taylorfrancis.com/books/edit/10.1081/E-ELIS4]

知識と図書館の関係

4．根本彰『アーカイブの思想：言葉を知に変える仕組み』みすず書房，2021, viii, 296p.

西洋から継受した日本近代の制度のなかで知を蓄積して利用するための図書館，博物館，文書館のような機関は後回しにされた。書物は重視される日本で，図書館が軽視されるのはなぜかという疑問に答えようとする。

5．南山泰之編『オープンサイエンスにまつわる論点：変革するコミュニケーション』樹村房，2023, vii, 168p.

情報通信環境は「公表」をネット上での「オープン」な状態と捉えることにより，新たな段階を先取りしている。本書は，知的コンテンツのオープン化の議論をするための論点を提示し，図書館情報学の今後の検討課題を提示する。

6．ピーター・バーク（井山弘幸他訳）『知識の社会史』新曜社，2004, 2015, 2巻

高名な文化史学者による西洋の知識社会通史。ここでいう知識は本書で扱う操作可能な知のことである。第1巻は「知と情報はいかにして商品化したか」として近世初期の資本主義の隆盛における印刷技術のインパクトを扱い，第2巻は「百科全書からウィキペディア」までとしてその後の知識処理のための技術的経済的変遷を扱う。

7．John M. Budd, *Knowledge and Knowing in Library and Information Science*, The Scarectow Press, 2001, 361p.

図書館が知を扱う領域なのに，図書館情報学では知の起源を正面から問う哲学との関係を扱うものは多くない。それに挑戦した本書は，西洋哲学の流れを俯瞰し，最終的には現象学的解釈学を枠組みにした議論を図書館情報学に適用しようとしている。

知識組織論

8．日本図書館情報学会研究委員会編『メタデータとウェブサービス』勉誠
　　出版，2016，207p.

　知識資源組織論の動向をコンパクトに解説している論集。メタデータ作成
基準やその動向，典拠コントロール，主題目録法，図書館以外の文化資源機
関のメタデータ，ウェブにおけるメタデータ利用や国際的動向などにわたる
広い範囲をカバーしている。併せて，図書館目録を中心としたメタデータの
最新動向については，谷口祥一『知識資源のメタデータへのリンクトデー
タ・アプローチ』（勁草書房，2023，xvi，348p.）を読むとよい。

9．クリティンL. ボーグマン（佐藤義則，小山憲司訳）『ビッグデータ・リ
　　トルデータ・ノーデータ：研究データと知識インフラ』勁草書房，
　　2017，vii，430p.

　現在，知は研究現場で扱うデータから研究者間でやり取りするデータ，そ
して学会発表や論文として公表されるデータとして発生，流通している。
オープンサイエンスの方向に歩み始めた研究現場でこれらがどのように扱わ
れるべきかを論じたもの。

10．Claudio Gnoli, *Introduction to Knowledge Organization*, Facet Publishing,
　　2020, x, 140p.

　ISKO で活動する著者による KO の入門書で，このグループはもともと分
類法に関心があったので，ここでも主題分類やオントロジーに関する議論を
中心にしている。コラム 4 で取り上げた IEKO の序論的内容である。

レファレンス論

11．根本彰，齋藤泰則編『レファレンスサービスの射程と展開』日本図書館
　　協会，2020，ix，349p.

　レファレンスサービスの理論・技術，情報資源管理と提供，サービスと利
用者の 3 部構成からなる幅広い観点のテーマを扱った論集。本書第 3 章と第
7 章もこれに収録されたものだが，他の論者の論文にも興味深いものが多
い。

12. アン・ブレア（住本規子他訳）『情報爆発：初期近代ヨーロッパの情報管理術』中央公論新社，2018，446p.

　ヨーロッパの人文主義の伝統の下で知識人は過去の書物に書き込みをしながら読み進めた。時代が進むと，そうした注釈を整理したものが辞書，索引，書誌，百科事典などのレファレンス書となった。現在のレファレンスの考え方の原型を探るインテレクチュアルヒストリーである。

アーカイブズとデジタルアーカイブ

13. スー・マケミッシュ他編（安藤正人他訳）『アーカイブズ論』『続・アーカイブズ論』明石書店，2019，2023，2冊

　アーカイブズはオリジナリティの高い資料であり，それらを扱うときは通常のドキュメントとは異なる扱いをする必要がある。本書は生成段階の記録を（アーカイバル）ドキュメントとして一貫してアーカイブズの処理方法を広い観点から論じている。

14. 数藤雅彦編『知識インフラの再設計』勉誠出版，2022，4，248p.（デジタルアーカイブ・ベーシックス）

　ICT はあらゆるものをデジタルデータとしてとり扱うことを可能にすることにより，その作成，保存や提供を課題とするデジタルアーカイブという領域が生じた。その政策や実践の関係者による論集。本書はシリーズの第2期の最初に出たものだが，第1期の5冊や第2期の続巻も有用である。

知識技術論

15. 波多野賢治編著『テキストデータマネジメント：前処理から分析へ』岩波書店，2022，viii，232p.（テキストアナリティクス　第4巻）

　生成 AI の進展が話題になっているが，その前提としてテキストデータの蓄積がある。日本語テキストはローマンアルファベットの言語と比較して扱いにくかったが，形態素解析などの技術的進歩により以前より扱いやすくなった。本書を含むシリーズは全7巻を予定している。

16. 下田正弘，永﨑研宣編『デジタル学術空間の作り方：仏教学から提起する次世代人文学のすすめ』文学通信，2019，383p.

デジタルヒューマニティーズ（DH）関連の書籍で，仏典のテキストデータベース構築によって，日本の人文系で最も積極的に DH への対応を行っている仏教学分野の研究連携のノウハウを集めた論集。加えて，人文情報学研究所監修，小風尚樹他編『欧米圏デジタル・ヒューマニティーズの基礎知識』文学通信，2021，495p. は，この分野で先んじている欧米での取組みを紹介した記事の集成である。多言語，多文字のデータ空間からいかに知を取り出す仕掛けを行うのかが課題であると知る。

図書館と図書館員

17. ジェームス W・P・キャンベル著，ウィル・プライス写真（野中邦子，高橋早苗訳）『世界の図書館：美しい知の遺産』河出書房新社，2014，327p.

　建築史家によって書かれた，大判写真が豊富に入った図書館史書。西洋の図書館の人文主義的な位置付けが，古代，中世，ルネサンス，バロックやロココのような建築様式が示す時代の知の有り様と密接にからんでいることを示している。東洋的図書館への配慮もされている。

18. ジェフリー・ロバーツ（松島芳彦訳）『スターリンの図書室：独裁者または読書家の横顔』白水社，2023，393，66p.

　ボリシェヴィキ指導者スターリンは徹底して「知」の人であり，残された2万5,000冊の個人蔵書にあった古今東西の思想書，歴史書，社会理論，文学書には線を引き書き込みをしながら読んだ跡が残されていたという。知を駆使できる人が権力を握ったときに何が起こるのかを示す史書であると同時に，残されたコレクションを対象にしたドメイン分析の知識組織論として読むことも可能である。

19. 小出いずみ『日米交流史の中の福田なをみ：「外国研究」とライブラリアン』勉誠出版，2022，xiii，344，L162，（13）p.

　アジア太平洋戦争の前後に日米双方の外国研究図書館で働いた経験をもつ図書館員福田なをみの評伝。特筆すべきなのは，外国資料を集め分析する仕事が文化外交の重要な柱となるだけでなく，戦時には重要なインテリジェンス機能としても位置付けられることである。本書は日米の入念な資料発掘か

ら図書館員の仕事の本質を明らかにした研究書である。

20.　Gloria J. Leckie et al., *Critical Theory for Library and Information Science: Exploring the Social from Across the Diciplines*, Libraries Unlimited, 2010, xxii, 326p.

　図書館情報学で数少ない哲学的批判理論の論集。ミシェル・アグリエッタから始まり，ガヤトリ・スピヴァクまで 23 人の現代思想・哲学の論者と図書館情報学との関係について論じている。図書館情報学に入ってくる研究者は学部ないし修士・博士で何らかの別の専門研究に従事しているから，こうした方面の議論ができる人が一定数いることを示している。

あとがき

　本書は，『アーカイブの思想：言葉を知に変える仕組み』（みすず書房，2021）の前後から共通のテーマの下に書いた論考をもとに，新たな構想で再編集したものである。

　前著では，プラグマティックな実学を志向していた図書館情報学の底辺に，西洋思想に脈々と流れているロゴス（言葉＝論理＝法）的思考と，世代を超えてこれを伝えるパイデイアという仕組みがあることを指摘し，併せてアーカイブという枠組みのもとに日本の図書館の歴史的位置付けに見通しを与えること試みた。だが，他方でこういう見方は，西洋対日本という対立図式がどの程度有効か，中国やアジアとの関係の視点を導入すべきではないか，図書館が関わる教育や出版文化他の枠組みに対してどのような新たな視点を設定しうるのか，アーカイブという概念が関連するアーカイブズ学，博物館学（ミュージアムスタディーズ），思想史，出版史，文化史などの領域の知見とどの程度結び付きをもつのか，などのクリティカルな疑問を喚起する。実際に，前著でいただいた書評にもそうしたものがあった。

　アーカイブ的仕組みが日本でも歴史的に存在していたことは，明らかにされつつある。筆者自身も，一方で，日本の中世から江戸，明治の思想史，また，歴史的コンテキストにおける書物論や読書論，リテラシー論に少しずつ親しむことによって，そうした問題に答えるための新たな視点を探りつつある。

　だが，本書では欧米的な枠組みでの図書館情報学の分析装置をさらに深く検討することにした。それは，筆者が（旧）図書館情報大学（現筑波大学知識情報・図書館学類），東京大学大学院教育学研究科，慶應義塾大学文学部において図書館情報学を担当したものとして，この領域の展開にささやかながらも貢献したいと考えているからである。図書館情報学の前身の図書館学

は，戦後新教育の占領政策の仕掛けのなかで現在のアカデミズムに位置付けられた。本書で扱った国立国会図書館や学校図書館もまた米国の制度の強い影響の下で戦後のスタートを切った。日本の図書館情報学は基本的には欧米由来のものと考えられるから，ひとまずは欧米的な図書館情報学のステージがどういうものであるのかを見定めた上で日本との架け橋を構築する必要がある。

　欧米の図書館情報学において20世紀後半に基礎論的展開があったことが，あまり知られていないので，本書では積極的にそれらの業績を明らかにすることにした。

　たとえば，筆者がアカデミアに入ってすぐに強く惹かれた書誌コントロールの理論家にジェシー・シェラやパトリック・ウィルソンがいたが，今回関連してドン・スワンソンの業績を含めて書誌コントロールの全体像を把握しただけでなく，そうした議論が社会認識論に展開しうることについても見通しを得た。また，米国の情報学とヨーロッパのドキュメンテーションをつなぐ理論家として知られるマイケル・バックランド，生涯を通じてレリヴァンス論を柱に情報学を追求してきたテフコ・サラセヴィック，論理学的思考を導入することで図書館情報学の可能性を拡張しようとしているマーティン・フリッケ，そして，デンマークで多様な情報学ツールを一つのステージで整理しようとするビアウア・ヤアランらが学術的基盤をしっかりとつくってきたことが，現在の情報学進展のバネになっていることを理解できた。さらには，図書館情報学が，スティーヴ・フラーらの社会認識論やルチアーノ・フロリディの情報哲学などと関連していることや，より基盤的な分野として，カール・ポパーの客観的知識論，ジョン・デューイの教育哲学やアルフレッド・シュッツの現象学的社会学とのつながりがあることを確認できた。

　本書では，今挙げた論者のなかでも20世紀後半から21世紀早々の時期に活躍したバックランド，サラセヴィック，フリッケ，ヤアランらの知見に触発されながら，独自に知識資源システムという枠組の下で，ドキュメントやアーカイブ，レファレンス，レリヴァンス，書誌コントロール，社会認識論といった概念を再検討して，図書館情報学を進展させるための分析ツールとした。また，日本の知的状況を考察するのにあたり，図書館情報学と教育学との関係を意識した。主として，日本や欧米の図書館情報学を素材に論じたが，最後に取り上げた戦後新教育における学校図書館論は，日本での知の扱

いの困難性を露わにする事例としてケーススタディ的に取り上げた。これについては，本書より一足先に刊行された『図書館教育論：学校図書館の苦闘と可能性の歴史』（東京大学出版会）で背景を詳しく分析してある。

　本書で採用した知の探究方法についてさまざまな批判がありうるだろう。あえて踏み込んでいるのは，すでに教職を離れしがらみのない立場にあるということもあるが，何とか人文社会系の諸分野との関係の導入だけでも見通しを得ておきたいと思ったからである。たたき台となることができれば本望である。

＊

　初出を発表順に示し本書各章との対応関係を書き出しておく。

- 「レファレンス理論でネット情報源を読み解く」根本彰・齋藤泰則編『レファレンスサービスの射程と展開』日本図書館協会，2020，p. 74-102.（第 3 章）
- 「知識資源のナショナルな組織化」根本彰・齋藤泰則編『レファレンスサービスの射程と展開』日本図書館協会，2020，p. 134-162.（第 7 章）
- 「知識情報資源システムとはなにか」『三色旗』（慶應義塾大学通信教育部）No. 836，2021，p. 31-38.（第 1 章）
- 「知のアーカイブ装置としての図書館を考える：ニュートン関係資料について」『短期大学図書館研究』40/41 合併号 2022.3 p. 103-110.（第 6 章）
- 「知のアーカイブ，歴史のアーカイブ：ニュートン資料を通してみる」『アーカイブズ学研究』No. 37，2022.12．p. 4-18.（第 6 章）
- 「知のメディアとしての書物：アナログ vs. デジタル」『情報の科学と技術』73 巻，10 号，2023 年，p. 416-422.（第 4 章）
- 「知は蓄積可能か：アーカイブを考える」『2022 年度極東証券講座 文献学の世界 書物と社会の記憶』慶應義塾大学，2023，p. 99-115.（第 5 章）
- 「探究を世界知につなげる：教育学と図書館情報学のあいだ」相関図書館学研究会編『図書館思想の進展と図書館情報学の射程』松籟社，2024，p. 97-150.（シリーズ〈図書館・文化・社会〉第 9 巻）（第 2 章，第 8 章，第 9 章）
- 「メタファーとしての図書館」［ブログ https://oda-senin.blogspot.com/2021/09/blog-post_16.html］ コラム 1

- 「図解・アーカイブの創造性」（書下し）コラム 2
- 「函館図書館，天理図書館，興風図書館：地域アーカイブの原点」［ブログ https://oda-senin.blogspot.com/2023/07/blog-post.html］コラム 3
- 「知識組織論(KO)のためのオンライン専門事典」（書下し）コラム 4
- 「戦後学校図書館と知識組織論」（書下し）コラム 5

　こうした知的作業は発信者の一方的思いで成立するわけではなく，双方向的なやりとりが重要であることは常に意識させられる。それ自体が探究の基本である。上記の論考を発表したり，講演，講義をしたりするにあたってお世話になり，相手をしていただいた方は多数に上る。ここにいちいちお名前を出さないが，ご支援下さったことに篤く御礼申し上げたい。

2024 年 8 月

根 本　彰

注・参照文献

第 1 章　知識資源システムとは何か

1）日本でプロフェッションとアカデミズムの相違に着目して図書館情報学を論じたものに，根本彰編『図書館情報学基礎』（シリーズ図書館情報学 1）東京大学出版会，2013，viii，267p. がある。また，翻訳書として，デビッド・ボーデン，リン・ロビンソン（田村俊作監訳，塩崎亮訳）『図書館情報学概論』第 2 版，勁草書房，2024，xxv，444p. も有用である。

2）安酸敏眞『人文学概論：新しい人文学の地平を求めて』増補改訂版，知泉書館，2018，xiii，296p.

3）ミシェル・フーコー（慎改康之訳）『知の考古学』河出書房新社，2012，427，8p.（河出文庫）

4）ジェームズ・キャンベル（野中邦子・高橋早苗訳）『世界の図書館：美しい知の遺産』河出書房新社，2018，327p.

5）アン・ブレア（住本規子他訳）『情報爆発：初期近代ヨーロッパの情報管理術』中央公論新社，2018，446p.

6）ガブリエル・ノーデ（伊藤敬訳）『図書館創設のための提言：日仏図書館情報学会創立 50 周年記念出版』日仏図書館情報学会，2022，119p.

7）この本の翻訳はないが，シュレッティンガーが書いた別の著作の翻訳版がある。マルティン・シュレッティンガー（石田俊郎訳，河井弘志編）『図書館学ハンドブック：図書館員でない人が私蔵書を自分で整理する時のためにまた図書館学の講義の指針として』京都図書館情報学研究会，2019，xvi，177p. また，シュレッティンガーについては次の著作に詳しい説明がされている。河井弘志『マルティン・シュレッティンガー：啓蒙思想と図書館学』日良居タイムス，2012，268p.

8）ウェイン・A. ウィーガンド（川崎良孝他訳）『司書職の出現と政治：アメリカ図書館協会 1876-1917 年』京都大学図書館情報学研究会，2007，442p.

9）甚野尚志ほか編『近代人文学はいかに形成されたか：学知・翻訳・蔵書』勉誠出版，2019，13，415p.

10）近年この点についてクリティックの不在という観点から強い批判を提示したのは，法制史学者木庭顕である。木庭顕『ポスト戦後日本の知的状況』講談社，2024，359p.（講談社選書メチエ）第 9 章注 15 も参照のこと。

11）正典 canon とはキリスト教神学から出発して宗教学において用いられる概念で，公式に信者が従うべき基準として確立されているドキュメントを指すものである。これは 20 世紀後半以降の文化論（とくにポストコロニアル批評論）において転用され，ある文化圏において文化的正統とされる古典を示す用語となった。古典は文化における基本的な考え方や言語習慣を形成するが，これが近代の国民国家形成において意識的制度的に規範の中心に位置付けられることで，思想，政治，社会の基準の基になることを主張した。ハルオ・シラネ，鈴木登美編『創造された古典：カノン形成，国民国家，日本文学』新曜社，1999，450p.

12）綾井桜子『教養の揺らぎとフランス近代：知の教育をめぐる思想』勁草書房，2017，x，231，viip.

13）根本彰『アーカイブの思想：言葉を知に変える仕組み』みすず書房，2021，296，xiiip.

14）ユルゲン・ハーバーマス（三島憲一訳）『近代：未完のプロジェクト』岩波書店，2000，xii，309p.（岩波現代文庫）

15）根本彰『情報リテラシーのための図書館：日本の教育制度と図書館の改革』みすず書房，2017，232，vip.

16）礁川全次『独学の冒険：浪費する情報から知の発見へ』批評社，2015，219p. 読書猿『独学大全：絶対に「学ぶこと」をあきらめたくない人のための 55 の技法』ダイヤモンド社，2020，752，xxxivp.

第 2 章　知識資源の多元的な捉え方

1）もっとも YouTube にある水泳法のレクチャー動画が有効なように，非言語的なノウハウが人間の可能性を高めることは明らかであるが，ここでは狭義の認識論について論じる。写真や映像，音楽のようなメディアが言語で表現できない人間認識を拡張することについて次が古典である。マーシャル・マクルーハン（栗原裕，河本仲聖訳）『メディア論：人間の拡張の諸相』みすず書房，1987，381，3p.

2）ダンカン・プリチャード（笠木雅史訳）『知識とは何だろうか：認識論入門』勁草書房，2022，viii，334p.

3）カール・R. ポパー（森博訳）『客観的知識：進化論的アプローチ』木鐸社，1974，vi，411，16p.

4）*ibid.*, p. 176-177.

5）カール・R. ポパー（森博訳）『果てしなき探求：知的自伝』岩波書店，1978，ix，340，36p.

6）B. C. Brookes, "The foundations of information science: part I. philosophical aspects," *Journal of Information Science*, vol. 2, no. 3/4, 1980, p. 125-133.

7）村主朋英「Karl Popper の"客観的知識"概念とその情報学に対する意義」*Library and Information Science*, no. 24, 1986, p. 1-10. 岡部晋典「Popper 理論の情報学への適用に対する批判的検討：客観的知識の Popper 哲学内部の関連性に着目して」『社会情報学研究』vol. 13, no. 2, 2009, p. 1-12.

8）Claudio Gnoli, "Mentefacts as a missing level in theory of information science," *Journal of Documentation*, vol. 74, no. 6, 2018, p. 1226-1242.

9）Birger Hjørland, "The foundation of information science: one world or three? a discussion of Gnoli (2018)," *Journal of Documentation*, vol. 75, no. 1, p. 164-171. この議論については，横山幹子も紹介している。横山幹子「図書館情報学における存在論の対立：Gnoli の存在論的複数主義と Hjørland の存在論的一元論の比較」*Library and Information Science*, no. 84, 2020, p. 1-21. なお，Birger Hjørland の日本語表記をビアウア・ヤアランとすることについては，デンマーク語の原音に近い音を選択した。今後はこれを使用することを推奨したい。

10）IFLA 書誌レコード機能要件研究グループ（和中幹雄他訳）『書誌レコードの機能要件：IFLA 書誌レコード機能要件研究グループ最終報告』日本図書館協会，2004，121p.

11）B. C. Brookes, "The developing cognitive viewpoint in information science," *Journal of Informatics*, vol. 1, no. 1, 1977, p. 55-61.

12）柏木美穂「Brookes の《基本方程式》と「情報」概念」*Library and Information Science*, no. 33, 1995, p. 1-18. 上田修一・倉田敬子編著『図書館情報学』第 2 版，勁草書房，2017，第 1 章.

13）ルチアーノ・フロリディ，塩崎亮，河島茂生訳『情報の哲学のために：データから情報倫理まで』勁草書房，2021，p. 1.

14）*ibid.*, p. 31-39.

15）*ibid.*, p. 76.

16）*ibid.*, p. 77-78.

17) R. L. Ackoff, "From data to wisdom," *Journal of Applied Systems Analysis*, vol. 16, 1989, p. 3.

18) Martin Frické, "The knowledge pyramid: a critique of the DIKW hierarchy," *Journal of Information Science*, vol. 20, no. 10, 2007, p. 1-13.

19) *ibid.*, p. 5.

20) Martin Frické, *Logic and the Organization of Information*, Springer New York, 2012, 316p.

21) 英国の知識組織論グループの人たちが，フリッケのこの本をテーマにして，自由に展開した論考が発表されている。Alan Gilchrist et al., "Logic and the organization of information – An appreciation of the book of this title by Martin Frické. A set of short essays," *Journal of Information Science*, vol. 39, no. 5, 2013, p. 708-716.

22) Martin Frické, *Artificial Intelligence and Librarianship: Notes for Teaching*. 2nd ed., 2024, 508p. [https://softoption.us/AIandLibrarianship（参照 2024-03-24）]

23) デビッド・ボーデン，リン・ロビンソン（田村俊作監訳，塩崎亮訳）『図書館情報学概論』第2版，勁草書房，2024, xxv, 444p.

24) John M. Budd, *Knowledge and Knowing in Library and Information Science: A Philosophical Framewaork*, The Scarecrow Press, 2001, 361p.

25) Ronald E. Day, *Documentarity: Evidence, Ontology, and Inscription*, MIT Press, 2019, x, 184p.

26) *op cit.*, 23) p. 111.

27) Michael K. Buckland, "What is a "document"?" *Journal of the American Society for Information Science*, vol. 48, no. 9, 1997, p. 804-809.

28) なお，ドキュメンテーションは本来，現象や操作をドキュメント化することを指す。ソフトウェア開発の用語でもある。他にも保育や教育の領域でもドキュメンテーションが謂われるが，これは子どもの言葉，作品，写真，動画などを用いて，教育プロセスを可視化させ，教育者同士，または教育者と子どもが一緒に活動を振り返り，省察して，次の展開を考えることをいう。白石淑江『スウェーデンに学ぶドキュメンテーションの活用：子どもから出発する保育実践』新評論，2018, 232p.

29) アレックス・ライト（鈴木和博訳）『世界目録をつくろうとした男：奇才ポール・オトレと情報化時代の誕生』みすず書房，2024, 367, xliiip.

30) S. Briet, (translated by Ronald Day et al.) *What is documentation?* Scarecrow Press, 2016, xi, 72p.

31) 彼の思想を概観するのによいのは次の単著である。日本語訳もあるがお勧めしない。Michael Buckland, *Information and Society*, MIT Press, 2017, xiv, 217p.

32) ジェシー・H・シェラ（1903-1982）の社会認識論およびグラフィック・レコーズ概念については第9章で述べる。ルイス・ショアーズ（1904-1981）は長らくフロリダ州立大学ライブラリースクールの教授の職にあった。彼のジェネリックブック（generic book）概念は，印刷物（本や雑誌など），グラフィック（地球儀や写真），投影（フィルムやスライド），伝送（ラジオやテープ録音），リソース（人物や物体），プログラム（コンピュータや機械）と超感覚（テレパシーまたは透視）までを含んでおり，図書館がこれらを管理する資料センターとなるべきことを主張した。Louis Shores, *The Generic Book: What it is and how it Works*, Library-College Associates, 1977, 164p.

33) 安藤正人・坂口貴弘「翻訳にあたって」スー・マケミッシュほか（安藤他訳）『アーカイブズ論：記録のちからと現代社会』明石書店，2019, 12-17p.

第3章　知の関係論としてのレファレンス理論

1) 「レファレンス」以外に「レファランス」「リファレンス」「リファランス」「リフェランス」などの表記も用いられているが，本稿では「レファレンス」に統一する。「リファレンス」の用例については次に述べる。

２）「リファレンスとは？ビジネスを含む分野別の重要性と活用法をわかりやすく解説」［https://kyozon.net/list/what-is-reference/（参照 2024-03-24）］

３）C. オグデン，I. リチャーズ（石橋幸太郎訳）『意味の意味』新泉社，2001，471，xxviip.

４）なお，日本で鳩が平和の象徴とされるきっかけになったエピソードとしては，戦時下で統制されていたタバコが第２次大戦後に自由販売制になり，人気商品「ピース」の箱にオリーブの枝を咥えた鳩の図柄が使われたことがある。タバコはそれだけ人々（主として男性）の日常に溶け込んだもので，これが自由に入手できることで平和のありがたさを知ったという状況が背後にある。JT デザインセンター企画・監修，たばこと塩の博物館企画・監修『ポケットの中のデザイン史：日本のたばこデザイン：1945-2009』美術出版社，2009，208p.

５）記号と指示物の関係の恣意性はスイスの言語学者ソシュール（Saussure, Ferdinand de）も述べている。言語哲学者丸山圭三郎はこれを解説して，referent を「指向対象」と訳し，これは単に「意味されるもの」ではなくて，意味は指示行為あるいは記号の作用によって現実から切り取られるときに動的に生成すると述べている。丸山圭三郎『言葉とは何か』筑摩書房，2008，p. 105.（ちくま学芸文庫）

６）以下の指示理論の説明は次の論文を参考にして記述した。Marga Reimer and Eliot Michaelson, "Reference," Zalta, Edward N. ed., *The Stanford Encyclopedia of Philosophy*, Spring 2017 Edition, [https://plato.stanford.edu/archives/spr2017/entries/reference/（参照 2024-03-24）]

７）トマス・クーン（中山茂訳）『科学革命の構造』みすず書房，1971，293p.

８）松本啓子「アカデミックライティングの社会記号論：知識構築のディスコースと言語イデオロギー」『言語文化』（同志社大学言語文化学会）9 巻 4 号，2007．p. 636.

９）IFLA 書誌レコード機能要件研究グループ 和中幹雄・古川肇・永田治樹訳『書誌レコードの機能要件：IFLA 書誌レコード機能要件研究グループ最終報告』[Functional Requirements for Bibliographic Records] 日本図書館協会，121p.

10）長澤雅男『情報と文献の探索』第 3 版，丸善，1994，p. 6.

11）辞書・事典編纂について書かれたものは多数あるが，さしあたり次のものを参照。紀田順一郎『知の職人たち』新潮社，1984，209p.

12）*IFLA Library Reference Model: A Conceptual Model for Bibliographic Information*, International Federation of Library Associations and Institutions, 2017.［https://www.ifla.org/files/assets/cataloguing/frbr-lrm/ifla-lrm-august-2017_rev201712.pdf（参照 2024-03-24）］

13）さしあたっての紹介記事として，次のものがある。和中幹雄「動向レビュー：IFLA Library Reference Model の概要」『カレントアウェアネス』CA1923 2018 年 3 月 20 日［https://current.ndl.go.jp/ca1923（参照 2024-03-24）］

14）国立情報学研究所（NII）は大学図書館を中心とした所蔵データに対する総合目録システム（Webcat）を提供してきたが，これにさらに目次データ等を加えた連想検索システム（Webcat Plus）を開発提供している。これは，書誌データや目次データから特徴語を計算し，関連する資料を近くに配置するインターフェースを用意することで，あたかも書店で書籍をブラウジングするような探し方を可能にしているという。ただし，この仕組みも自然言語処理の仕組みをベースにしていることは確かである。高野明彦「図書館，未来の書棚，連想」『現代思想』48 巻 18 号，2018 年 12 月，p. 159-171.

15）検索エンジンが出力するランクのアルゴリズムを操作するための一連のノウハウが検索エンジン最適化（Search Engine Optimaization：SEO）と呼ばれるものである。また，情報コンテンツのデータベースをもとにさまざまな局面の評価に用いるための研究領域はオルトメトリックス（altmetrics）と呼ばれる。孫媛「研究評価のための指標：その現状と展望」『情報の科学と技術』67 巻 4 号，2017，p. 179-184.

16）ここで文化理論にやや踏み込むと，インターネットが実用化された 20 世紀末に，ハイパーリンクはネット上のテキスト同士を結び付ける概念であるだけでなく，ポスト構造主義思想を

取り入れながら，通常のテキスト同士が何らかの結び付きがあるような関係として理解されることもあった。その際に間テキスト性（intertextuality 相互テキスト性ともいわれる）という用語が用いられることがある。先ほどのアカデミックディスコースにおける業績や作品への参照の議論でもこの用語を用いていた。この議論はレファレンスサービスの将来を考える上で重要な示唆を帯びている。さしあたり次の文献を参照のこと。ジョージ・ランドウ（若島正他訳）『ハイパーテクスト：活字とコンピュータが出会うとき』ジャストシステム，1996, 392, xxp.

17）橋詰秋子，福山樹里「出版物に関するメタデータと国際書誌コントロール：国立国会図書館における LOD の取り組み」『情報処理』Vol. 57, No. 7, 2016, p. 606-611.

18）林紘一郎・名和小太郎『引用する極意 引用される極意』勁草書房，2009, 225p.

19）後藤真「研究の量的評価は人文学に対して可能なのか：人間文化研究機構の試み」『学術の動向』23 巻 10 号，2018, p. 42-49.

20）[https://archive.org/about/（参照 2024-3-24）] これらは 2018 年 11 月の数値と比較して，ウェブページで 3 倍，図書・テキストで 4 倍，録音物で 3.75 倍など急速に増加している。

21）[https://warp.da.ndl.go.jp/（参照 2024-3-24）]

22）書評検索ツールの全体像を見るには，NDL のリサーチナビ「書評（国内）の探し方・見つけ方」[https://rnavi.ndl.go.jp/research_guide/entry/post-539.php を参照のこと。（参照 2024-3-24）]

23）南山泰之編『オープンサイエンスにまつわる論点：変革するコミュニケーション』樹村房，2023, vii, 168p.

［コラム1］　メタファーとしての図書館

1）坪井健他編『ヒューマンライブラリー：多様性を育む「人を貸し出す図書館」の実践と研究』明石書店，2018, 358p.

2）Cindy Conne, *Seed Libraries: And Other Means of Keeping Seeds in the Hands of the People*, New Society Publishers, 2015, 177p.

3）山崎賢二「図書館の比喩としての「心臓」」『医学図書館』43 巻 2 号，1996, p. 252-256.

4）ウンベルト・エーコ（河島英昭訳）『薔薇の名前』東京創元社，1990, 2 冊

5）村上春樹『図書館奇譚』新潮社，2014, 75p.

6）ミシェル・フーコー（小林康夫他編）『フーコー・コレクション 2 文学・侵犯』筑摩書房，2006, p164.（ちくま学芸文庫）

7）ミシェル・フーコー（慎改康之訳）『知の考古学』河出書房新社，2012, 427, 8p.

8）アレックス・ライト（鈴木和博訳）『世界目録をつくろうとした男：奇才ポール・オトレと情報化時代の誕生』みすず書房，2024, xliii, 367p.

9）宮崎駿『風の谷のナウシカ』第 7 巻，徳間書店，1995, 223p.

第 4 章　知のメディアとしての書物：アナログ vs. デジタル

1）マーシャル・マクルーハン（栗原裕，河本仲聖訳）『メディア論 人間の拡張の諸相』みすず書房，1987, 381p.

2）フリードリヒ・キットラー（石光泰夫・石光輝子訳）『グラモフォン・フィルム・タイプライター』筑摩書房，1999, 455p.

3）2023 年上半期の芥川賞受賞者市川沙央氏の作品「ハンチバック」が読書バリアフリーを強く主張したことの意味は筆者のブログで考察している。[https://oda-senin.blogspot.com/2024/02/blog-post.html（参照 2024-03-26）]

4）中村高康『暴走する能力主義：教育と現代社会の病理』筑摩書房，2018, 237p.（ちくま新書1337）

5）　メアリアン・ウルフ（大田直子訳）『デジタルで読む脳×紙の本で読む脳』インターシフト，2020，293p.

6）　"著作物再販適用除外の取扱いについて"．令和4年度公正取引委員会年次報告，p. 83-94. ［https://www.jftc.go.jp/soshiki/nenpou/r4.html（参照2024-03-26）］

7）　「オンライン資料収集制度（eデポ）」［https://www.ndl.go.jp/jp/collect/online/index.html（参照2024-03-26）］

8）　日本図書コード管理センター・マネジメント委員会ワーキンググループ．「ISBNコード／日本図書コード／書籍JANコード利用の手引き」2010年版　ホームページ版（2019年1月改訂版）．日本図書コード管理センター，2019，58p.［https://isbn.jpo.or.jp/doc/08.pdf（参照2024-03-26）］

9）　「国立国会図書館デジタルコレクション」［https://dl.ndl.go.jp/（参照2024-03-26）］

10）　南亮一「著作権法改正でGoogle Booksのような検索サイトを作れるようになる？」一般財団法人人文情報学研究所，石田友梨他編『人文学のためのテキストデータ構築入門：TEIガイドラインに準拠した取り組みにむけて』文学通信，2022，p. 400-408.

11）　波多野賢治編著『テキストデータマネジメント：前処理から分析へ』岩波書店，2022，242p.

12）　日本記号学会編『ハイブリッド・リーディング：新しい読書と文字学』新曜社，2016，277p.

13）　石田英敬「新『人間知性新論』〈本〉の記号論とは何か（抜粋）」日本記号学会編．ibid, p. 82-101.

14）　根本彰『アーカイブの思想：言葉を知に変える仕組み』みすず書房，2019，p. 293.

第5章　知は蓄積可能か：アーカイブを考える

1）　「二宮金次郎が読んだ？本特定」『朝日新聞』2022年6月8日夕刊7面

2）　鳩ケ谷市文化財保護委員会 編集『鳩ケ谷市の古文書』第9集（小谷三志門人著作集1　鈴木頂作集）鳩ケ谷市教育委員会，1983，156p.

3）　佐々井信太郎編『二宮尊徳全集』二宮尊徳偉業宣揚会，1927-1932，全32巻．

4）　淡山翁記念報徳図書館©Asturio Cantabrio（Licensed under CC BY 4.0）

5）　根本彰『アーカイブの思想：言葉を知に変える仕組み』みすず書房，2021，p. 9.

6）　佐藤健二「テクスト空間の再構成：『柳田国男全集』の試み」『柳田国男の歴史社会学：続・読書空間の近代』せりか書房，2015，p. 32-91.

7）　松尾公就『二宮尊徳の仕法と藩政改革』勉誠出版，2015，425，14p.

8）　安酸敏眞『人文学概論：新しい人文学の地平を求めて』増補改訂版，知泉書院，2018，p. 8.

9）　柴田博仁，大村賢悟『ペーパーレス時代の紙の価値を知る：読み書きメディアの認知科学』産業能率大学出版部，2018，261p.

10）　メアリアン・ウルフ（小松淳子訳）『プルーストとイカ：読書は脳をどのように変えるのか？』インターシフト，2008，377p.

11）　スコット・L・モンゴメリ（大久保友博訳）『翻訳のダイナミズム：時代と文化を貫く知の運動』白水社，2016，441，59p.

12）　［https://gallica.bnf.fr/ark:/12148/btv1b531799363（参照2024-03-23）］

13）　根本彰『文献世界の構造：書誌コントロール論序説』勁草書房，1998，「第4章 IIBの世界書誌編纂活動」（p. 119-142）

14）　Paul Otlet, *Traité de documentation: le livre sur le livre, théorie et pratique*, Eds Mundaneum, 1934, p. 41.

15）　Paul Dugid, "Communication, computation and information," Ann Blair et al. ed. *Information: A Historical Companion,* Princeton University Press, 2021, p. 244.

16）　桑木野幸司『ルネサンス情報革命の時代』筑摩書房，2022，349p.（ちくま新書1655）

17）　*Ibid.*, p. 218-219.

18） ［https://symbolreader.net/2016/07/08/giulio-camillo-and-his-theatre-of-memory/（参照 2024-03-23）］

19） アン・ブレア（住本規子他訳）『情報爆発：初期近代ヨーロッパの情報管理術』中央公論新社，2019，446p.

20） 松田政行，増田雅史『Google Books 裁判資料の分析とその評価』商事法務，2016，292p.

21） 金明哲監修『テキストアナリティクス』岩波書店，2021，全 7 巻.

22） 下田正弘，永﨑研宣編『デジタル学術空間の作り方：仏教学から想起する次世代人文学のモデル』文学通信，2019，383p.

23） 「令和 3 年度デジタル化資料の OCR テキスト化」［https://lab.ndl.go.jp/data_set/ocr/r3_text/（参照 2024-03-23）］

24） 佐藤彰一『歴史探究のヨーロッパ』中央公論新社，2019，266p.（中公新書）

25） 村井則夫『人文学の可能性：言語・歴史・形象』知泉書館，2016，p. 130.

26） *op. cit.*, 8）「フィロロギーと文献学」p. 169-175.

27） エドワード・サイード（村山敏勝，三宅敦子訳）『人文学と批評の使命：デモクラシーのために』岩波書店，2013，p. 83-84.（岩波現代文庫）

第 6 章　ドキュメントとアーカイブの関係：ニュートン資料を通して見る

1 ） このことは渡邉佳子『近代日本の統治機構とアーカイブズ：文書管理の変遷を踏まえて』（樹村房，2021，376p.）が出てかなりのところが明らかになってきた。

2 ） 根本彰『場所としての図書館・空間としての図書館：日本，アメリカ，ヨーロッパを見て歩く』学文社，2014，第二章「アメリカ首都ワシントンの文化装置」p. 34.

3 ） ミシェル・フーコー（慎改康之訳）『知の考古学』河出書房新社，2012（原著 1969），427p. ジャック・デリダ（福本修訳）『アーカイヴの病』法政大学出版局，2010（原著 1995），188p. ポール・リクール（久米博訳）『記憶・歴史・忘却』新曜社，2004-2005（原著 2000），2 冊.

4 ） 南川高志編著『知と学びのヨーロッパ史：人文学・人文主義の歴史的展開』ミネルヴァ書房，2007，340，4p. 多賀茂『イデアと制度：ヨーロッパの知について』名古屋大学出版会，2008，316，44p. 安酸敏眞『人文学概論：新しい人文学の地平を求めて』知泉書館，2014，277p.

5 ） L. D. レイノルズ，N. G. ウィルソン（西村賀子，吉武純夫訳）『古典の継承者たち：ギリシア・ラテン語テクストの伝承にみる文化史』国文社，1996，xxxix，436p.

6 ） H. ボーツ，F. ヴァケ（池端次郎，田村滋男訳）『学問の共和国』知泉書館，2015，245，37p.

7 ） 佐藤彰一『歴史探究のヨーロッパ：修道院を駆逐する啓蒙主義』中央公論社，2021，266p.

8 ） 木庭顕『クリティック再建のために』講談社，2022，236p.

9 ） ゴットフリート・ロスト（石丸昭二訳）『司書：宝番か餌番か』白水社，1994，230，15p.

10） 雪嶋宏一『書誌学の誕生：コンラート・ゲスナー『万有書誌』の研究』2022，日外アソシエーツ，449p.

11） アン・ブレア（住本規子他訳）『情報爆発：初期近代ヨーロッパの情報管理術』中央公論新社，2018，200-202p.

12） ジャン・マビヨン（宮松浩憲訳）『ヨーロッパ中世古文書学』九州大学出版会，2000，755p.

13） ブリュノ・ガラン（大沼太兵衛訳）『アーカイブズ：記録の保存・管理の歴史と実践』白水社，2021，29p.

14） 島尾永康『ニュートン』岩波書店，1979，219，2p.（岩波新書）

15） David Brewster, *Memoirs of the Life, Writings, and Discoveries of Sir Isaac Newton*, vol. 1 (Edinburgh: 1855). Published online: September 2009.［https://www.newtonproject.ox.ac.uk/view/texts/diplomatic/OTHE00101（参照 2024-03-26）］

16）中島秀人『ニュートンに消された男：ロバート・フック』KADOKAWA, 2018, 355, 5p.（角川ソフィア文庫）

17）Robert K. Merton, *On the Shoulders of Giants: A Shandean Postscript*, Free Press, 1965, ix, 299p.

18）柴田平三郎『中世の春：ソールズベリのジョンの思想世界』慶應義塾大学出版会, 2002. p. 14.

19）金子務『オルデンバーグ：十七世紀科学・情報革命の演出者』中央公論新社, 2005, 293, 14p.（中公叢書）

20）リチャード・ファインマン他, 坪井忠二他訳『ファインマン物理学』全5巻, 岩波書店, 1967-1979.

21）B. J. T. ドブズ, 寺島悦恩訳『ニュートンの錬金術』平凡社, 1995, 443p.

22）蔵書リストとして次のものがある。John Harrison, *The Library of Isaac Newton*, Cambridge University Press, 1978, xiv, 286p. これを基にしたリストが後述のニュートン・プロジェクトに置いてある。[https://www.newtonproject.ox.ac.uk/his-library/books-in-newtons-library（参照 2024-03-26）]

23）リチャード・S. ウェストフォール（田中一郎, 大谷隆昶訳）『アイザック・ニュートン』平凡社, 1993, 2冊. B. J. T. ドブズ（寺島悦恩訳）『ニュートンの錬金術』平凡社, 1995, 443p.

24）[https://www.newtonproject.ox.ac.uk/his-library/books-in-newtons-library（参照 2024-03-26）]

25）[https://discovery.nationalarchives.gov.uk/details/c/F257055（参照 2024-03-26）]

26）[https://discover.hsp.org/Record/dc-9792（参照 2024-03-26）]

27）以下のニュートン・アーカイブズの変遷については, 次の情報による。"Introduction to the Newton Manuscripts Catalogue," https://www.newtonproject.ox.ac.uk/introduction-to-the-newton-manuscripts-catalogue（参照 2024-03-26）]

28）S. Horsley, ed., *Isaaci Newtoni Opera quæ exstant Omnia. Commentariis illustrabat Samuel Horsley*, Excudebat Joannes Nichols, 1779-85. 5 vols.

29）[https://cudl.lib.cam.ac.uk/collections/newton/1（参照 2024-05-17）]

30）ケンブリッジ大学の全図書館蔵書に対して検索を行った。[https://idiscover.lib.cam.ac.uk] 著者（責任表示）検索も主題検索も, それぞれのフィールドに対して, "Newton, Isaac, Sir, 1642-1727" の exact match 検索をした時のヒット件数である。典拠コントロールをしていないエントリーもあるので, 実際にはこれより多いはずである。（参照 2024年5月25日）

31）同じ OPAC で "Search everything" つまり図書以外に雑誌論文やオンラインリソースを含めてフィールドを問わず "Isaac Newton" で検索すると, 1万8,488件がヒットする（参照 2024年5月25日）。ここには, たとえば19世紀米国連邦政府の初代農務省長官を務めた同姓同名の人物に関するものも含まれるが, それらは例外で, 多くが科学者アイザック・ニュートンに関わる著作と考えられる。

32）"Isaac Newton," Stanford Encyclopedia of Philosophy, [https://plato.stanford.edu/entries/newton（参照 2024-05-17）]

33）[http://cudl.lib.cam.ac.uk/collections/newton/（参照 2024-05-17）]

34）[https://www.newtonproject.ox.ac.uk/（参照 2024-05-17）]

35）[https://www.newtonproject.ox.ac.uk/about-us/newton-project（参照 2024-05-17）]

36）[https://www.newtonproject.ox.ac.uk/view/texts/diplomatic/NATP00186（参照 2024-05-17）]

37）Zvi Biener, "De gravitatione reconsidered: the changing significance of experimental evidence for Newton's metaphysics of space," *Journal of the History of Philosophy*, vol. 55, no. 4, Oct 2017, p. 583-608. John Henry, "Newton, the sensorium of God, and the cause of gravity," *Science in Context*, vol. 33, no. 3, Sep 2020, p. 329-351.

38）[https://jscholarship.library.jhu.edu/bitstream/handle/1774.2/34257/31151030237782.pdf（参照

2024-05-17)〕

39) Richard S. Westfall, "Newton, Sir Isaac (1642-1727)," Oxford Dictionary of National Biography, online, 2004.

40) Richard S. Westfall, "Newton," *Encyclopædia Britannica*, Macropædia, 15th edi., vol. 24, p. 931-935. Encyclopædia Britannica, Inc., 1994. Online,〔https://www.britannica.com/〕

41) "Newton, Isaac," *Europe 1450 to 1789: Encyclopedia of the Early Modern World*, vol. 4, Charles Scribner's and Sons, 2004. p. 287-292.

42) William L. Harper, "Newton, Isaac (1642-1727)," *Encyclopedia of Philosophy*, 2nd ed., vol. 6, Thomson Gale, 2006, p. 590-594.

43) Joe Rosen and Lisa Quinn Gothard, "Newton, Sir Isaac (1642-1727) English Physicist and Mathematician," *Encyclopedia of Physical Science*, Facts On File, 2010. p. 441-447.

44) Stephen D. Snobelen, "Isaac Newton: his science and religion," *Science, Religion and Society : An Encyclopedia of History, Culture, and Controversy*, vol. I, Taylor & Francis Group. 2010. p. 355-370.

45) 〔https://en.wikipedia.org/wiki/Isaac_Newton（参照 2024-05-17）〕

46) 〔https://plato.stanford.edu/entries/newton（参照 2024-05-17）〕

47) *The Encyclopedia of the History of Science*, Carnegie Mellon University. Libraries, issuing body, 2019- 〔https://lps.library.cmu.edu/ETHOS（参照 2024-05-17）〕

48) "Selected works about Isaac Newton and his thought"〔https://www.newtonproject.ox.ac.uk/bibliography（参照 2024-05-17）〕

49) 英語の 1 語を日本語で 2.5 文字と換算すると 1 万 5,000 語で約 4 万字となる。これらの事典の記述量が優に雑誌論文に匹敵するものであることが分かる。

50) "Documenting sources,"〔https://en.wikipedia.org/wiki/Wikipedia:Contributing_to_Wikipedia#Documenting_sources（参照 2024-05-17）〕

51) 〔https://www.portal.hsp.org/about-us（参照 2024-5-17）〕

［コラム 2 ］ 図解・アーカイブの創造性

1 ） 中島秀人『ニュートンに消された男：ロバート・フック』カドカワ，2018，355，5p.（角川ソフィア文庫）

第 7 章 知識資源のナショナルな組織化

1 ） 国立国会図書館では伝統的に「書誌調整」の用語を使用し，また，2000 年以降国内の関連機関と連携するために書誌調整連絡会議を開催している。「書誌調整について」〔https://www.ndl.go.jp/jp/data/basic_policy/bib_control/index.html（参照 2024-02-02）〕

2 ） ここ 20 年の日本の書誌コントロールについては次の 2 点の文献がレビューしている。渡邊隆弘「書誌コントロールと目録サービス」『図書館界』vol. 61，no. 5，2009，p. 556-571. 松井純子「書誌コントロールと図書館目録」『図書館界』vol. 70，no. 1，2018，p. 287-304.

3 ） 「第 7 図書館資料受入・所蔵統計（令和 4 年度）」『国立国会図書館年報』令和 4 年度，2018，p. 110.〔https://dl.ndl.go.jp/view/download/digidepo_13046264_po_nen_r4.pdf?contentNo=1（参照 2024-02-02）〕

4 ） 雑誌や新聞など逐次刊行物の点数は号や巻などの冊子単位に数えるので，1 タイトルが複数点数として数えられている。

5 ） 「国立国会図書館サーチ」〔https://ndlsearch.ndl.go.jp/（参照 2024-02-02）〕

6 ） 「全国書誌データ検索」〔https://www.ndl.go.jp/jp/data/data_service/jnb/index.html（参照 2024-02-02）〕 なお，このデータベースで検索できない資料として，博士論文，和古書，漢籍，電子雑誌・電子書籍などのオンライン資料（機関リポジトリ資料で NDL 収集のものを含

む）があり，それらは別のデータベースで検索することになっている。

7）流通市場に出てすぐの対応は公共図書館を中心とする領域の話しであり，それ以外の館種で
は必ずしもそうではない。このことは，日本の公共図書館が出版市場において重要なセク
ターとして存在してきたことを示しているし，それは著作者や出版者から批判的に見られて
きた理由でもある。それについては別に論じる必要がある。

8）蔡星慧著『出版産業の変遷と書籍出版流通：日本の書籍出版産業の構造的特質』増補版，出
版メディアパル，2012，230p. 湯浅俊彦『日本の出版流通における書誌情報・物流情報のデ
ジタル化とその歴史的意義』ポット出版，2007，369p. 柴野京子『書棚と平台：出版流通と
いうメディア』弘文堂，2009，236p. 秦洋二『日本の出版物流通システム：取次と書店の関
係から読み解く』九州大学出版会，2015，190p.

9）松田政行編著，増田雅史著『Google Books 裁判資料の分析とその評価：ナショナルアーカイ
ブはどう創られるか』商事法務，2016，xii，292p.

10）牧野二郎『Google 問題の核心：開かれた検索システムのために』岩波書店，2010，232p.

11）ジャン=ノエル・ジャンヌネー（佐々木勉訳）『Google との闘い：文化の多様性を守るため
に』岩波書店，2007，166p.

12）松田編著 同上9）p. 23.

13）文化審議会著作権分科会につくられた作業部会の報告書「著作権法における権利制限規定の
柔軟性が及ぼす効果と影響等について」に出ている。[http://www.bunka.go.jp/seisaku/bunka
shingikai/chosakuken/needs_working_team/h28_06/pdf/shiryo_2.pdf（参照 2024-5-17)]

14）長尾真「序章 知識・情報の活用と著作権」『デジタル時代の知識創造　変容する著作権』角
川書店，2015，318p.

15）中井万知子『夢見る「電子図書館」』郵研社，2023，279p.

16）F. W. ランカスター（田屋裕之訳）『紙からエレクトロニクスへ：図書館・本の行方』日外ア
ソシエーツ，1987，249，24p. 田屋裕之『電子メディアと図書館』勁草書房，1989，xi，298，
viip.

17）なお，これ以下の議論の前提に NDL の「資料収集方針書（令和4年12月14日一部改正，令
和5年1月1日施行)」がある。この方針書には NDL が国内の出版物をまったく無限定に収
集するわけではなくて，NDL の設置目的に対応して収集範囲を定めていることが出てくる。
[https://www.ndl.go.jp/jp/collect/collection/pdf/policy.pdf（参照 2024-5-17)]

18）納本制度審議会第37回（令和4年11月25日）配付資料中の参考資料2を基に作成した。
[https://www.ndl.go.jp/jp/collect/deposit/council/37noushin_shiryo.pdf（参照 2024-05-26)]

19）「よくあるご質問：オンライン資料の納入」[https://www.ndl.go.jp/jp/help/online.html（参照
2024-05-27)]

20）NDL の HP ではデジタルコレクションについての解説と最新のデータが掲載されている。
「資料デジタル化について」[https://www.ndl.go.jp/jp/preservation/digitization/index.html（参
照 2024-02-02)]「全文検索が可能な資料について」[https://dl.ndl.go.jp/ja/fulltext-search（参
照 2024-02-02)]

21）「資料デジタル化基本計画 2021-2025（令和3年3月10日策定)」[https://www.ndl.go.jp/jp/
preservation/digitization/index.html（参照 2024-5-17)]

22）「令和5年1月以降におけるオンライン資料収集制度の運用状況について」令和5年9月1日
第38回納本制度審議会資料6 [https://www.ndl.go.jp/jp/collect/deposit/council/38noushin_
shiryo.pdf（参照 2024-02-02)]

23）秋山卓也「柔軟な権利制限規定の整備（平成30年著作権法改正)」『ジュリスト』No. 1525，
2018，p. 38-43. 実務的には「平成30年著作権法改正によって，企業の実務はどう変わるか」
BUSINESS LAWYERS（ビジネスロイヤーズ）2018年08月23日 [https://business.bengo4.
com/articles/420（参照 2024-02-02)]

24） 青池亨「日本語資料の全文テキストデータ分析ツール NDL Ngram Viewer の開発について」『じんもんこん 2022 論文集』［http://id.nii.ac.jp/1001/00223166/（参照 2024-02-02）］

25） ［https://lab.ndl.go.jp/news/2022/2022-05-31/（参照 2024-02-02）］

26） 岡田一祐「国立国会図書館デジタルコレクションがリニューアルし，全文検索の提供が充実するとともに NDL ラボにおける Ngram ビューワとデータセットの提供が拡充される」『人文情報学月報』第 138 号【前編】2023 年 1 月 31 日［https://www.dhii.jp/DHM/dhm138-1（参照 2024-02-02）］

27） 「国立国会図書館データの URI」［https://www.ndl.go.jp/jp/dlib/standards/lod/uri.html（参照 2024-02-02）］

28） 前掲 5）参照。なお，オトレの伝記の翻訳書が刊行されている。アレックス・ライト（鈴木和博訳）『世界の目録をつくろうとした男：ポール・オトレと情報時代の誕生』みすず書房，2024，334，xxviip.

コラム 3　函館図書館，天理図書館，興風図書館：地域アーカイブの原点

1） 坂本龍三『岡田健蔵伝：北日本が生んだ稀有の図書館人』講談社出版サービスセンター，1998，500p. 丹羽秀人「岡田健蔵と市立函館図書館」『LRG』第 28 号，2019，p. 60-65.

2） 浜田泰三（編）『やまとのふみくら：天理図書館』中央公論社，1994，384p.（中公文庫）

3） 大石豊「興風会図書館の創設・発展と千秋社・興風会」『大倉山論集』第 55 輯，2009，p. 155-177. 川嶋斉「「興風会図書館」と「野田市立興風図書館」」『LRG』第 28 号，2019，p. 32-37.

4） 佐藤真「舌なめずりする図書館員」『図書館雑誌』58 巻 7 号，1964 年 6 月，p. 304-305.

5） 図書館コンテンツの見せ方について，ブログに「WebOPAC と新聞記事検索ツール：野田市立興風図書館のサービス」を書いたので併せて参照されたい。［https://oda-senin.blogspot.com/2023/07/blog-post_17.html（参照 2024-03-23）］

第 8 章　書誌コントロール論から社会認識論へ

1） 戸山田和久『知識の哲学』産業図書，2002，p. 236.

2） 日本図書館情報学会編『図書館情報学事典』丸善出版，2023，xxiii，726p.

3） 谷口祥一『知識資源のメタデータへのリンクトデータ・アプローチ』勁草書房，2023，xvi，348p.

4） 根本彰『文献世界の構造：書誌コントロール論序説』勁草書房，1998，viii，273p.

5） M. Egan & J. H. Shera, "Prolegomena to bibliographic control," *Journal of Cataloging and Classification*, vol. 5, no. 2, 1949, p. 17-19.

6） M. Egan & J. H. Shera, "Foundations of a theory of bibliography," *Library Quarterly*, vol. 22, no. 2, 1952, p. 125-137.

7） J. H. Shera, *Libraries and the Organization of Knowledge*, Crosby Lockwood, 1965, xix, 224p.

8） Jonathan Furner, ""A brilliant mind": Margaret Egan and social epistemology," *Library Trends*, vol. 52, no. 4, 2004, p. 792-809.

9） J. H. Shera, *The Foundations of Education for Librarianship*, Wiley-Becker and Hayes, 1972, xiv, 504p.

10） K. E. ボウルディング（大川信明訳）『ザ・イメージ』誠信書房，1962，vi，222p.

11） フリッツ・マッハルプ（木田宏，高橋達男監訳）『知識産業』産業能率短期大学出版部，1969，477，6p.

12） J. H. Shera, "An epistemological foundation for library science," E. B. Montgomery ed., *The Foundations of Access to Knowledge:A Symposium*, Syracuse University Press. 1968, p. 7-25.

13) M. Fricker, et al. eds., *The Routledge Handbook of Social Epistemology*, Routledge, 2019, xxii, 489p. 本書執筆の立場から言うと，このようなハンドブックが学術系出版社から出ることは，社会認識論がアカデミズムにおいて定着しつつあることを示していることになる。一方，日本のアカデミズムでも科学的知識がどのように形成されているのかについての関心は高いが，科学社会学，科学史，科学哲学などに属する研究者が欧米の議論を散発的に紹介するにとどまり，社会認識論という分野の認知度は高くない。次の文献を参照。山本耕平「SSK（科学的知識の社会学）から結局何が帰結するのか：社会認識論との協働の可能性」『京都社会学年報』17号，2009，p. 139-153.

14) ダニエル・ベル（内田忠夫他訳）『脱工業社会の到来：社会予測の一つの試み』ダイヤモンド社，1975，2冊

15) マーク・ポラト（小松崎清介監訳）『情報経済入門』コンピュータ・エージ社，282p.

16) アルビン・トフラー（鈴木健次他訳）『第三の波』日本放送出版協会，1980，642p.

17) Steve Fuller, *Social Epistemology*, Indiana University Press, 1988, xv, 316p. 2nd ed., 2002, xxxi, 314 p.

18) Alvin I. Goldman, *Knowledge in a Social World*, Oxford University Press. 1999, xiii, 407p.

19) スティーヴ・フラー（小林傳司他訳）『科学が問われている：ソーシャル・エピステモロジー』産業図書，2000，246p. スティーヴ・フラー（永田晃也他訳）『ナレッジマネジメントの思想：知識生産と社会的認識論』新曜社，2009，398p.

20) 伊勢田哲治『認識論を社会化する』名古屋大学出版会，2004，vi, 331, 25p.

21) Don Fallis, "Veritistic social epistemology and information science," *Social Epistemology*, vol. 14, no. 4, 2000, p. 305-316.

22) Alvin I. Goldman, "Replies to reviews of Knowledge in a Social World," *Social Epistemology*, vol. 14, no. 4, 2000, p. 317-333.

23) "Special issue: social epistemology and information science," *Social Epistemology*, vol. 16, no. 1, p. 1-114.

24) Steve Fuller, "Social epistemology." B. D. McDonald & Michael Levine-Clark eds, *Encyclopedia of Library and Information Sciences*, 4th ed., CRC Press, 2018, p. 4197-4203.

25) Fricker, *op. cit.*, 13）

26) John M. Budd, "Jesse Shera, sociologist of knowledge?" *Library Quarterly*, vol. 72, no. 4, 2002, pp. 423-444.

27) Birger Hjørland, "Social epistemology," ISKO Encyclopedia of Knowledge Organization, eds. Birger Hjørland and Claudio Gnoli, [https://www.isko.org/cyclo/se（参照 2024-05-17）]

28) Jesse H. Shera, 1951 "Classification as the basis of bibliographic organization". In Bibliographic Organization: Papers presented before the Fifteenth Annual Conference of the Graduate Library School July 24-29, 1950, ed. Jesse H. Shera and Margaret E. Egan, Chicago: Univ. of Chicago Press, p. 72-93.

29) *op cit.*, 27）

30) *op cit.*, 4）

31) *op. cit.*, 24）p. 4200.

32) D. Swanson, "Undiscovered public knowledge," *Library Quarterly*, vol. 56, no. 2, 1986, p. 103-118.

33) D. Swanson, "Libraries and the growth of knowledge," *Library Quarterly*, vol. 49, no. 1, 1979, p. 3-25.

34) Susie Allen, "Don R. Swanson, information science pioneer, 1924-2012," Uchicago news, Dec 6, 2012.[https://news.uchicago.edu/story/don-r-swanson-information-science-pioneer-1924-2012（参照 2024-05-17）]

35）Arrowsmith はシンクレア・ルイスの *Dr. Arrowsmith* という医学小説の主人公の名前を付けた医学文献のメタサーチを行うソフトウェアで，現在もイリノイ大学シカゴ校の研究室で運営提供されている。［https://arrowsmith.psych.uic.edu/cgi-bin/arrowsmith_uic/start.cgi（参照 2024-05-17）］

36）Vishrawas Gopalakrishnan et al., "A survey on literature based discovery approaches in biomedical domain," *Journal of Biomedical Informatics*, vol. 93, May 2019, 103141, 18p.［https://doi.org/10.1016/j.jbi.2019.103141（参照 2024-05-17）］

37）Patrick Wilson, *Two Kinds of Power: An Essay of Bibliographic Control*, University of California Press, 1968, 155p. なお，根本，*op cit.*, 4）第2章「知識を獲得する力：パトリック・ウィルソンをめぐって」も参照のこと。

38）次の図書は著者，タイトル等の記憶が曖昧でいかに間違いやすいか，そしてそれを図書館のレファレンスサービスがどのように補っているのかを示している。福井県立図書館『100万回死んだねこ：覚え違いタイトル集』講談社，2021，181p.

39）Patrick Wilson, *Public Knowledge, Private Ignorance: Toward a Library and Information Policy*. Greenwood Press, 1977, viii, 156p.

40）Patrick Wilson, *Second-Hand Knowledge: An Inquiry into Cognitive Authority*, Greenwood Press, 1983, viii, 210p. 齋藤泰則訳『知の典拠性と図書館─間接的知識の探究』丸善出版，2024，iv，221p.

41）Howard D. White, "Patrick Wilson," *Knowledge Organization*, vol. 46, no. 4, 2019, p. 279-307.

42）*ibid.*, p. 302.

43）"Special issue: Libraries confronting pandemic disinformation," *Library Quarterly*, vol. 93, no. 1, 2023, p. 1-125.

44）*Framework for Information Literacy for Higher Education*, The Association of College and Research Libraries, 2015.［https://www.ala.org/acrl/sites/ala.org.acrl/files/content/issues/infolit/framework1.pdf］

45）Daniel N. Joudrey, et al. *Introduction to Cataloging and Classification*, 11th Edition, Libraries Unlimited, 2015, p. 3.

46）Claudio Gnoli, *Introduction to Knowledge Organization*, Facet Publishing, 2020, x, 147p.

47）*Ibid.*, p. 107.

［コラム4］ 知識組織論(KO)のためのオンライン専門事典

1）［https://www.isko.org/cyclo/isko（参照 2024-03-25）］

2）［https://web.archive.org/web/20160529183249/http://www.iva.dk/bh/Core%20Concepts%20in%20LIS/home.htm（参照 2024-03-25）］

3）［https://www.isko.org/cyclo/education（参照 2024-03-25）］

4）デビッド・ボーデン，リン・ロビンソン（田村俊作監訳，塩崎亮訳）『図書館情報学概論』勁草書房，2019，xvii，424p.（原著は 2012 年発行）

5）John D. McDonald, Michael Levine-Clark eds. *Encyclopedia of Library and Information Sciences*, 4th ed., 2017, CRC Press, 7vols., 6106p.

6）書評を書いたことがあるので参照されたい。
根本彰 "書評 Encyclopedia of Library and Information Sciences, 4th ed."『日本図書館情報学会誌』vol. 64，no. 4，2018，p. 170-171.

7）［https://plato.stanford.edu/（参照 2024-03-25）］
他のオンライン専門事典のリストは次を参照。［https://en.wikipedia.org/wiki/List_of_online_encyclopedias（参照 2024-03-25）］

第 9 章　探究を世界知につなげる：図書館教育のレリヴァンス

1 ）　リチャード・ローティ（室井尚他訳）『プラグマティズムの帰結』筑摩書房，2014，636p.（ちくま学芸文庫）原著は 1982 年刊。

2 ）　1 冊だけ挙げれば上野正道『ジョン・デューイ：民主主義と教育の哲学』岩波書店，2022，viii，246，13p.（岩波新書）

3 ）　山田雅彦「subject matter と material の差異に着目した教材分類の試み：「上から」「下から」分類を出発点に」『教育学研究年報』（東京学芸大学教育学講座学校教育学分野・生涯教育学分野）33 号，2014，p. 123-140.

4 ）　図は省略した。ジョン・デューイ（市川尚久訳）『学校と社会，子どもとカリキュラム』講談社，1998，p. 140，147. また，根本彰『教育改革のための学校図書館』東京大学出版会，2019，p. 10 にも掲載している。

5 ）　ジョン・デューイ，*ibid.*, p. 141.

6 ）　*ibid.*, p. 146.

7 ）　杉浦美朗『真の知の教育：デューイ教育学の再構築』風間書房，2007，p. 564.

8 ）　谷川嘉浩『信仰と想像力の哲学：ジョン・デューイとアメリカ哲学の系譜』勁草書房，2021，p. 337.

9 ）　魚津郁夫『プラグマティズムの思想』筑摩書房，2006，342，8p. ジョン・マーフィー＆リチャード・ローティ，高頭直樹訳『プラグマティズム入門』勁草書房，2014，vi，244，xlviip.

10）　John Dewey, *Logic: The Theory of Inquiry*, Holt, Rinehart & Winston, 1938, viii, 546p. 翻訳書として，魚津郁夫訳「論理学：探究の理論」『世界の名著 48 パース ジェイムズ デューイ』中央公論社，1968，p. 380-546.（抄訳），河村望訳『行動の論理学：探求の理論』人間の科学新社，2013，525p. があるが，ここは原著を参照した。

11）　*ibid.*, p. 104-105.

12）　*ibid.*, p. 110-119.

13）　早川操『デューイの探究教育哲学：相互成長をめざす人間形成論再考』名古屋大学出版会，1994，ix，287，7p.

14）　*ibid.*, p. 41.

15）　彼がギリシアのポリス政治の成立からローマ法までの展開を描き出した三部作の方法的な基盤となったクリティック理論は，シンプルだが，中世以来の人文主義の議論の蓄積とその批判的読みをベースにしていて難解である。差し当たっては，木庭顕『クリティック再建のために』講談社，2022，236p.（講談社選書メチエ）と木庭顕『人文主義の系譜：方法の探究』法政大学出版会，2021，「第 1 章 政治的・法的観念体系成立の諸前提」p. 1-29. を参照のこと。

16）　アン・ブレア（住本規子他訳）『情報爆発：初期近代ヨーロッパの情報管理術』中央公論社，2018，446p. 桑木野幸司『ルネサンス情報革命の時代』筑摩書房，2022，349p.（ちくま新書）

17）　雪嶋宏一『書誌学の誕生：コンラート・ゲスナー『万有書誌』の研究』日外アソシエーツ，2022，449p.

18）　北詰裕子『コメニウスの世界観と教育思想：17 世紀における事物・言葉・書物』勁草書房，2015，ix，392p.

19）　アルフレッド・シュッツ，トーマス・ルックマン（那須壽監訳）『生活世界の構造』筑摩書房，2015，634，ivp.（ちくま学芸文庫）

20）　A. シュッツ「見識ある市民」渡部光他訳『アルフレッド・シュッツ著作集 第 3 巻 社会理論の研究』マルジュ社，1991，p. 176-177.

21）　*ibid.*

22) T. Saracevic, "Relevance: a review of and a framework for the thinking on the notion in information science," *Journal of the American Society for Information Science and Technology* 26:6, (1975): 321-343.

23) 日本でもこの議論を紹介する論文があった。戸田慎一「文献の探索におけるレレバンス概念」『書誌索引展望』vol. 11, no. 3, 1987, p. 1-20. 同「レレバンス概念から見た情報検索システム」『書誌索引展望』vol. 12, no. 1, 1988, p. 12-26.

24) Michael Buckland, *Information and Society*, MIT Press, 2017, p. 161.

25) J. Strassheim, "Relevance and irrelevance," Jan Strassheim & Hisashi Nasu eds. *Relevance and Irrelevance: Theories, Factors and Challenges*, Walter de Gruyter GmbH, 2018, p. 1-20.

26) D. スペルベル, D. ウィルソン, 内田聖二他訳『関連性理論：伝達と認知』研究社, 1999, xix, 403p.

27) Tefko Saracevic, "Relevance: A review of the literature and a framework for thinking on the notion in information science. Part II," *Journal of the American Society for Information Science and Technology*, vol. 58, no. 3, 2007, p. 1915-1933. T. Saracevic, "Relevance: A review of the literature and a framework for thinking on the notion in information science. Part III: Behavior and effects of relevance." *Journal of the American Society for Information Science and Technology*, vol. 58, no. 13, 2007, p. 2126-2144. レリヴァンス論の3つのパートは著者によってオープン化されている。[https://tefkos.comminfo.rutgers.edu/articles.htm（参照 2024-03-25）] また，著者のレリヴァンス論をまとめた著書として次のものがある。Tefko Saracevic, *The Notion of Relevance in Information Science: Everybody knows what relevance is. But, what is it really?* Springer, 2017, 129p.

28) *ibid.* (Part II), p. 9-10. (opened paper)

29) Tefko Saracevic, "Information science," J. D. McDonald and M. Levine-Clark. (eds.), *Encyclopedia of Library and Information Sciences*, 4th ed., CRC Press, p. 2216.

30) *op. cit.*, 27) part II p. 1928.

31) Birger Hjørland, "Domain analysis in information science: eleven approaches – traditional as well as innovative," *Journal of Documentation*, vol. 58, no. 4, 2002, p. 422-462. ドメイン分析は，デビッド・ボーデン，リン：ロビンソン（田村俊作監訳，塩崎亮訳）『図書館情報学概論』第2版，勁草書房，2024, xxv, 444p. の第7章（p. 124-144）でも概説されている。

32) Anders Ørom, "Knowledge organization in the domain of art studies: history, transition and conceptual changes," *Knowledge Organization*, vol. 30, no. 3-4, 2003, p. 128-43.

33) 発表した論文は次の著書にまとめている。根本彰『図書館教育論：学校図書館の苦闘と可能性の戦後史』東京大学出版会, 2024,

34) 米国の学校図書館運動史については，次の文献がある。ウェイン・ウィーガンド（川崎良孝・川崎佳代子訳）『アメリカ公立学校図書館史』京都図書館情報学研究会, 2022, xiii, 505p.

35) 深川恒喜「新教育と学校図書館」『週刊時事通信 内外教育版』no. 134, 1948, p. 1-3.

36) 深川恒喜「連載 学校図書館 II」『初等教育資料』55, 1954. p. 26-28.

37) *op.cit.*, 33）「第7章21世紀の教育課程につなぐために」

38) 教権は戦後の学校教育体制を説明するために政治学者徳久恭子が用いた概念であり，筆者はこれを承けている。徳久恭子『日本型教育システムの誕生』木鐸社, 2008, 320, xxxiip. 現代教育における教権概念の評価については，教育学においていまだ論争的である。それは一つには宗教学における教権概念との混同ないし類推を戒める雰囲気があるからだが，それ自体が学校教育における教権概念に言及することをタブー視する教育関係者の風潮を反映しているのだろう。他方，最近の大島隆太郎『日本型学校システムの政治経済学：教員不足と教科書依存の制度補完性』有斐閣, 2023, v, 332p. は，現実の学校システムを説明する要因とし

てこの概念を再定義して用い，少ない教員数で効果をもたせていると評価するものである。このように教権概念を批判的に相対化して，方法的に展開する実証主義的研究も現れている。なお，日本特有の教育（ないし学校）システムは中国の科挙制度に淵源をもつが，中国との地理的距離を意識しつつ，政治（官僚制），宗教（儒教），文学，書記（文字）システムを含めて，東アジアで中国の影響を受けた地域との比較研究も展開されつつある。たとえば，河野貴美子他編『「文」から「文学」へ：東アジアの文学を見直す』勉誠出版，2019，19，607p. を参照。

39) 田中耕治編『戦後日本教育方法論史』ミネルヴァ書房，2017，2巻.
40) C. Fernandez & M. Yoshida, *Lesson Study: A Japanese Approach to Improving Mathematics Teaching and Learning*, Routledge, 2009, xiv, 250p.
41) J. D. ブルーナー（平光昭久訳）『教育の適切性』明治図書，1972，354p. 原著は J. D. Bruner, *The Relevance of Education*, Norton, 1971, xvi, 175p.
42) Zongyi Deng, "Transforming the subject matter: examining the intellectual roots of pedagogical content knowledge," *Curriculum Inquiry*, vol. 37, no. 3, 2007, p. 279-295.
43) マリアンナ・ボスク，ジュゼップ・ガスコン（大滝孝治，宮川健訳）「教授学的転置の25年」『上越数学教育研究』32号，2017，p. 105-118.
44) Zongyi Deng "Powerful knowledge, transformations and Didaktik/curriculum thinking," *British Educational Research Journal*, vol. 46, no. 6, 2021, p. 1652-1674.
45) 志村喬「パワフル・ナレッジ（powerful knowledge）論の生成と展開に関する教科教育学的覚書：地理教育からの書誌学的アプローチ」『上越教育大学研究紀要』40巻1号，2020，p. 217-225.
46) Christoph Jager, "Why to believe weakly in weak knowledge: Goldman on knowledge as mere true belief," *Grazer Philosophische Studien*, vol. 79, 2009, p. 19-40. を参照。
47) 魚津郁夫『プラグマティズムの思想』筑摩書房，2006，342，8p（ちくま学芸文庫）「第11章 デューイの「道具主義」と教育論」p. 234-250.
48) 根本，*op.cit.*, 33) p. 233-237.
49) 田中耕治編『よくわかる教育課程』第2版，ミネルヴァ書房，2018，p. 2.
50) カリキュラム論を国際的文脈で展望するような著作として，20世紀には『教育課程事典』総論編，小学館，1983，xvii，398，13p. 安彦忠彦編『カリキュラム研究入門』旧版，新版，勁草書房，1985，1999，があった。これらにしても，最初のものは冷戦体制を反映したものだった。徐々に国内中心のものになっていって，21世紀になるとこの種の議論は消えてしまう。最新の研究状況を記述した次の文献を見ても，第3章から第5章の欧米のカリキュラム理論の説明とその後の教育課程の実際の解説とが分離し，カリキュラムが知の探究と世界知との架け橋であることが正面から捉えられていないように見える。日本カリキュラム学会編『現代カリキュラム研究の動向と展望』教育出版，2019，xvi，402p. その後，クレイグ・クライデル編（西岡加名恵他監訳）『カリキュラム研究事典』ミネルヴァ書房，2021，811p. が出て国際的なカリキュラム研究への接近が始まっているところである。

コラム5　戦後学校図書館と知識組織論

1) モデルカリキュラムという意味で川崎市立富士見中学校の事例が傑出していることについては，根本彰『図書館教育論：学校図書館の苦闘と可能性の戦後史』東京大学出版会，2024の第4章で述べている。
2) 全国学校図書館協議会編『件名目録の作り方』全国学校図書館協議会，1955，138p.
3) 全国学校図書館協議会編『学校図書館件名標目表』小学校用，学芸図書，1953，177p. 国立国会図書館デジタルコレクション［https://dl.ndl.go.jp/pid/2931959（参照 2024-03-22）］
4) コラム2で言及した仙田正雄は戦後に天理図書館に戻った後に，1949年に天理図書館で文

部省の『学校図書館の手引』伝達講習会が開催されたときの中心となる。また，『児童件名標目表とその使い方』大阪，綜文館，1950, 394p.（日本図書館研究会ブックレット，別冊）を発表している。

5） 間宮不二雄，永芳弘武，岡部紀夫共編『F-M 式件名目録別称書込一覧式件名目録編成法』本編，ジャパンライブラリービューロー，1956. 国立国会図書館デジタルコレクション［https://dl.ndl.go.jp/pid/2941564（参照 2024-03-23）］

6） なお，ヤアランが提示した分析枠組みに典型的だが図書館情報学においては，哲学，歴史学，心理学，社会学の視点は旺盛にあるが，法学，政治学や経済学のような社会科学の視点が弱い。とくにここで検討したように敗戦と占領，復興というような大きな社会変動があった時代を分析するためには，制度変容をもたらす要素を分析するための社会科学的枠組みの再設定が必要かもしれない。

索 引

根本　彰（ねもと　あきら）

1954 年生。東京大学名誉教授。東京大学大学院教育学研究科博士課程単位取得退学。博士（図書館・情報学）（慶應義塾大学，2020）。

著書に，『文献世界の構造：書誌コントロール論序説』（勁草書房，1999），『アーカイブの思想：言葉を知に変える仕組み』（みすず書房，2021），『図書館教育論：学校図書館の苦難と可能性の戦後史』（東京大学出版会，2024），編著に『シリーズ図書館情報学』全 3 巻（東京大学出版会，2013），『図書館情報学事典』（丸善出版，2023）などがある。

ブログ「オダメモリー」https://oda-senin.blogspot.com/ を運営。

知の図書館情報学
ドキュメント，アーカイブ，レファレンスの本質

令和 6 年 10 月 30 日　発　　　行	
令和 6 年 12 月 25 日　第 2 刷発行	

著　者　　根　本　　　彰

発行者　　池　田　和　博

発行所　　丸善出版株式会社

〒101-0051　東京都千代田区神田神保町二丁目17番
編集：電話(03)3512-3267／FAX(03)3512-3272
営業：電話(03)3512-3256／FAX(03)3512-3270
https://www.maruzen-publishing.co.jp

組版印刷・創栄図書印刷株式会社／製本・株式会社 松岳社

ISBN 978-4-621-31022-9　C 3004　　　　　Printed in Japan